Tutela Específica das Obrigações Contratuais

Tutela Específica das Obrigações Contratuais

2022

Daniel de Pádua Andrade

ALMEDINA

TUTELA ESPECÍFICA DAS OBRIGAÇÕES CONTRATUAIS

AUTOR: Daniel de Pádua Andrade

DIRETOR ALMEDINA BRASIL: Rodrigo Mentz
EDITORA JURÍDICA: Manuella Santos de Castro
EDITOR DE DESENVOLVIMENTO: Aurélio Cesar Nogueira
ASSISTENTES EDITORIAIS: Isabela Leite e Larissa Nogueira
ESTAGIÁRIA DE PRODUÇÃO: Laura Roberti

DIAGRAMAÇÃO: Almedina
DESIGN DE CAPA: Roberta Bassanetto

ISBN: 9786556276144
Setembro, 2022

Dados Internacionais de Catalogação na Publicação (CIP)
(Câmara Brasileira do Livro, SP, Brasil)

Andrade, Daniel de Pádua
Tutela específica das obrigações contratuais /
Daniel de Pádua Andrade. – São Paulo, SP : Almedina,2022.

Bibliografia.
ISBN 978-65-5627-614-4

1. Contratos (Direito civil) 2. Danos (Direito civil) 3. Direito civil 4. Indenização (Direito civil) 5. Obrigações (Direito) 6. Resolução (Direito)I. Título.

22-113971 CDU-347.44

Índices para catálogo sistemático:

1. Direito contratual 347.44

Eliete Marques da Silva – Bibliotecária – CRB-8/9380

Coleção IDiP
Coordenador Científico: Francisco Paulo De Crescenzo Marino

Este livro segue as regras do novo Acordo Ortográfico da Língua Portuguesa (1990).

EDITORA: Almedina Brasil
Rua José Maria Lisboa, 860, Conj.131 e 132, Jardim Paulista | 01423-001 São Paulo | Brasil
editora@almedina.com.br
www.almedina.com.br

– Ah! O Anel – disse Boromir, com os olhos faiscando. – O Anel! Não é um destino estranho nós sofrermos tanto medo e dúvida por uma coisa tão pequena? Uma coisa tão pequena!

(J. R. R. TOLKIEN)

Aos meus irmãos Aluísio, Ana Elisa e Rafael.

AGRADECIMENTOS

A elaboração desta tese não teria sido possível sem o apoio das diversas pessoas e instituições que contribuíram, cada uma à sua maneira, para o desenvolvimento do trabalho.

Agradeço, primeiramente, aos professores componentes da banca de defesa. Aos examinadores externos, Prof.ª Flavia Portella Püschel e Prof. Francisco Paulo De Crescenzo Marino, por terem aceitado gentilmente o convite para avaliar o manuscrito, trazendo consigo novas sugestões e instigantes perspectivas de análise. Aos examinadores internos, Prof. Leandro Martins Zanitelli e Prof.ª Mariana Alves Lara, pelo diálogo constante que impulsionou uma série de iniciativas bem-sucedidas e culmina agora na finalização desta etapa da jornada acadêmica. Em especial, agradeço ao meu estimado orientador, Prof. Fabio Queiroz Pereira, pela presença decisiva desde o curso de Mestrado, sempre disponível para ouvir, encorajar e contribuir para o aproveitamento das oportunidades que surgiram ao longo do caminho.

Aproveito para agradecer a todos aqueles que fazem parte do Programa de Pós-Graduação em Direito da Universidade Federal de Minas Gerais. Na figura do Prof. Christian Sahb Batista Lopes, que apontou observações valiosas nas duas bancas de qualificação preliminares, agradeço aos vários docentes que impactaram a minha formação nestes últimos cinco anos. Sou igualmente grato aos funcionários responsáveis pela operacionalização administrativa da Faculdade de Direito, especialmente aos que atuam na Secretaria da Pós-Graduação e na Biblioteca, dois órgãos que me ampararam durante toda a trajetória. Não menos importantes foram os numerosos discentes, graduandos e pós-graduandos, que compartilharam comigo os momentos de aulas, seminários, congressos, bancas e tantas outras atividades.

Entre os vários companheiros de trincheira que me auxiliaram nesta empreitada, destaco a seguir o nome de alguns doutorandos que ofereceram contribuições excepcionais. Os amigos David Salim Santos Hosni, Henry Colombi e Lucas Costa de Oliveira, com os quais conversei longamente, não apenas a respeito dos impasses da investigação, mas também sobre muitas questões da vida universitária. Jéssica de Paula Bueno da Silva, amiga desde os longínquos tempos da graduação, que felizmente me acompanhou no Doutorado e me ajudou inúmeras vezes a superar as angústias causadas pelos prazos apertados. E, como não poderia deixar de ser, Ana Clara Matias Brasileiro, autoridade no ramo da metodologia da pesquisa, interlocutora de discussões entusiasmadas e, para minha sorte, querida cunhada integrante da família.

É preciso agradecer ainda pelo suporte abrangente e determinante que recebi de três entidades em particular. O Departamento de Direito da Universidade Federal de Viçosa, onde leciono atualmente, forneceu o ambiente para uma proveitosa troca de ideias em sala de aula e viabilizou a concessão de uma licença que se mostrou crucial para a redação da tese. O instituto Max Planck para o Direito Comparado e Internacional Privado (MPIPRIV), localizado em Hamburgo, me agraciou com uma bolsa de estudos para a realização de uma visita de pesquisa durante o mês de outubro de 2021. No decurso dos dois meses seguintes, tive o privilégio de ser igualmente bem recebido pelo Instituto Internacional para a Unificação do Direito Privado (UNIDROIT), situado em Roma, também na qualidade de pesquisador visitante bolsista.

Além disso, agradeço aos amigos e familiares pelo amparo na complexa tarefa de completar os requisitos do curso de Doutorado num período tão conturbado mundialmente. Em algumas ocasiões, como acontece em qualquer tarefa de larga escala, tive que me ausentar para cumprir o cronograma, mas sempre recebi palavras fraternais e estimulantes que tornaram todo o trabalho mais leve. Sou particularmente grato pelo empenho dos meus pais, Auro Aparecido Maia de Andrade e Helisiane Borges de Pádua Andrade, e pela compreensão dos meus três irmãos, Aluísio, Ana Elisa e Rafael de Pádua Andrade, para os quais dedico a presente obra. E devo muitíssimo, finalmente, à minha companheira Sarah Dornelas Alencar, que esteve comigo em todas as etapas do projeto, me inspirando e me abrilhantando com o seu otimismo.

PREFÁCIO

*Flavia Portella Püschel**

Tive o prazer de compor a banca examinadora da tese de doutorado de Daniel de Pádua Andrade, a qual está na origem da obra que agora se publica. Foi uma experiência muito gratificante para quem, como eu, se dedica aos estudos dogmáticos do Direito Civil e ao estudo da dogmática jurídica em geral. Pois, para compreender a importância deste trabalho, é preciso começar por uma questão que vai além do tema da tutela específica das obrigações contratuais. Trata-se do *modo* como o autor realiza seu trabalho: esta é uma obra de dogmática do direito contratual e seu valor está, antes de mais nada, na qualidade do trabalho jurídico-dogmático que realiza.

Entre nós a dogmática tem sido muito maltratada. Por um lado, há os que a identificam com um formalismo vazio, praticamente um "truque" cuja função seria escamotear o que realmente importa: as relações de poder. Para estes, fazer dogmática jurídica é perda de tempo (ou atividade de gente mal-intencionada). Por outro lado, há os que a identificam com um exercício de opinião pura e simples, em que todas as posições têm o mesmo valor ou, pior, em que o valor de cada posição jurídica depende simplesmente da autoridade[1] de quem a defende e não da qualidade do argumento.

* Doutora em Direito e Professora Associada da FGV Direito SP.

[1] Judith Martins-Costa identifica atribuição de autoridade a uma opinião pelo simples fato de ter sido publicada como um dos fatores que explicam a perda de autoridade da doutrina no Brasil atual (Martins-Costa, 2014, p. 17-18).

Os primeiros afastam-se da dogmática jurídica e dedicam-se ao estudo do direito pela perspectiva econômica, política ou sociológica. Os segundos confundem interesses particulares com a atividade acadêmica ou jurisdicional. Tanto uns quanto outros desprezam a noção de *Rule of Law*, pois a dogmática jurídica é indissociável do projeto de Estado democrático de Direito.

A relação entre Estado de Direito e dogmática jurídica[2] se dá na medida em que a argumentação jurídico-dogmática constitui o modo pelo qual o aplicador do Direito estabelece a indispensável relação do texto das normas jurídicas, da jurisprudência e da tradição interpretativa de certo instituto jurídico com os fatos de um caso concreto. É este trabalho jurídico-dogmático que permite afirmar que as normas jurídicas que regulam o comportamento de todos são estabelecidas de antemão e não *post factum*, na medida em que o argumento jurídico dogmático constrói a ligação (argumentativa, por certo) entre o comportamento de alguém e a intervenção do Estado (sobretudo do Estado-juiz), justificando tal intervenção com base em decisões político-jurídicas *legítimas* e *anteriores*. Sem dogmática jurídica, não há aplicação *legítima* de normas jurídicas e, portanto, Estado democrático de Direito.

A dogmática jurídica é parte fundamental dos elementos que impedem que o *Rule of Law* deixe de ser o governo das *leis* e se torne o governo das *pessoas* encarregadas da adjudicação. É seu papel fornecer "limites genuínos ao argumento jurídico, de modo que o processo de tornar determinado o que é indeterminado e de desenvolver aquilo que pareça precisar de desenvolvimento possa ser aceito como não-arbitrário, mas baseado em bons fundamentos de caráter distintamente jurídico" (tradução nossa) (MacCormick, 2005, p. 254).

E o papel da doutrina na construção das soluções jurídico-dogmáticas é fundamental. A doutrina representa o espaço público especializado onde as decisões do Estado em sua função jurisdicional podem ser criticadas e assim, controladas. Não é coincidência que a restrição do debate público jurídico se associe historicamente a regimes autoritários (Rodriguez, 2011, pp. 134-135).

[2] Sobre esta questão, cf. Püschel e Aquino (2019, *passim*).

Infelizmente, como já apontou Judith Martins-Costa, a doutrina civilista brasileira atual tem se caracterizado pela inutilidade e perda de sua razão de ser, em virtude da incapacidade de realizar sua tarefa primordial de elaboração do *modelo jurídico dogmático*[3] (também chamado de hermenêutico ou doutrinário), o qual consiste nas estruturas teóricas voltadas a captar e atualizar os demais *modelos jurídicos*, quais sejam, os *modelos legislativos*, *jurisprudenciais*, *costumeiros* e *negociais* (Martins-Costa, 2014, p. 10).

Nas palavras de Judith Martins-Costa:

> Ausente o trabalho de construção doutrinária, que funciona como âncora – ao fixar conceitos e orientar sobre as possibilidades de aplicação dos modelos jurídicos – é grande a tentação, para o juiz, de se ver como paralegislador, espécie de "engenheiro social" (...) O resultado está nas bruscas rupturas do entendimento jurisprudencial, na miscelânea das decisões conflitantes sobre um mesmo tema, em uma palavra: na insegurança jurídica derivada da impossibilidade de manter expectativas e vê-las razoavelmente atendidas (Martins-Costa, 2014, p. 25).

A elaboração jurídico-dogmática feita pela doutrina é, portanto, essencial para o funcionamento do Direito e para o controle da atividade estatal jurisdicional.

Aspecto essencial para que a doutrina cumpra seu papel é que defenda interpretações do Direito fundadas em argumentos, os quais podem (e precisam) ser avaliados e criticados, ainda que sua correção não possa ser demonstrada logicamente[4].

E isto Daniel de Pádua Andrade realiza com rigor em sua obra. De modo que, já por isso, seu trabalho oferece uma contribuição importantíssima para o avanço do Direito civil brasileiro.

[3] Judith Martins-Costa faz aqui referência à ideia de *modelos jurídicos* de Miguel Reale, isto é, "estruturas normativas dinâmicas, que integram fatos e valores em normas jurídicas" (Martins-Costa, 2014, p. 10).

4 Note-se que o fato de verdades jurídicas não serem matemáticas, mas hermenêuticas, não lhes tira o caráter de verdade (Motta, 2012, p. 22).

Deixo de referir aqui os passos do argumento do autor, visto que o leitor fará melhor em acompanhá-los diretamente pelo texto da obra, a qual está bem articulada e muito bem escrita. Penso que o leitor concordará comigo quando afirmo que outro mérito deste livro é abandonar a cultura nacional de valorização da obscuridade como sinal de profundidade da reflexão.

Com relação ao tema da tutela específica das obrigações contratuais, penso que a principal contribuição deste trabalho consiste em, por meio de rigorosa análise, fundar sua limitação no abuso de direito e com isso fazer avançar a concretização da cláusula geral do art. 187 do Código Civil.

As cláusulas gerais são sabidamente um recurso legislativo que, justamente, depende do trabalho doutrinário e jurisprudencial – em diálogo – para que possa cumprir sua função de manter o ordenamento jurídico aberto à variedade e à transformação social, sem sacrifício dos princípios fundamentais da igualdade perante a lei e da segurança jurídica.

Ao final da leitura, concorde o leitor ou não com a tese defendida, reconhecerá que está diante de um argumento poderoso, que convida a continuar o debate em alto nível.

Referências

MacCORMICK, Neil, *Rhetoric and the Rule of Law. A Theory of Legal Reasoning*. Oxford: Oxford University Press, 2005.

MARTINS-COSTA, Judith. Autoridade e utilidade da doutrina: a construção dos modelos doutrinários. In: Martins-Costa, Judith et al. *Modelos de direito privado*, São Paulo: Marcial Pons, 2014, p. 9-40.

MOTTA, Francisco José Borges. *Levando o Direito a Sério. Uma Crítica Hermenêutica ao Protagonismo Judicial*, 2ª. ed., Porto Alegre: Livraria do Advogado, 2012.

PÜSCHEL, Flavia Portella; AQUINO, Theófilo Miguel. Segurança jurídica e coerência: uma reflexão sobre a uniformização de jurisprudência a partir da responsabilidade por abandono afetivo no STJ. *Revista da Faculdade de Direito UFPR*, v. 64, n. 2, p. 183-204, maio/ago. 2019.

RODRIGUEZ, José Rodrigo. Dogmática jurídica e desenvolvimento. *In*: RODRIGUEZ, José Rodrigo (org.). *Fragmentos para um dicionário crítico de direito e desenvolvimento*. São Paulo: Saraiva, 2011. p. 127-148.

LISTA DE ABREVIATURAS E SIGLAS

AED	Análise Econômica do Direito
ADI	Ação direta de inconstitucionalidade
AI	Agravo de instrumento
AIREsp	Agravo de Instrumento em Recurso Especial
AgInt	Agravo interno
Art.	Artigo
BGB	*Bürgerliches Gesetzbuch*
CC	Código Civil
CDC	Código de Defesa do Consumidor
CF	Constituição da República Federativa do Brasil
CJF	Conselho da Justiça Federal
CNH	Carteira nacional de habilitação
CPC	Código de Processo Civil
DCFR	*Draft Common Frame of Reference*
EREsp	Embargos de divergência em recurso especial
GmbH	*Gesellschaft mit beschränkter Haftung*
Jr.	Júnior
Ltda.	Limitada
PECL	*Principles of European Contract Law*
PICC	*Principles of International Commercial Contracts*
PLDC	*Principios Latinoamericanos de Derecho de los Contratos*
REsp	Recurso especial
S.A.	Sociedade anônima
STF	Supremo Tribunal Federal
STJ	Superior Tribunal de Justiça
TJRJ	Tribunal de Justiça do Estado do Rio de Janeiro
TJSP	Tribunal de Justiça do Estado de São Paulo
UE	União Europeia
UNIDROIT	*International Institute for the Unification of Private Law*

SUMÁRIO

APRESENTAÇÃO

A obra, que ora vem a público, consiste na versão editorial da tese de doutorado do professor Daniel de Pádua Andrade, intitulada "*Tutela específica das obrigações contratuais*". O trabalho foi defendido e aprovado junto ao Programa de Pós-Graduação em Direito da Universidade Federal de Minas Gerais (PPGD/UFMG), em banca por mim presidida e composta pelos ilustres professores Flávia Portella Püschel (FGV-SP), Francisco Paulo de Crescenzo Marino (USP), Leandro Martins Zanitelli (UFMG) e Mariana Alves Lara (UFMG).

Como orientador do autor no mestrado e no doutorado, pude acompanhar a seriedade e o talento demonstrados no curso de todas as suas iniciativas acadêmicas. Hoje, o já professor efetivo na Universidade Federal de Viçosa continua a instigar toda a comunidade jurídica com as suas reflexões e produções intelectuais.

O presente texto figura como a primeira tese de doutorado produzida na área de estudos "*Direito Civil na Interdisciplinaridade*", do PPGD/UFMG. A obra traz novas e inspiradoras propostas para o campo do direito contratual, por meio de um texto que rompe com uma suposta impermeabilidade da dogmática jurídica.

Daniel buscou trabalhar tema incipientemente abordado pela ciência jurídica brasileira, qual seja a limitação da tutela específica das obrigações contratuais em razão de um exame de proporcionalidade entre os ganhos do credor e o sacrifício do devedor. Nesse desiderato, os aportes de direito comparado foram enriquecidos por meio de estágios de pesquisa no *Max-Planck-Institut für ausländisches und internationales Privatrecht* e no *UNIDROIT – International Institute for the Unification of Private Law*.

A obra está estruturada em quatro capítulos reveladores da precisão metodológica contida no desenvolvimento do texto. Em um primeiro momento, o autor analisa de forma detida a tutela específica como remédio prioritário nas situações de inexecução contratual, abordando a consolidação doutrinária, legislativa e jurisprudencial quanto ao tema. Em seguida, a desproporcionalidade é explorada como um limite e uma exceção à aplicação da tutela específica. Nesse ponto, são examinadas e problematizadas diferentes formas de fundamentação teórica do instituto, a partir das regras contidas no ordenamento jurídico brasileiro. O terceiro capítulo volta-se ao direito comparado, identificando diferentes formas de lidar com o problema da desproporcionalidade como limite à execução específica. Para além do estudo de soluções ofertadas por países de distintas tradições, são também refletidos expedientes adotados em iniciativas internacionais de harmonização do direito contratual. Por fim, no último capítulo, o autor apresenta proposta de enquadramento jurídico da exceção de desproporcionalidade no direito brasileiro, expondo seu fundamento na cláusula geral do abuso de direito e estabelecendo alguns parâmetros para a sua aplicação.

Todo o percurso investigativo é construído com rigor e técnica jurídica, revelando o empenho com que o autor nos convida a desbravar o tema. Foi uma oportunidade e uma grande honra para mim poder acompanhar essa trajetória, certo de que a presente obra já ocupa lugar de destaque na doutrina civilista nacional. Que as questões tão detidamente trabalhadas possam insuflar novos debates e reflexões sobre os contornos e limites da execução de obrigações contratuais e que, com isso, possam também contribuir para um sistemático e justo direito civil.

FABIO QUEIROZ PEREIRA
Professor Adjunto de Direito Civil da
Universidade Federal de Minas Gerais

INTRODUÇÃO

No direito brasileiro, o remédio padrão para o inadimplemento das obrigações contratuais não pecuniárias é a tutela específica. Assim, como regra, o credor prejudicado tem o direito de requerer a implementação de medidas judiciais que forcem o devedor a cumprir exatamente a sua promessa de dar, fazer, ou não fazer algo. De acordo com a literalidade da legislação, a primazia da tutela específica deve ser excepcionada apenas mediante requerimento do credor ou quando tal providência se tornar impossível.[5] Mas o que acontece nos casos em que os proveitos decorrentes da execução *in natura* se mostrarem manifestamente desproporcionais aos dispêndios exigidos para a sua operacionalização? A tutela específica das obrigações contratuais deve ser concedida mesmo nas situações em que os custos impostos ao executado superarem consideravelmente os benefícios almejados pelo exequente? Esta é, em linhas gerais, a dúvida que inspirou o desenvolvimento da presente tese de doutorado.

A compreensão do problema aqui apresentado pode ser facilitada através da consideração de alguns exemplos emblemáticos. O caso do anel, formulado por Philipp Heck no início do século XX, continua sendo a ilustração mais interessante do dilema sobre o cabimento da tutela específica que acarretaria resultados desproporcionais.[6] Imagine que, entabulada a compra e venda de certo anel, mas antes de efetivada a respectiva tradição, o vendedor se descuida e deixa a joia cair nas águas

[5] O art. 499 do Código de Processo Civil, nesse sentido, preconiza que "a obrigação somente será convertida em perdas e danos se o autor o requerer ou se impossível a tutela específica ou a obtenção de tutela pelo resultado prático equivalente."

[6] HECK, Philipp. **Grundriss des Schuldrechts**. Tübingen: Mohr, 1929, p. 69.

de um lago profundo. A mobilização de uma operação para o resgate do anel, embora fosse possível no plano hipotético, demandaria a realização de investimentos muito superiores ao preço originalmente avençado. Diante desta situação fictícia, Phillip Heck concluiu que seria inaceitável a imposição do cumprimento coativo da obrigação de dar coisa certa inadimplida. A solução mais adequada, portanto, seria a reparação pecuniária dos prejuízos sofridos pelo comprador em virtude da inexecução.

O debate a respeito da viabilidade da tutela específica desproporcional também pode ser vislumbrado em alguns precedentes estrangeiros. Na França, um julgamento que chamou a atenção foi o caso da moradia construída com 13 polegadas de diferença em relação à altura originalmente prometida.[7] O dono da obra, insatisfeito com a inadequação das medidas verificadas, ajuizou uma ação pleiteando que a empreiteira fosse compelida a demolir e a reconstruir a edificação defeituosa. Em sua defesa, a ré alegou que os pedidos não mereciam acolhimento porque as providências solicitadas demandariam gastos bem maiores do que o valor da perda experimentada pelo autor. A Corte de Cassação, ao final, decidiu que a obrigação de fazer mal executada deveria ser satisfeita em termos literais, independentemente dos sacrifícios exigidos para tanto. Esta orientação jurisprudencial rigorosa e inflexível foi uma das razões que motivaram a reforma do Código Civil francês promovida no ano de 2016.

Os tribunais brasileiros, da mesma forma, têm demonstrado certa preocupação com a temática da proporcionalidade da tutela específica. No julgamento do Recurso Especial 1.055.822/RJ, por exemplo, a Terceira Turma do Superior Tribunal de Justiça recusou a efetivação de uma tutela específica considerada excessivamente onerosa.[8] Uma consumidora havia adquirido a assinatura anual de uma revista infantil, mas recebeu apenas cinco exemplares mensais, porque a publicação foi descontinuada pela editora. A assinante não aceitou nenhuma oferta de substituição e decidiu ingressar em juízo buscando uma ordem judicial que constrangesse a fornecedora a produzir os sete volumes faltantes.

[7] ROWAN, Solène. **Remedies for breach of contract**: a comparative analysis of the protection of performance. Oxford: Oxford University Press, 2012, p. 45-46.

[8] BRASIL. Superior Tribunal de Justiça (3. Turma). **Recurso Especial 1.055.822/RJ**. Relator: Min. Massami Uyeda, 24 de maio de 2011.

Como argumento de defesa, a empresa aduziu que seria economicamente inviável sustentar a linha de produção de um periódico para a satisfação exclusiva de uma cliente. Os ministros julgadores deram razão à parte ré e recusaram o pedido de execução *in natura*, mas ressalvaram o direito da autora de receber uma quantia monetária equivalente ao valor total dos fascículos não entregues.

Apesar das suas diferenças, todos os exemplos supramencionados dizem respeito a situações de inadimplemento relativo e nos convidam a refletir sobre a necessidade de limitar o cabimento da tutela específica com base em um juízo de proporcionalidade. Esta restrição, que impediria a concessão da tutela específica a partir de uma ponderação das suas prováveis consequências, pode ser chamada simplesmente de "exceção de desproporcionalidade". Trata-se de expressão bastante apropriada para a pesquisa que será desenvolvida adiante, justamente porque congrega, ao mesmo tempo, tanto um aspecto objetivo quanto um aspecto subjetivo. Do ponto de vista objetivo, o termo "exceção de desproporcionalidade" revela a existência de um desvio pontual em relação à regra da prevalência da execução *in natura* das obrigações contratuais. Já sob o enfoque subjetivo, o vocábulo "exceção de desproporcionalidade" remete à percepção de que, preenchidos certos requisitos circunstanciais, o devedor pode levantar uma defesa capaz de neutralizar a pretensão de tutela específica deduzida pelo credor.[9]

A proposta de sujeitar a incidência da tutela específica a um controle de proporcionalidade, no entanto, deve ser analisada com muita cautela. Por um lado, parece razoável defender o indeferimento dos pedidos de execução *in natura* que levariam o devedor a suportar gastos exorbitantes em relação ao proveito econômico pretendido pelo credor. A imposição judicial de condutas excessivamente onerosas causa estranhamento

[9] Nesse sentido, a exceção de desproporcionalidade pode ser classificada como uma exceção substancial. Como explica João Pedro de Oliveira de Biazi, "[...] as exceções substanciais atacam a eficácia das posições jurídicas de direito material que compõem o direito subjetivo do demandante. Trata-se de contradireitos – como qualquer exceção – destinados a se oporem contra a situação jurídica ativa afirmada pelo demandante, visando a neutralizar, temporária ou definitivamente, os seus efeitos." BIAZI, João Pedro de Oliveira de. **A exceção de contrato não cumprido no direito privado brasileiro**. Rio de Janeiro: LMJ Mundo Jurídico, 2019, p. 25.

quando se percebe que o interesse do contratante prejudicado poderia ser compensado, em alguma medida, por meio da entrega de uma soma de dinheiro. Por outro lado, não se pode perder de vista a constatação de que o ordenamento jurídico nacional optou por adotar a tutela específica enquanto remédio preferencial para o descumprimento do contrato. Sendo assim, qualquer tentativa de aplicação da exceção de desproporcionalidade no contexto brasileiro deve ser acompanhada por uma fundamentação minuciosa, que articule argumentos fortes o suficiente para justificar a flexibilização circunstancial da primazia da tutela específica.

Depois dessa breve digressão, já é possível apresentar uma formulação mais detalhada dos questionamentos que direcionam a presente investigação. A problematização que será enfrentada no decorrer dos próximos capítulos pode ser resumida em duas perguntas sucessivas e complementares. Afinal, no âmbito do direito brasileiro, o cabimento da tutela específica das obrigações contratuais deve ser limitado por uma análise de proporcionalidade entre os custos do devedor e os benefícios do credor? Em caso positivo, qual seria o fundamento jurídico desta restrição excepcional? Tais indagações, embora sejam relevantes para a compreensão dos efeitos derivados da inexecução dos contratos, ainda não receberam a devida atenção por parte dos estudos produzidos no Brasil e por isso permanecem em aberto. Como se verá a seguir, existem pelo menos três fatores que justificam o empreendimento de um exame a respeito da aplicabilidade da exceção de desproporcionalidade na prática jurídica nacional.

Em primeiro lugar, o aprofundamento se faz necessário diante da carência de reflexões nacionais dedicadas especificamente ao referido tema-problema. Muito se discute, nos círculos acadêmicos brasileiros, sobre a proporcionalidade comparativa das medidas judiciais executivas ou sub-rogatórias que se destinam à obtenção da tutela específica. Com base no princípio da menor onerosidade da execução, os juristas afirmam pacificamente que, entre dois ou mais meios executivos disponíveis, deve-se sempre optar por aquele menos gravoso para o executado.[10] O

[10] Nos termos do *caput* do art. 805 do Código de Processo Civil, "quando por vários meios o exequente puder promover a execução, o juiz mandará que se faça pelo modo menos gravoso para o executado."

enfoque ora proposto, entretanto, diz respeito a uma linha de inquirição diferente e pouco explorada, que é a análise do custo-benefício da tutela específica em um momento posterior à verificação da medida menos onerosa. Voltando ao exemplo do anel caído no lago, podemos supor que a contratação de mergulhadores seria mais barata do que as outras operações de resgate possíveis, como a drenagem de toda a água. A dúvida que persiste, neste caso, é se o vendedor poderia se opor ao remédio da tutela específica considerando que mesmo a alternativa menos onerosa demandaria a realização de esforços excessivos.

Em segundo lugar, o estudo da exceção de desproporcionalidade no contexto brasileiro se justifica em razão da necessidade de segurança jurídica. A formação das relações contratuais envolve uma série de projeções realizadas por ambas as partes, que tentam antever da melhor maneira possível as despesas, os lucros e os riscos atinentes a cada tipo de negócio. Durante a fase das tratativas iniciais, um dos pontos mais importantes é a avaliação dos remédios judiciais que estarão disponíveis no caso de inadimplemento das obrigações assumidas pelo outro contratante. Dessa forma, para que o tráfego negocial transcorra de forma eficiente e condizente com as expectativas individuais, é fundamental que haja clareza e previsibilidade a respeito dos efeitos jurídicos decorrentes do descumprimento dos contratos.[11] Os negociantes certamente tomarão decisões melhores se puderem identificar, com a devida antecedência, os parâmetros que autorizam o afastamento da tutela específica em circunstâncias desproporcionais.

E em terceiro lugar, a pesquisa em comento revela-se oportuna porque promove uma interface com os desenvolvimentos estrangeiros mais recentes. A temática do controle de proporcionalidade da tutela específica das obrigações contratuais tem alcançado uma projeção cada vez maior no Direito Contratual dos ordenamentos jurídicos ocidentais.[12] Chama a atenção, sobretudo, a difusão da exceção de desproporcionali-

[11] FORGIONI, Paula A. **Contratos empresariais**: teoria geral e aplicação. 5. ed. São Paulo: Revista dos Tribunais, 2020, p. 121-122.

[12] Cf., por todos, KLEINSCHMIDT, Jens. Art. 9:102: Non-monetary obligations. *In*: JANSEN, Nils; ZIMMERMANN, Reinhard (ed.). **Commentaries on European contract laws**. Oxford: Oxford University Press, 2018, p. 1254-1260.

dade nos outros países de tradição romano-germânica que, assim como o Brasil, reconhecem a tutela específica como resposta padrão para o descumprimento do contrato. No âmbito dos regramentos de *Civil Law*, existem hoje diversas iniciativas legislativas e doutrinárias que procuram sujeitar a viabilidade da execução *in natura* a uma ponderação entre os sacrifícios do devedor e os proveitos do credor. A averiguação deste assunto, nos moldes aqui propostos, pode contribuir para o estabelecimento de um proveitoso diálogo entre a realidade brasileira e as experiências vivenciadas internacionalmente.

No que concerne à metodologia adotada no trabalho, optou-se por realizar uma pesquisa teórica, de vertente jurídico-dogmática e de tipo compreensivo-comparativo.[13] Nesse sentido, foram levantados e analisados dados de natureza qualitativa provenientes tanto de fontes primárias (leis em sentido amplo, decisões judiciais e instrumentos internacionais) quanto de fontes secundárias (monografias, capítulos de livro e artigos científicos). Tendo em vista a incipiência das discussões brasileiras sobre a exceção de desproporcionalidade, o estudo das referências nacionais foi complementado pela consideração de publicações procedentes de outros países. A abordagem das obras estrangeiras foi pautada pela utilização do método funcional de Direito Comparado, que pressupõe a identificação e a comparação dos institutos que desempenham funções análogas em diferentes ordenamentos.[14] Com base nessas premissas metodológicas, foi possível reconhecer e averiguar alguns dos mecanismos que atuam

[13] Gustin, Miracy Barbosa de Sousa; DIAS, Maria Tereza Fonseca; Nicácio, Camila Silva. **(Re)pensando a pesquisa jurídica**: teoria e prática. 5. ed. São Paulo: Almedina, 2020, p. 66, 74 e 83-84.

[14] Zweigert, Konrad; Kötz, Hein. **An introduction to comparative law**. 3. ed. Trad. Tony Weir. Oxford: Clarendon Press, 1998, p. 34. Para uma releitura crítica do método funcional de Direito Comparado, cf. HUSA, Jaakko. Farewell to functionalism or methodological tolerance? **Rabels Zeitschrift für ausländisches und internationales Privatrecht**, v. 67, p. 419-447, jul. 2003; Michaels, Ralf. The functional method of comparative law. *In*: Reinmann, Mathias; Zimmermann, Reinhard (ed.). **The Oxford handbook of comparative law**. 2. ed. Oxford: University Press, 2019; Pereira, Fabio Queiroz; Colombi, Henry. O método funcional e sua utilização no direito civil comparado. *In:* Menezes, Wagner (org.). **Anais do XVII Congresso de Direito Internacional**. Belo Horizonte: Arraes, 2019.

como filtros de proporcionalidade da tutela específica dentro do sistema romano-germânico.

O desenvolvimento do texto encontra-se dividido em quatro capítulos. De início, o primeiro capítulo esclarece o pano de fundo da pesquisa, apontando os elementos normativos responsáveis pela concepção da tutela específica enquanto remédio preferencial para o descumprimento do contrato no direito brasileiro. Na sequência, o segundo capítulo promove o recorte do tema-problema a ser enfrentado, demonstrando que o assunto da limitação do cabimento da tutela específica com base em uma análise de custo-benefício permanece controverso no cenário nacional. O terceiro capítulo realiza um exame de Direito Comparado com o intuito de buscar, nas experiências estrangeiras, alguns subsídios que possam contribuir para a fundamentação jurídica do controle de proporcionalidade dos pedidos de execução *in natura*. A argumentação culmina no quarto capítulo, que apresenta uma proposta de aplicação da exceção de desproporcionalidade no direito brasileiro a partir da cláusula geral de abuso do direito e da vedação sistêmica ao exercício desequilibrado de posições contratuais.

1
A TUTELA ESPECÍFICA ENQUANTO REMÉDIO PREFERENCIAL PARA O DESCUMPRIMENTO DO CONTRATO

Antes de analisar se e como a tutela específica das obrigações contratuais deveria ser limitada por uma análise de proporcionalidade entre os benefícios do credor e os esforços do devedor, é preciso situar esse tema-problema nos quadrantes dogmáticos do direito brasileiro. A temática enfrentada pelo presente trabalho tangencia diversos princípios, conceitos e institutos jurídicos relacionados especialmente com os campos do Direito das Obrigações e do Direito Processual Civil. O objetivo deste primeiro capítulo, portanto, é promover um acerto semântico com vistas à definição e ao esclarecimento das categorias teóricas básicas que serão utilizadas no decorrer da investigação ora proposta. Busca-se, em especial, realizar uma articulação pragmática entre os elementos processuais e os elementos materiais que fundamentam o regramento nacional da tutela específica enquanto remédio preferencial para o descumprimento do contrato. Nesse sentido, os tópicos que se seguem partem do contraste entre as formas específica e genérica de tutela jurisdicional, demonstram a consolidação legislativa da primazia da tutela específica e caracterizam particularmente a tutela específica das obrigações contratuais. Logo em seguida, apresentam-se a releitura contemporânea do conceito de obrigação contratual, as diferentes espécies de inadimplemento obrigacional e, por fim, o sistema de remédios para o descumprimento do contrato.

1.1 A tutela jurisdicional na forma específica e na forma genérica

Em um sentido amplo, o tema da tutela jurisdicional compreende todos os expedientes mobilizados pelo Estado-Juiz para a solução de conflitos através da aplicação isonômica e coativa do direito objetivo.[15] A adoção de uma perspectiva analítica, no entanto, viabiliza a decomposição da tutela jurisdicional em diferentes modalidades com características peculiares. De acordo com Fredie Didier Jr., por exemplo, a tutela jurisdicional pode ser classificada em provisória ou definitiva (quanto à profundidade da cognição), em preventiva ou repressiva (quanto ao momento da implementação) e, finalmente, em específica ou genérica (quanto ao resultado buscado).[16] Esta terceira e última contraposição, entre a forma específica e a forma genérica da tutela jurisdicional, demanda maiores aprofundamentos, pois constitui o cerne do presente trabalho.

A categorização da tutela em específica ou genérica depende da correspondência entre o resultado buscado pelo provimento jurisdicional e a realização do direito subjetivo protegido. Nesse sentido, afirma-se que a tutela específica ou *in natura* procura conceder ao autor exatamente o conteúdo do direito subjetivo ameaçado ou violado pelo réu. Já a tutela genérica, também chamada de substitutiva ou pelo equivalente pecuniário, busca oferecer ao autor não a implementação precisa do direito subjetivo desrespeitado pelo requerido, mas sim uma soma monetária calculada a título de compensação. Alguns juristas de língua portuguesa preferem utilizar as expressões execução específica e execução genérica, que representam, para todos os fins, apenas uma variação terminológica da dicotomia entre tutela específica e tutela genérica.[17] Confira-se o exemplo didático formulado por Daniel Amorim Assumpção Neves:[18]

[15] Fux, Luiz. Tutela jurisdicional: finalidade e espécies. **Informativo Jurídico da Biblioteca Ministro Oscar Saraiva**, v. 14, n. 2, p. 153-168, jul./dez. 2002, p. 153.

[16] Didier Jr., Fredie *et al.* **Curso de direito processual civil**, v. 5: execução. 7. ed. Salvador: JusPodivm, 2017, p. 567-568.

[17] É o caso de Orlando Gomes, que afirma que "o crédito pode ser satisfeito coativamente por dois modos: *a)* execução específica; *b)* execução genérica. Pela primeira, o credor visa a obter exatamente a prestação prometida. Seu objetivo é conseguir o que é devido. Se a obrigação tem como objeto, por exemplo, a prestação de dar determinada coisa, o credor promove os meios de recebê-la, obtendo com o auxílio da força pública, essa mesma coisa. Pela segunda, executa os bens do devedor, para obter o valor da prestação não cumprida. Procura, numa palavra, o *equivalente em dinheiro*." Gomes, Orlando. **Obrigações**. 19. ed. Atual. Edvaldo Brito. Rio de Janeiro: Forense, 2019, p. 182.

[18] Neves, Daniel Amorim Assumpção. **Manual de direito processual civil**. 9. ed. Salvador: JusPodivm, 2017, p. 108.

> Carlos ingressa com demanda judicial contra João, pleiteando a entrega de um carro que tenha sido objeto de empréstimo, sendo certo que depois de vencido o prazo contratual o automóvel não foi devolvido. Na hipótese de Carlos conseguir por meio do processo recuperar o automóvel, o Poder Judiciário terá prestado uma tutela específica, porque essa recuperação gera efeitos práticos idênticos àqueles que seriam gerados se João tivesse cumprido o contrato e devolvido o carro no prazo contratual. Por outro lado, caso o processo não seja meio hábil à recuperação do carro, entregando a Carlos somente o valor do automóvel em dinheiro, não se poderá falar em tutela específica, mas sim em tutela pelo equivalente em dinheiro.

No que concerne ao âmbito de aplicação, a distinção entre tutela específica e tutela genérica incide preponderantemente no campo das obrigações não pecuniárias. Isso porque a satisfação das obrigações pecuniárias já demanda, por sua própria definição, a entrega de um montante de dinheiro correspondente ao valor da dívida.[19] Assim, diante do descumprimento de um dever de transferir determinada soma de dinheiro, não há como distinguir o direito violado do seu equivalente monetário, pois ambos significam, em termos práticos, a mesma coisa. A situação é outra no caso das obrigações de fazer, de não fazer ou de entregar coisa certa, porque elas incutem no credor, desde o início, a expectativa de que o devedor desempenhará um comportamento que não se confunde com o repasse de dinheiro. No universo das obrigações não pecuniárias, portanto, a execução *in natura* e a execução substitutiva conduzem a atividade jurisdicional para desfechos significativamente diferentes.

Seja para efetivar a tutela específica ou para efetivar a tutela genérica, o Poder Judiciário tem à sua disposição uma série de meios executivos típicos e atípicos.[20] Esses mecanismos podem ser subdivididos em dois

[19] VARELA, João de Matos Antunes. **Das obrigações em geral**, v. 1. 10. ed. Coimbra: Almedina, 2010, p. 845-846.

[20] Nesse ponto, destaca-se o inciso IV do art. 139 do Código de Processo Civil de 2015, que perfilhou o chamado princípio da atipicidade dos meios executivos nos seguintes termos: "Art. 139. O juiz dirigirá o processo conforme as disposições deste Código, incumbindo-lhe: [...] IV – determinar todas as medidas indutivas, coercitivas, mandamentais ou sub-rogatórias necessárias para assegurar o cumprimento de ordem judicial, inclusive nas ações que tenham por objeto prestação pecuniária; [...]."

grupos a depender da necessidade de participação do demandado para a sua implementação. O primeiro grupo é formado pelas medidas executivas coercitivas ou indiretas, que exigem a participação do executado e tentam convencê-lo a realizar voluntariamente a conduta esperada através de incentivos comportamentais. É o caso da multa, da prisão civil, do protesto da decisão judicial, bem como do desconto do valor dos honorários em certas situações. O segundo grupo, por sua vez, é formado pelas medidas executivas sub-rogatórias ou diretas, que dispensam a participação do executado, pois o aparato estatal é utilizado para alcançar imediatamente o resultado pretendido. Exemplos dessa categoria são a expropriação, o desfazimento de obras, o suprimento judicial da vontade e ainda a autorização para satisfação obrigacional por terceiro à custa do devedor.[21]

A dicotomia entre tutela específica e tutela genérica gera consequências importantes na definição das técnicas coercitivas e sub-rogatórias aplicáveis em cada situação. Mais precisamente, a opção pela forma específica ou pela forma genérica de tutela jurisdicional é que estabelecerá os fins a serem perseguidos pelos meios executivos colocados à disposição do Estado-Juiz. Assim, nas hipóteses de execução *in natura*, a escolha dos meios deve ser realizada à luz da finalidade de conceder ao demandante exatamente o conteúdo do direito ameaçado ou violado. E nas hipóteses de execução substitutiva, de modo semelhante, a escolha dos meios deve ser feita tendo em vista o objetivo de oferecer ao demandante o equivalente pecuniário do direito desrespeitado. O resultado buscado pelo provimento judicial, nesse sentido, afigura-se determinante para a análise casuística de adequação, de necessidade e de proporcionalidade em sentido estrito das diferentes medidas executivas coercitivas e sub-rogatórias contempladas pelo ordenamento nacional.[22]

[21] Na síntese de Guilherme Puchalski Teixeira, os mecanismos coercitivos "se prestam para *pressionar* o obrigado, influenciando-o psicologicamente a fim de que adote a conduta específica desejada pelo ordenamento", enquanto os mecanismos sub-rogatórios "visam gerar o resultado pretendido pela norma independentemente da participação e da vontade do obrigado." TEIXEIRA, Guilherme Puchalski. **Tutela específica dos direitos:** obrigações de fazer, não fazer e entregar coisa. Porto Alegre: Livraria do Advogado, 2011, p. 141.

[22] Ao tratar da análise de proporcionalidade dos atos estatais, Humberto Ávila esclarece que "a exigência de realização de vários fins, todos constitucionalmente legitimados,

E qual dessas duas formas de tutela de direitos seria melhor, a específica ou a genérica? Tal qual ocorre com as demais categorizações jurídicas, não há uma ordem de preferência ontológica entre a execução *in natura* e a execução substitutiva. Cada uma delas possui seus próprios ônus e bônus, sendo que a adoção de uma ou de outra decorre fundamentalmente de contingências históricas e de conveniências políticas. O espaço concedido pelos ordenamentos jurídicos para a tutela específica e para a tutela genérica é um reflexo das concepções em vigor na respectiva sociedade. A partir dessa percepção, os autores brasileiros costumam apresentar uma síntese que associa a ideologia do Estado Liberal à prevalência da execução genérica e a ideologia do Estado Social à prevalência da execução específica.[23] Trata-se, evidentemente, de um recorte simplificador e reducionista, mas que é digno de nota na medida em que esclarece a natureza circunstancial dos remédios jurisdicionais.

Durante o século XIX, o modelo de Estado Liberal era caracterizado pelo enaltecimento da liberdade negativa e da igualdade formal. Nesse contexto ideológico, a desconfiança em relação ao Poder Judiciário limitava o alcance das ordens judiciais sobre a esfera de atuação individual, preservando assim o dogma da intangibilidade da vontade humana (*nemo ad factum praecise cogi potest*). Paralelamente, os imperativos de neutralidade e de não intervenção inibiam a criatividade judicial, restringindo as prescrições jurídicas àquelas previamente estabelecidas em lei, com base em uma leitura estrita do princípio da legalidade. As formas de prestação jurisdicional acompanhavam a tendência absenteísta e por isso a tutela genérica era vista como uma resposta geral mais adequada para os conflitos entre particulares. Ao traduzir as violações de direitos em seus equi-

implica a adoção de medidas adequadas, necessárias e proporcionais em sentido estrito. Um meio é adequado quando promove minimamente o fim. [...] Um meio é necessário quando não houver meios alternativos que possam promover igualmente o fim sem restringir na mesma intensidade os direitos fundamentais afetados. [...] Um meio é proporcional quando o valor da promoção do fim não for proporcional ao desvalor da restrição dos direitos fundamentais." Ávila, Humberto. **Teoria dos princípios**: da definição à aplicação dos princípios jurídicos. 4. ed. São Paulo: Malheiros, 2005 p. 131.

[23] Cf., por todos, Teixeira, Guilherme Puchalski. **Tutela específica dos direitos:** obrigações de fazer, não fazer e entregar coisa. Porto Alegre: Livraria do Advogado, 2011, p. 21-119.

valentes pecuniários, os magistrados buscavam oferecer um tratamento equânime e impessoal para todos os jurisdicionados.[24]

A transição para o modelo de Estado Social em meados do século XX, por sua vez, foi impulsionada pela valorização da liberdade positiva e da igualdade material. O anseio por uma postura estatal mais intervencionista e atenta às necessidades sociais acarretou um incremento na adaptabilidade da tutela jurisdicional. Desde então, o processo judicial foi reinterpretado como um instrumento autônomo, porém funcionalizado à realização concreta do direito material. Esse movimento culminou no reconhecimento do que a literatura especializada denomina de direito fundamental à prestação jurisdicional efetiva, adequada e tempestiva.[25] Trata-se de conclusão obtida a partir da interpretação extensiva dos incisos XXXV e LXXVIII do art. 5º da Constituição de 1988.[26] Diante da compreensão de que o Poder Judiciário deve agir em consonância com as peculiaridades de cada situação, a tutela específica passou a ser vista como o remédio mais apropriado para proteger os direitos dos cidadãos.[27]

Atualmente, verifica-se no direito brasileiro uma inclinação no sentido da tutela jurisdicional na forma específica. Vários elementos legislativos, doutrinários e jurisprudenciais corroboram a afirmação de que a prioridade é a proteção *in natura* dos direitos eventualmente ameaçados ou lesados. Nesse cenário, resta à execução substitutiva apenas um papel subsidiário de cabimento em hipóteses excepcionais e devidamente justificadas. Fala-se, por isso, na incidência do princípio da primazia da tutela específica, também chamado de princípio da maior coincidência

[24] MARINONI, Luiz Guilherme. **Técnica processual e tutela dos direitos**. 6. ed. São Paulo: Thomson Reuters Brasil, 2019, p. 49-50.

[25] TEIXEIRA, Guilherme Puchalski. **Tutela específica dos direitos:** obrigações de fazer, não fazer e entregar coisa. Porto Alegre: Livraria do Advogado, 2011, p. 43-86.

[26] Art. 5º. Todos são iguais perante a lei, sem distinção de qualquer natureza, garantindo-se aos brasileiros e aos estrangeiros residentes no País a inviolabilidade do direito à vida, à liberdade, à igualdade, à segurança e à propriedade, nos termos seguintes: [...] XXXV – a lei não excluirá da apreciação do Poder Judiciário lesão ou ameaça a direito; [...] LXXVIII – a todos, no âmbito judicial e administrativo, são assegurados a razoável duração do processo e os meios que garantam a celeridade de sua tramitação. [...].

[27] MARINONI, Luiz Guilherme. **Técnica processual e tutela dos direitos**. 6. ed. São Paulo: Thomson Reuters Brasil, 2019, p. 68.

possível ou simplesmente de princípio do resultado.[28] A preocupação que serviu de base para a expansão da tutela específica pode ser sintetizada no famoso brocardo de Giuseppe Chiovenda: "o processo deve, na medida do praticamente possível, dar a quem tem um direito tudo aquilo e exatamente aquilo que ele tem direito de conseguir".[29] Para compreender o estado da arte alcançado pelo Brasil nas últimas décadas, contudo, é preciso atentar, para as sucessivas alterações que ocorreram na legislação nacional.

1.2 A consolidação legislativa da primazia da tutela específica

A análise da evolução legislativa demonstra que o tema da tutela específica não é exatamente novo no contexto nacional. Ao menos formalmente, a execução *in natura* já figura de longa data nas leis brasileiras, porém seu âmbito de aplicação e seus instrumentos de concretização eram limitados e por isso, durante muito tempo, ela ficou à margem da execução pelo equivalente pecuniário. O resgate histórico, nesse sentido, viabiliza a percepção de pelo menos duas perspectivas de desenvolvimento que ocorreram de maneira concomitante e mais ou menos linear. Pela óptica do direito material, observa-se o crescimento gradual do rol de violações jurídicas que conferem ao sujeito ameaçado ou prejudicado a prerrogativa de requerer em juízo o remédio da tutela específica. O enfoque do direito processual, a seu turno, evidencia o progressivo aprimoramento

[28] DIDIER JR., Fredie *et al.* **Curso de direito processual civil**, v. 5: execução. 7. ed. Salvador: JusPodivm, 2017, p. 71-76. No mesmo sentido, cf. THEODORO JÚNIOR, Humberto. Tutela específica das obrigações de fazer e não fazer. **Revista Brasileira de Direito Comparado**, v. 20, p. 89-129, 2001, p. 125; TEPEDINO, Gustavo. Inadimplemento contratual e tutela específica das obrigações. *In*: **Soluções práticas de direito**, v. 2: pareceres. São Paulo: Revista dos Tribunais, 2012, p. 142; ZANETTI, Cristiano de Sousa. Cumplimiento forzado de las obligaciones contractuales de carácter no pecuniario: la experiencia brasileña. *In*: OLIVARES, Alvaro Vidal; URIBE, Rodrigo Momberg (edit.). **Cumplimiento específico y ejecución forzada del contrato**: de lo sustantivo a lo procesal. Valparaíso: Ediciones Universitarias de Valparaíso, 2018, p. 447-448; BRASIL. Superior Tribunal de Justiça (2. Turma). **Recurso Especial 1.221.861/BA**. Relator: Min. Herman Benjamin, 3 de maio de 2012.

[29] "*Il processo deve dare per quanto è possibile praticamente a chi ha un diritto tutto quello e proprio quello ch'egli ha diritto di conseguire.*" CHIOVENDA, Giuseppe. Dell'azione nascente dal contratto preliminare. *In*: **Saggi de diritto processuale civile**, v. 1. Milão: Giuffrè, 1993, p. 110.

dos meios executivos destinados a operacionalizar e a concretizar, na prática, a tutela jurisdicional na forma específica.

Veja-se, a seguir, alguns dos principais marcos da trajetória percorrida pela tutela específica no cenário legislativo brasileiro. As Ordenações Filipinas de 1595, que vigoraram no Brasil até o advento do Código Civil de 1916, já traziam amostras de proteção *in natura* de direitos ameaçados ou lesados. O § 5 do Título LXXVIII do Livro III, por exemplo, oferecia aos jurisdicionados algumas medidas que serviam para inibir a prática de ilícitos e para ressarcir de maneira específica os danos eventualmente sofridos.[30] Ao tratar do regime jurídico de algumas obrigações tipicamente mercantis, o Código Comercial de 1850 também introduziu alguns exemplares de tutela jurisdicional específica. É o caso do art. 202, que concedia ao comprador prejudicado pelo inadimplemento a opção entre rescindir o contrato ou demandar do vendedor a entrega da coisa adquirida.[31] E do art. 546, que autorizava o juiz a utilizar a prisão civil e outras sanções pecuniárias para convencer os tripulantes devidamente matriculados a cumprirem a viagem contratada até o final.[32]

[30] *In verbis*: "E quanto ao *terceiro caso* dos autos extrajudiciaes, que não são começados, mas comminatorios, dizemos que a parte, que se teme, ou receia ser aggravada per a outra parte, póde recorrer aos Juizes da terra, implorando seu Officio, que o provejam, como lhe não seja feito aggravo. E poderá ainda fóra do Juizo appellar de tal comminação, pondo-se sob poderio do Juiz, requerendo, e protestando de sua parte áquelle, de que se teme ser aggravado, que tal aggravo lhe não faça. E se depois do dito requerimento e protestação assi feita, fôr alguma novidade commettida ou attentada, mandará o Juiz (se fôr requerido) tornar e restituir tudo ao primeiro stado. E em tal protestação será inserta e declarada a causa verisimil e razoada, por que assi protestou: póde-se pôr exemplo: se algum se temer de outro, que o queria offender na pessoa, ou lhe queira, sem razão occupar e tomar suas cousas, poderá requerer ao Juiz que segure á elle as suas cousas do outro, que o quizer offender, a qual segurança lhe o Juiz dará; e se depois della elle receber offensa daquelle, de que foi seguro, resituil-o-há o Juiz, e tornará tudo o que commettido e attentado depois da segurança dada, e mais procederá contra o que a quebrantou, e menosprezou se umandado, como achar per Direito."

[31] Art. 202. Quando o vendedor deixa de entregar a coisa vendida no tempo aprazado, o comprador tem opção, ou de rescindir o contrato, ou de demandar o seu cumprimento com os danos da mora; salvo os casos fortuitos ou de força maior.

[32] Art. 546. Os oficiais e quaisquer outros indivíduos da tripulação, que, depois de matriculados, abandonarem a viagem antes de começada, ou se ausentarem antes de acabada,

A primeira codificação civil brasileira surgiu sob forte influência do Código Civil francês de 1804. Na esteira do dogma da intangibilidade da vontade humana, a redação original do Código Napoleônico contemplava mecanismos de tutela específica das obrigações de entregar coisa (art. 1610),[33] mas atribuía preponderantemente a tutela genérica para as obrigações de fazer e não fazer (art. 1142).[34] A lei francesa ressalvava, no entanto, a possibilidade de o credor requerer autorização judicial para promover diretamente, e às expensas do devedor, as ações ou omissões de natureza fungível (arts. 1143 e 1144).[35] O Código Civil de 1916 não regulou expressamente a execução das obrigações de entregar coisa, mas repetiu, quase que literalmente, a orientação francesa quanto à execução das obrigações de fazer e não fazer (arts. 880, 881 e 883).[36] É interessante

podem ser compelidos com prisão ao cumprimento do contrato, a repor o que se lhes houver pago adiantado, e a servir 1 (um) mês sem receberem soldada.

[33] Art. 610. Se o vendedor falhar em fazer a entrega dentro do tempo convencionado entre as partes, o adquirente pode, à sua escolha, demandar a resolução da venda, ou ser imitido na posse, se o atraso vier de fato exclusivo do vendedor. *Art. 1610. Si le vendeur manque à faire la délivrance dans le temps convenu entre les parties, l'acquéreur pourra, à son choix, demander la résolution de la vente, ou sa mise en possession, si le retard ne vient que du fait du vendeur.*

[34] Art. 1142. Toda obrigação de fazer ou não fazer se resolve em perdas e danos em caso de inexecução por parte do devedor. *Art. 1142. Toute obligation de faire ou de ne pas faire se résout en dommages et intérêts en cas d'inexécution de la part du débiteur.*

[35] Art. 1143. No entanto, o credor tem o direito de demandar que o que tenha sido feito em contravenção ao comprometimento seja destruído; e ele poderá ser autorizado a destruí-lo às custas do devedor, sem prejuízo das perdas e danos se houver. *Art. 1143. Néanmoins, le créancier a le droit de demander que ce qui aurait été fait par contravention à l'engagement soit détruit; et il peut se faire autoriser à le détruire aux dépens du débiteur, sans préjudice des dommages et intérêts s'il y a lieu.*

Art. 1144. O credor também poderá, em caso de inexecução, ser autorizado a executar por si mesmo a obrigação às custas do devedor. *Art. 1144. Le créancier peut aussi, en cas d'inexécution, être autorisé à faire exécuter lui-même l'obligation aux dépens du débiteur.*

[36] Art. 880. Incorre também na obrigação de indenizar perdas e danos o devedor, que recusar a prestação a ele só imposta, ou só por ele exeqüível.

Art. 881. Se o fato puder ser executado por terceiro, será livre ao credor mandá-lo executar à custa do devedor, havendo recusa ou mora deste, ou pedir indenização por perdas e danos.

Art. 883. Praticado pelo devedor o ato, a cuja abstenção se obrigará, pode o credor exigir-lhe que o desfaça, sob pena de se desfazer à sua custa, ressarcindo o culpado perdas e danos.

notar que o próprio redator Clóvis Beviláqua, embora reconhecesse as desvantagens da tutela pelo equivalente pecuniário, considerava essa providência um mal menor comparado com a intromissão na liberdade individual que ele associava à promoção da tutela *in natura* das prestações de fato.[37]

O Código de Processo Civil de 1939, a seu turno, avançou em direção à ampliação da tutela específica das obrigações de fazer e não fazer. A primeira codificação processual civil nacional inovou ao autorizar a substituição judicial nas obrigações de declarar vontade (art. 1.006)[38] e ao prever a aplicação de multa nas ações cominatórias para prestação ou abstenção de fato (art. 303).[39] Originalmente, no entanto, essa multa ainda apresentava uma natureza mais reparatória do que coercitiva, porque sua fixação era limitada pelo valor da respectiva prestação exequenda (art. 1.005).[40] Somente algum tempo depois é que os juristas brasileiros começaram a defender uma diferenciação entre a multa indenizatória e a multa cominatória, seguindo a evolução vivenciada no ordenamento francês em relação às *astreintes*.[41] A referida alteração de posicionamento gerou consequências no Código de Processo Civil de 1973, que não reproduziu, já desde a sua redação original, qualquer vinculação da multa cominatória ao valor da prestação de fazer ou não fazer inadimplida pelo devedor (art. 644).[42]

[37] BEVILÁQUA, Clóvis. **Direito das obrigações**. 5. ed. Rio de Janeiro; São Paulo: Freitas Bastos, 1940, p. 66-67.

[38] Art. 1.006. Condenado o devedor a emitir declaração de vontade, será esta havida por enunciada logo que a sentença de condenação passe em julgado. [...]

[39] Art. 303. O autor, na petição inicial, pedirá a citação do réu para prestar o fato ou abster-se do ato, sob a pena contratual, ou a pedida pelo autor, si nenhuma tiver sido convencionada. [...]

[40] Art. 1.005. Se o ato só puder ser executado pelo devedor, o juiz ordenará, a requerimento do exequente, que o devedor o execute, dentro do prazo que fixar, sob cominação pecuniária, que não exceda o valor da prestação.

[41] MARINONI, Luiz Guilherme. **Técnica processual e tutela dos direitos**. 6. ed. São Paulo: Thomson Reuters Brasil, 2019, p. 269.

[42] Art. 644. Se a obrigação consistir em fazer ou não fazer, o credor poderá pedir que o devedor seja condenado a pagar uma pena pecuniária por dia de atraso no cumprimento, contado o prazo da data estabelecida pelo juiz.

No final do século XX, algumas leis extravagantes impulsionaram significativamente o fortalecimento da tutela específica no Brasil. A Lei de Ação Civil Pública (art. 11),[43] o Estatuto da Criança e do Adolescente (art. 213)[44] e o Código de Defesa do Consumidor (art. 84)[45] concederam amplos poderes para que o juiz promovesse, inclusive de ofício, a execução *in natura* das obrigações de fazer e não fazer. Para além do âmbito dos microssistemas protetivos, o Código de Processo Civil de 1973 sofreu duas alterações sucessivas em busca de maior efetividade dos provimentos jurisdicionais. A reforma de 1994, conduzida pela Lei nº 8.952, de 13/12/1994, modificou a redação do art. 461 com o intuito de consagrar a

[43] Art. 11. Na ação que tenha por objeto o cumprimento de obrigação de fazer ou não fazer, o juiz determinará o cumprimento da prestação da atividade devida ou a cessação da atividade nociva, sob pena de execução específica, ou de cominação de multa diária, se esta for suficiente ou compatível, independentemente de requerimento do autor.

[44] Art. 213. Na ação que tenha por objeto o cumprimento de obrigação de fazer ou não fazer, o juiz concederá a tutela específica da obrigação ou determinará providências que assegurem o resultado prático equivalente ao do adimplemento. § 1º Sendo relevante o fundamento da demanda e havendo justificado receio de ineficácia do provimento final, é lícito ao juiz conceder a tutela liminarmente ou após justificação prévia, citando o réu. § 2º O juiz poderá, na hipótese do parágrafo anterior ou na sentença, impor multa diária ao réu, independentemente de pedido do autor, se for suficiente ou compatível com a obrigação, fixando prazo razoável para o cumprimento do preceito. § 3º A multa só será exigível do réu após o trânsito em julgado da sentença favorável ao autor, mas será devida desde o dia em que se houver configurado o descumprimento.

[45] Art. 84. Na ação que tenha por objeto o cumprimento da obrigação de fazer ou não fazer, o juiz concederá a tutela específica da obrigação ou determinará providências que assegurem o resultado prático equivalente ao do adimplemento. § 1° A conversão da obrigação em perdas e danos somente será admissível se por elas optar o autor ou se impossível a tutela específica ou a obtenção do resultado prático correspondente. § 2° A indenização por perdas e danos se fará sem prejuízo da multa (art. 287, do Código de Processo Civil). § 3° Sendo relevante o fundamento da demanda e havendo justificado receio de ineficácia do provimento final, é lícito ao juiz conceder a tutela liminarmente ou após justificação prévia, citado o réu. § 4° O juiz poderá, na hipótese do § 3° ou na sentença, impor multa diária ao réu, independentemente de pedido do autor, se for suficiente ou compatível com a obrigação, fixando prazo razoável para o cumprimento do preceito. § 5° Para a tutela específica ou para a obtenção do resultado prático equivalente, poderá o juiz determinar as medidas necessárias, tais como busca e apreensão, remoção de coisas e pessoas, desfazimento de obra, impedimento de atividade nociva, além de requisição de força policial.

primazia da tutela específica das prestações de fazer e de não fazer.[46] Em seguida, a reforma de 2002, provocada pela Lei nº 10.444, de 07/05/2002, incluiu o art. 461-A, reforçando que a essa mesma regra geral era aplicável para as prestações de entregar coisa.[47]

Curiosamente, o Código Civil de 2002 parece ter ficado no meio do caminho entre a expansão e a contração da tutela jurisdicional na forma específica. A codificação civil atual adotou uma postura progressista ao garantir para o contratante prejudicado pelo inadimplemento a opção entre a resolução da avença e a exigência de cumprimento (art. 475).[48] Por outro lado, no que diz respeito à execução das obrigações de fazer, o Código Reale manteve a orientação do Código Beviláqua e do Código Napoleão no sentido da incoercibilidade do comportamento do deve-

[46] Art. 461. Na ação que tenha por objeto o cumprimento de obrigação de fazer ou não fazer, o juiz concederá a tutela específica da obrigação ou, se procedente o pedido, determinará providências que assegurem o resultado prático equivalente ao do adimplemento. § 1º A obrigação somente se converterá em perdas e danos se o autor o requerer ou se impossível a tutela específica ou a obtenção do resultado prático correspondente. § 2º A indenização por perdas e danos dar-se-á sem prejuízo da multa (art. 287). § 3º Sendo relevante o fundamento da demanda e havendo justificado receio de ineficácia do provimento final, é lícito ao juiz conceder a tutela liminarmente ou mediante justificação prévia, citado o réu. A medida liminar poderá ser revogada ou modificada, a qualquer tempo, em decisão fundamentada. § 4º O juiz poderá, na hipótese do parágrafo anterior ou na sentença, impor multa diária ao réu, independentemente de pedido do autor, se for suficiente ou compatível com a obrigação, fixando-lhe prazo razoável para o cumprimento do preceito. § 5º Para a efetivação da tutela específica ou para a obtenção do resultado prático equivalente, poderá o juiz, de ofício ou a requerimento, determinar as medidas necessárias, tais como a busca e apreensão, remoção de pessoas e coisas, desfazimento de obras, impedimento de atividade nociva, além de requisição de força policial.

[47] Art. 461-A. Na ação que tenha por objeto a entrega de coisa, o juiz, ao conceder a tutela específica, fixará o prazo para o cumprimento da obrigação. § 1º Tratando-se de entrega de coisa determinada pelo gênero e quantidade, o credor a individualizará na petição inicial, se lhe couber a escolha; cabendo ao devedor escolher, este a entregará individualizada, no prazo fixado pelo juiz. § 2º Não cumprida a obrigação no prazo estabelecido, expedir-se-á em favor do credor mandado de busca e apreensão ou de imissão na posse, conforme se tratar de coisa móvel ou imóvel. § 3º Aplica-se à ação prevista neste artigo o disposto nos §§ 1º a 6º do art. 461.

[48] Art. 475. A parte lesada pelo inadimplemento pode pedir a resolução do contrato, se não preferir exigir-lhe o cumprimento, cabendo, em qualquer dos casos, indenização por perdas e danos.

dor (art. 247).[49] O Código de Processo Civil de 2015, diferentemente, assumiu de maneira ampla e inequívoca o princípio da primazia da tutela específica. Na codificação processual civil em vigor, essa diretriz foi ressaltada em três diferentes passagens relativas ao processo de conhecimento (arts. 497 a 501), ao cumprimento de sentença (arts. 536 a 538) e à execução de título extrajudicial (arts. 806 a 823).

O estudo pormenorizado de todas as normas vigentes que tangenciam o tema da tutela específica extrapolaria os limites do presente trabalho. Por ora, cumpre destacar apenas aquele dispositivo que provavelmente melhor simboliza a gradual consolidação da preferência pela tutela específica na legislação brasileira. Trata-se do art. 499 do CPC/2015, cuja redação corresponde ao texto reformado do art. 461 do CPC/1973 que, por sua vez, havia reproduzido o teor do art. 84 do CDC/1990. Nos termos desse dispositivo, reiterado em três oportunidades pelo Poder Legislativo, "a obrigação somente será convertida em perdas e danos se o autor o requerer ou se impossível a tutela específica ou a obtenção de tutela pelo resultado prático equivalente."[50] Como se vê, mais do que mera orientação teórica, a prioridade da execução *in natura* sobre a execução substitutiva adquiriu, nos últimos tempos, o status de exigência legal expressa. Para os fins aqui propostos, no entanto, interessa sobretudo a tutela específica das obrigações contratuais, que precisa ser devidamente recortada e diferenciada das demais modalidades de tutela jurisdicional na forma específica.

[49] Art. 247. Incorre na obrigação de indenizar perdas e danos o devedor que recusar a prestação a ele só imposta, ou só por ele exeqüível.

[50] Sobre a aparente distinção entre tutela específica e resultado prático equivalente, Marinoni, Arenhart e Mitidiero elucidam que, "na verdade, o que se pretende com a fórmula do 'resultado prático equivalente', é permitir o alcance da tutela específica mediante um resultado alternativo àquele que resultaria do atendimento ao pedido do autor. Assim, por exemplo, se o autor pede a cessão de atividade nociva mediante ordem de não fazer sob pena de multa, o juiz pode determinar a interdição do local. Se o autor pede a cessação do ilícito, o juiz pode determinar a instalação de filtro antipoluente. Se o autor pede a remoção do ilícito mediante ordem sob pena de multa, o juiz pode determinar a busca e apreensão." MARINONI, Luiz Guilherme; ARENHART, Sérgio Cruz; MITIDIERO, Daniel. **Novo Código de Processo Civil comentado**. 3. ed. São Paulo: Revista dos Tribunais, 2017, p. 604.

1.3 Enquadramento da tutela específica das obrigações contratuais

A prestação jurisdicional na forma específica não será sempre realizada da mesma maneira em toda e qualquer situação. Pelo contrário, para alcançar o objetivo de conceder ao autor exatamente o conteúdo do seu direito subjetivo ameaçado ou violado, é fundamental que o procedimento da execução *in natura* se adapte às peculiaridades de cada caso concreto. Da mesma forma que um tamanho único de sapato não atenderia aos desejos de todos os consumidores, um modelo único de tutela específica não atenderia aos legítimos interesses de todos os demandantes. Luiz Guilherme Marinoni, nesse sentido, sustenta que a conformação do processo judicial deve ser pensada à luz das exigências apresentadas pelas diferentes situações jurídicas merecedoras da intervenção protetiva do Poder Judiciário. Daí a importância de decompor a categoria geral da tutela específica em subcategorias menores que correspondam de modo mais preciso às necessidades emergentes do direito material.[51]

A subdivisão analítica da tutela específica já é discutida no Brasil pelo menos desde o final do século XX.[52] O Código de Processo Civil de 2015, entretanto, deu um novo fôlego para o debate ao introduzir uma série de instrumentos inéditos destinados à implementação prioritária da execução *in natura* no ordenamento nacional. Diante do panorama normativo vigente, os pesquisadores tentam empreender sistematizações que capturem as principais manifestações da tutela específica na prática judicial. Fredie Didier Jr., nesse contexto, propõe uma taxionomia que envolve a identificação de três gêneros de provimentos jurisdicionais na forma específica, cada um deles caracterizado pela persecução de uma finalidade diferente no plano do direito material. São eles a tutela específica inibitória (que busca evitar a prática de um ilícito), a tutela específica

[51] MARINONI, Luiz Guilherme. **Técnica processual e tutela dos direitos**. 6. ed. São Paulo: Thomson Reuters Brasil, 2019, p. 100. Na mesma linha, cf. SILVA, Rodrigo da Guia. Remédios no direito privado: tutela das situações jurídicas subjetivas em perspectiva civil-constitucional. **Revista de Direito Privado**, v. 98, p. 255-303, mar./abr. 2019.

[52] Cf. MARINONI, Luiz Guilherme. **Tutela específica**: arts. 461, CPC e 84, CDC. 2. ed. São Paulo: Revista dos Tribunais, 2001.

reintegratória (que busca remover o ilícito já praticado) e a tutela específica ressarcitória (que busca reparar *in natura* o dano sofrido).[53]

A tutela específica inibitória é voltada para o futuro e possui uma natureza eminentemente preventiva.[54] Em linhas gerais, essa modalidade de prestação jurisdicional é caracterizada pela finalidade de impedir que o demandado pratique um ato contrário ao direito titularizado pelo demandante. Como requisito para sua concessão, a tutela específica inibitória exige tão somente a comprovação da probabilidade da conduta antijurídica que se pretende obstaculizar, dispensando-se a apresentação de elementos probatórios relacionados à concretização de prejuízos ou à imputação de culpa em sentido amplo. O parágrafo único do art. 497 do Código de Processo Civil reforça esse entendimento ao dispor que, "para a concessão da tutela específica *destinada a inibir a prática, a reiteração ou a continuação de um ilícito*, ou a sua remoção, é irrelevante a demonstração da ocorrência de dano ou da existência de culpa ou dolo". Uma boa ilustração da tutela específica inibitória é o instituto do interdito proibitório, espécie de ação possessória cabível nas hipóteses em que o possuidor direto ou indireto vislumbra uma ameaça iminente ao seu direito de posse.[55]

Já a tutela específica reintegratória, também conhecida como tutela de remoção do ilícito, apresenta uma natureza bifronte do ponto de vista temporal.[56] Isso porque essa modalidade de atuação jurisdicional se preocupa tanto com o ato ilícito que ocorreu no passado quanto com os efeitos negativos que a sua perpetuação poderá ocasionar no futuro. O intuito da tutela específica reintegratória é restabelecer a observância do direito do demandante por meio da desconstrução do estado antijurídico

[53] Didier Jr., Fredie *et al.* **Curso de direito processual civil**, v. 5: execução. 7. ed. Salvador: JusPodivm, 2017, p. 569-578.

[54] Marinoni, Luiz Guilherme. **Técnica processual e tutela dos direitos**. 6. ed. São Paulo: Thomson Reuters Brasil, 2019, p. 171-184 e 188-259.

[55] Costa Filho, Venceslau Tavares; Albuquerque Júnior, Roberto Paulino de. Notas sobre as ações relativas às prestações de fazer, de não fazer e de entregar coisa no Código de Processo Civil de 2015. **Revista Jurídica Luso-Brasileira**, ano 5, n. 4, p. 1613-1643, 2019, p. 1621.

[56] Marinoni, Luiz Guilherme. **Técnica processual e tutela dos direitos**. 6. ed. São Paulo: Thomson Reuters Brasil, 2019, p. 185-259.

promovido pela conduta do demandado. Nesse sentido, a sua concessão exige apenas a comprovação da persistência do ilícito que se pretende remover, sendo igualmente desnecessária a apuração de prejuízos ou de culpa *lato sensu*. Mais uma vez é digna de nota a redação do art. 497, parágrafo único: "Para a concessão da tutela específica destinada a inibir a prática, a reiteração ou a continuação de um ilícito, *ou a sua remoção*, é irrelevante a demonstração da ocorrência de dano ou da existência de culpa ou dolo". Na prática forense, um exemplo corriqueiro de tutela específica reintegratória é a retirada de nome indevidamente incluído em cadastro de inadimplentes.[57]

A tutela específica ressarcitória, finalmente, volta-se para o passado e ostenta uma natureza preponderantemente repressiva.[58] O objetivo dessa modalidade de atuação jurisdicional é obter a reparação *in natura* dos danos injustamente sofridos pelo demandante através da aplicação de medidas executivas contra o demandado legalmente responsável. A concessão da tutela específica ressarcitória pressupõe o preenchimento de requisitos distintos daqueles relativos à implementação das tutelas inibitória e reintegratória. Por um lado, a tutela específica ressarcitória não exige necessariamente a prova da probabilidade ou da concretização de um ato ilícito, pois o dever de reparar também pode decorrer da prática de atos lícitos, como aqueles realizados em estado de necessidade. Por outro lado, a sua realização exige obrigatoriamente a comprovação da ocorrência de algum dano, bem como a comprovação da existência de algum nexo de imputação, seja ele subjetivo ou objetivo. A título ilustrativo, o Poder Judiciário efetiva a tutela específica ressarcitória quando compele uma indústria poluente a restaurar uma área ambiental prejudicada por suas atividades.[59]

[57] Costa Filho, Venceslau Tavares; Albuquerque Júnior, Roberto Paulino de. Notas sobre as ações relativas às prestações de fazer, de não fazer e de entregar coisa no Código de Processo Civil de 2015. **Revista Jurídica Luso-Brasileira**, ano 5, n. 4, p. 1613-1643, 2019, p. 1621.

[58] Marinoni, Luiz Guilherme. **Técnica processual e tutela dos direitos**. 6. ed. São Paulo: Thomson Reuters Brasil, 2019, p. 285-321.

[59] Costa Filho, Venceslau Tavares; Albuquerque Júnior, Roberto Paulino de. Notas sobre as ações relativas às prestações de fazer, de não fazer e de entregar coisa no Código

Os três gêneros de tutela específica supramencionados, embora sejam distintos entre si, podem incidir simultaneamente ou sucessivamente em determinadas situações jurídicas. No campo dos direitos da personalidade, por exemplo, é comum a utilização conjunta das tutelas específicas inibitória, reintegratória e ressarcitória.[60] O próprio Código Civil de 2002, no *caput* do seu art. 12, estabeleceu uma cláusula geral de tutela dos direitos da personalidade nos seguintes termos: "Pode-se exigir que cesse a ameaça, ou a lesão, a direito da personalidade, e reclamar perdas e danos, sem prejuízo de outras sanções previstas em lei." Assim, hipoteticamente, para proteger de forma específica o direito à honra de alguém, o Poder Judiciário poderia promover diferentes medidas protetivas, tais como impedir a publicação de uma notícia difamadora, retirar de circulação as revistas que veicularem esta mesma matéria ou ainda compelir a editora a publicar um desagravo público no próximo fascículo de modo a reparar, *in natura*, os danos sofridos pela pessoa prejudicada.

Mas qual seria, diante dessa tripartição, o enquadramento da tutela específica das obrigações contratuais? De acordo com Fredie Didier Jr., essa modalidade de prestação jurisdicional, também chamada de tutela específica do adimplemento contratual, pode ser classificada como um subtipo da tutela específica reintegratória.[61] Essa categorização se justifica porque, da mesma forma que toda e qualquer tutela específica reintegratória, a tutela específica das obrigações contratuais também busca remover a persistência de um ato ilícito já praticado. O estado antijurídico que a tutela específica do adimplemento contratual pretende

de Processo Civil de 2015. **Revista Jurídica Luso-Brasileira**, ano 5, n. 4, p. 1613-1643, 2019, p. 1621.

[60] Didier Jr., Fredie *et al.* **Curso de direito processual civil**, v. 5: execução. 7. ed. Salvador: JusPodivm, 2017, p. 571.

[61] Nas palavras de Fredie Didier Jr, a tutela do adimplemento contratual "é considerada por alguns como uma classificação autônoma da tutela específica, mas ela não passa de uma tutela reintegratória, só que o ilícito cuja remoção opera é o inadimplemento de uma prestação pactuada em negócio jurídico (ilícito contratual). Volta-se ela para a realização de uma obrigação contratual assumida, nos casos em que houver mora do devedor – desde que a mora implique inadimplemento relativo, eis que o inadimplemento absoluto torna impossível o cumprimento específico da prestação." Didier Jr., Fredie *et al.* **Curso de direito processual civil**, v. 5: execução. 7. ed. Salvador: JusPodivm, 2017, p. 576-577.

desconstituir, no entanto, é bastante peculiar e corresponde exclusivamente à situação de inadimplemento relativo ou mora decorrente de um negócio jurídico bilateral. A tutela específica das obrigações contratuais interrompe o prosseguimento de um comportamento ilícito na medida em que concede ao credor o objeto do seu direito de crédito, que foi frustrado pelo devedor, mas continua sendo, até o momento, exequível e desejável.

O enquadramento da tutela específica das obrigações contratuais como um subtipo de tutela específica reintegratória repercute principalmente na definição dos seus requisitos. Na síntese de Marinoni, Arenhart e Mitidiero, "a tutela específica do adimplemento requer como pressuposto apenas o não cumprimento".[62] Assim, tal qual ocorre com as demais manifestações da tutela específica reintegratória, a concessão da tutela específica de uma obrigação contratual não exige necessariamente a demonstração de dano ou de culpa em sentido amplo. A comprovação de prejuízos somente é relevante naquelas hipóteses em que, para além do cumprimento coativo da prestação, o demandante pretende obter a reparação das perdas sofridas.[63] Já a apresentação de provas a respeito da existência de um nexo de imputação subjetivo ou objetivo é dispensada porque, uma vez devidamente caracterizado o descumprimento da obrigação, incumbe ao demandado o ônus de demonstrar que o respectivo fato causador não lhe pode ser imputado.[64]

No direito brasileiro, a tutela específica das obrigações contratuais constitui hoje a resposta jurisdicional prioritária para os casos de descumprimento do contrato. Apenas em situações excepcionais, quando a prestação se revelar impossível ou desinteressante para o credor, é que o Poder Judiciário concederá os remédios da resolução contratual ou do equivalente pecuniário da obrigação de dar, fazer ou não fazer inadim-

[62] MARINONI, Luiz Guilherme; ARENHART, Sérgio Cruz; MITIDIERO, Daniel. **Novo Código de Processo Civil comentado**. 3. ed. São Paulo: Revista dos Tribunais, 2017, p. 604.

[63] MARINONI, Luiz Guilherme. **Técnica processual e tutela dos direitos**. 6. ed. São Paulo: Thomson Reuters Brasil, 2019, p. 266-267.

[64] Confira-se, nessa linha, o teor do enunciado 548, aprovado na VI Jornada de Direito Civil do CJF: "Caracterizada a violação de dever contratual, incumbe ao devedor o ônus de demonstrar que o fato causador do dano não lhe pode ser imputado."

plida. Em adição aos fundamentos que sustentam a primazia da tutela específica de modo geral, os autores nacionais articulam alguns argumentos adicionais que justificam a prevalência da execução *in natura* no âmbito mais restrito do Direito Contratual. É o caso de Anissara Toscan, que destaca a necessidade de preservação do princípio da obrigatoriedade dos contratos (*pacta sunt servanda*) ao afirmar que "o contrato nasce para ser cumprido, não se contentando com irrefletida conversão em pecúnia das prestações pactuadas."[65] A adequada compreensão do objeto protegido por meio da tutela específica das obrigações contratuais, no entanto, exige uma breve digressão a respeito da atual interpretação do próprio conceito de obrigação contratual.

1.4 Releitura contemporânea do conceito de obrigação contratual

Orlando Gomes caracteriza a obrigação como "um *vínculo jurídico* em virtude do qual uma pessoa fica adstrita a satisfazer uma prestação em proveito de outra."[66] Essa noção de obrigação jurídica, hoje chamada de clássica ou tradicional, foi formulada ao longo da Idade Moderna a partir do resgate do direito romano preservado nas diferentes partes do *Corpus Iuris Civilis*. As Institutas haviam estabelecido que a "obrigação é o vínculo jurídico ao qual nos submetemos coercitivamente, sujeitando-nos a uma prestação, segundo o direito de nossa cidade" (Livro 3, Título 14).[67] O Digesto, por sua vez, preconizava que "consiste a substância da obrigação não em sujeitar a própria pessoa do devedor ou fazê-lo servo, mas em constrangê-lo a uma prestação abrangente de um dar ou de um fazer" (Livro 44, Título 7, Fragmento 3).[68] Com base nas pesquisas his-

[65] Toscan, Anissara. Tutelas contra o inadimplemento contratual: a primazia das tutelas específicas sobre a tutela pelo equivalente monetário. **Civilistica.com**, ano 8, n. 3, p. 1-16, 2019, p. 15.

[66] Gomes, Orlando. **Obrigações**. 19. ed. Atual. Edvaldo Brito. Rio de Janeiro: Forense, 2019, p. 9.

[67] Tradução de Caio Mário da Silva Pereira. No original: "*obligatio est iuris vinculum quo necessitate adstringimur, alicuius solvendae rei, secundum nostrae civitalis iura.*" Pereira, Caio Mário da Silva. **Instituições de direito civil**, v. 2: teoria geral das obrigações. 24. ed. Atual. Guilherme Calmon Nogueira da Gama. Rio de Janeiro: Forense, 2011, p. 4.

[68] Tradução de Caio Mário da Silva Pereira. No original: "*obligationum substantia non neo consistit, ut aliquod corpus nostrum, aut servitutem nostram faciat; sed ut alium nobis obstringat ad*

tóricas empreendidas pelos acadêmicos e sob a influência da apuração conceitual promovida pela pandectística, a compreensão romana de relação obrigacional foi reavivada pela doutrina continental e consolidou-se na literatura jurídica europeia. O Brasil, assim como os demais países do sistema romano-germânico, foi impactado de maneira significativa pela difusão desse conceito tradicional.

Desde meados do século XX, contudo, a noção clássica de obrigação tem sofrido críticas que denunciam a sua insuficiência para lidar com os problemas judiciais cotidianos. As referidas objeções destacaram a natureza excessivamente abstrata do modelo tradicional e apontaram a necessidade de uma releitura conceitual mais condizente com a complexidade da realidade concreta. Com efeito, o debate acadêmico, que até então era centrado nos elementos estruturais das obrigações (sujeitos, objeto e vínculo), passou a ser gradualmente permeado por indagações relativas à dinâmica funcional das relações obrigacionais.[69] Essa transição de perspectiva, que teve início no direito alemão e se espalhou para outros ordenamentos jurídicos, resultou na construção do que se pode chamar de conceito contemporâneo de obrigação. É importante ressaltar, no entanto, que não houve propriamente uma ruptura com a concepção clássica, mas sim um aperfeiçoamento impulsionado por três ideias principais: a complexidade intraobrigacional, os deveres fiduciários e a obrigação como processo.

O termo complexidade intraobrigacional representa a percepção de que a relação obrigacional não se resume à mera prestação principal exigível do devedor em proveito do credor. Na definição de Menezes Cordeiro, a complexidade intraobrigacional "traduz a ideia de que o vínculo obrigacional abriga, no seu seio, não um simples dever de prestar, simétrico a uma pretensão creditícia, mas antes vários elementos jurídicos dotados de autonomia bastante para, de um conteúdo unitário, fazerem

dandum aliquid, vel faciendum vel praestandum." Pereira, Caio Mário da Silva. **Instituições de direito civil**, v. 2: teoria geral das obrigações. 24. ed. Atual. Guilherme Calmon Nogueira da Gama. Rio de Janeiro: Forense, 2011, p. 4.

[69] Martins-Costa, Judith. Do direito das obrigações, do adimplemento e da extinção das obrigações: arts. 304 a 388. 2. ed. *In*: Teixeira, Sálvio de Figueiredo (coord.). **Comentários ao novo Código Civil**, v. 5, t. 1. Rio de Janeiro: Forense, 2006, p. 4.

uma realidade composta."[70] Para além do dar, do fazer ou do não fazer que sobressai em um primeiro momento, cada relação obrigacional congrega, em maior ou menor número, uma série de outras posições jurídicas funcionalmente interligadas. O reconhecimento da complexidade inerente ao fenômeno obrigacional viabiliza a identificação de diferentes direitos, deveres, poderes, sujeições, faculdades, exceções e ônus que também devem ser levados em consideração para o estabelecimento interpretativo das condutas legitimamente esperadas do credor e do devedor.[71]

Não há consenso, entretanto, a respeito da terminologia e da classificação das diversas figuras jurídicas que compõem a relação obrigacional. De acordo com a proposta de Fernando Noronha, que enfatiza o lado passivo das posições ocupadas pelas partes, os deveres obrigacionais podem ser divididos em três categorias: deveres primários, deveres secundários e deveres fiduciários. Os deveres primários ou principais são aqueles que dizem respeito à realização da prestação de dar, fazer ou não fazer que constitui o núcleo de cada obrigação específica (ex. entregar a coisa comprada). A classe dos deveres secundários ou acessórios, por sua vez, abrange o cumprimento das prestações predeterminadas que complementam e viabilizam a prestação principal (ex. arcar com as despesas de tradição da coisa comprada). E os deveres fiduciários, também conhecidos como anexos ou laterais, demandam a observância dos padrões de conduta estabelecidos socialmente, tutelando as expectativas qualitativas que recaem sobre o comportamento futuro de todos os sujeitos obrigacionais (ex. prestar informações adequadas sobre a coisa comprada).[72]

[70] Cordeiro, António Menezes. **Da boa fé no direito civil**. Coimbra: Almedina, 2015, p. 586. Ainda na doutrina portuguesa, cf. Leitão, Luís Manuel Teles de Menezes. **Direito das obrigações**, v. 1: introdução, da constituição das obrigações. 9. ed. Coimbra: Almedina, 2010, p. 126.

[71] Em sua análise da complexidade intraobrigacional, Karl Larenz destaca que "*la relación de obligación, como relación jurídica concreta entre personas determinadas, existente en el tiempo, es, ciertamente, un conjunto de derechos, obligaciones y 'situaciones jurídicas', pero no es la suma de aquéllos. Es, más bien, un todo, un conjunto ('Gefüge').*" Larenz, Karl. **Derecho de obligaciones**, t. 1. Trad. Jaime Santos Briz. Madrid: Revista de Derecho Privado, 1958, p. 37-38.

[72] Noronha, Fernando. **Direito das obrigações**. 4. ed. *E-book*. São Paulo: Saraiva, 2013, p. 74-75. No mesmo sentido, cf. BRASIL. Superior Tribunal de Justiça (2. Seção). **Recurso Especial 1.303.374/ES**. Relator: Min. Luis Felipe Salomão, 30 de novembro de 2021.

A categoria dos deveres fiduciários, no sentido aqui adotado, atua como uma ponte entre a noção de complexidade intraobrigacional e a função integradora da boa-fé objetiva. Seguindo a tripartição amplamente difundida no contexto do *Civil Law*, verifica-se que o princípio da boa-fé objetiva desempenha uma função interpretativa, uma função corretiva e uma função integrativa.[73] No âmbito do direito brasileiro, inclusive, a doutrina e a jurisprudência costumam ligar cada uma dessas três funções a um dispositivo diferente do Código Civil de 2002, respectivamente, ao art. 113, ao art. 187 e ao art. 422.[74] Nesse ponto do presente trabalho, interessa tão somente a percepção de que a função integradora da boa-fé objetiva é responsável pela geração de deveres fiduciários que integram e complementam a relação obrigacional independentemente da vontade das partes. A incidência preenchedora da boa-fé objetiva potencializa a complexidade intraobrigacional na medida em que impõe deveres de cooperação, de proteção, de esclarecimento, de lealdade e de

[73] A tripartição funcional da boa-fé objetiva foi desenvolvida na Alemanha por analogia às três funções que o direito pretoriano desempenhava em face do *ius civile* no direito romano. Como explica Antônio Junqueira de Azevedo, "o chamado 'direito pretoriano', no direito romano, foi aquele que os pretores introduziram para ajudar, suprir, e corrigir o direito civil. Havia o direito civil estrito (direito civil mais rigoroso); o direito pretoriano veio *adjuvandi, supplendi, vel corrigendi juris civilis gratia*. Essa mesma tríplice função existe para a cláusula geral da boa-fé no campo contratual, porque justamente a idéia é ajudar na interpretação do contrato, *adjuvandi*, suprir algumas das falhas do contrato, isto é, acrescentar o que nele não está incluído, *supplendi*, e eventualmente corrigir alguma coisa que não é de direito no sentido de justo, *corrigendi*." AZEVEDO, Antonio Junqueira. Insuficiências, deficiências e desatualização do projeto de Código Civil na questão da boa-fé objetiva nos contratos. **Revista dos Tribunais**, v. 89, n. 775, p. 11-17, maio 2000, p. 7. No mesmo sentido, cf. WIEACKER, Franz. **El principio general de la buena fe**. Trad. Luis Díez-Picazo. Santiago: Ediciones Olejnik, 2019, p. 35-36.

[74] Art. 113. Os negócios jurídicos devem ser interpretados conforme a boa-fé e os usos do lugar de sua celebração. [...] § 1º A interpretação do negócio jurídico deve lhe atribuir o sentido que: [...] III – corresponder à boa-fé; [...].
Art. 187. Também comete ato ilícito o titular de um direito que, ao exercê-lo, excede manifestamente os limites impostos pelo seu fim econômico ou social, pela boa-fé ou pelos bons costumes.
Art. 422. Os contratantes são obrigados a guardar, assim na conclusão do contrato, como em sua execução, os princípios de probidade e boa-fé.

assistência que ultrapassam a simples adstrição do devedor à realização de uma prestação em benefício do credor.

As posições jurídicas que compõem a relação obrigacional, embora sejam plurais e distintas entre si, possuem um propósito comum que lhes concede unidade e sentido existencial. A ideia de obrigação como processo, elaborada originalmente na Alemanha por Karl Larenz e assimilada no Brasil por meio da obra de Clóvis do Couto e Silva, busca retratar exatamente essa polarização funcional que direciona o desenvolvimento da obrigação.[75] Toda e qualquer relação obrigacional, independentemente dos seus componentes estruturais e das suas características peculiares, tem como função precípua a obtenção do adimplemento, ou seja, a efetiva satisfação do interesse legítimo do credor. O reconhecimento do adimplemento enquanto finalidade da obrigação afasta a pretensa neutralidade do vínculo jurídico que liga o credor ao devedor, ao mesmo tempo em que afasta o suposto antagonismo existente entre os papeis desempenhados por cada um desses sujeitos. Se a razão de ser da relação obrigacional é o adimplemento, então todas as partes envolvidas, e não apenas o devedor, devem cooperar ativamente para a adequada consecução desse objetivo.

A compreensão da obrigação como um processo dirigido à satisfação do interesse do credor, no entanto, deve ser acompanhada por algumas ressalvas ou mitigações importantes. Em primeiro lugar, o enfoque da relação obrigacional sob uma perspectiva funcional não significa que a perspectiva estrutural possa ser simplesmente abandonada. O estudo dos tradicionais elementos constitutivos das obrigações (sujeitos, objeto e vínculo), embora não capture isoladamente a totalidade do fenômeno obrigacional, continua sendo um aspecto relevante e inafastável da dog-

[75] A respeito da ideia de obrigação como processo, Karl Larenz elucida que "*por el hecho mismo de que en toda relación de obligación late el fin de la satisfacción del interés en la prestación del acreedor, puede y debe considerarse la relación de obligación como un proceso. Está desde un principio encaminada a alcanzar un fin determinado y a extinguirse con la obtención de ese fin.*" LARENZ, Karl. **Derecho de obligaciones**, t. 1. Trad. Jaime Santos Briz. Madrid: Revista de Derecho Privado, 1958, p. 37-38. Na doutrina brasileira, cf. SILVA, Clóvis V. do Couto e. **A obrigação como processo**. Rio de Janeiro: FGV, 2006, p. 17.

mática jurídica.[76] E em segundo lugar, a polarização da obrigação pelo adimplemento não autoriza que o atendimento do interesse do credor seja realizado a todo e qualquer preço para o devedor e para a sociedade. A ideia de obrigação como processo contribui para a identificação dos fins que justificam a existência das relações obrigacionais, mas deixa em aberto a difícil questão do controle dos meios jurídicos que podem ser licitamente utilizados para atingir tais finalidades em cada caso concreto.[77]

Diante desse cenário, faz-se possível apresentar uma aproximação contemporânea do conceito de obrigação contratual. Partindo do legado deixado pela concepção clássica, a obrigação contratual pode ser caracterizada como o vínculo jurídico, nascido de um contrato, que compele o devedor a realizar uma prestação para o credor, sob pena de responsabilização patrimonial. Com base na ideia de complexidade intraobrigacional, deve-se admitir que a referida relação comporta diversas figuras jurídicas para além da prestação principal, incluindo, especialmente, deveres

[76] Nesse ponto, revela-se pertinente o alerta de Norberto Bobbio sobre a necessidade de coexistência entre a análise estrutural e a análise funcional: "Enfim, se quisermos deduzir uma consideração final, tal seria que a análise estrutural, atenta às modificações da estrutura, e a análise funcional, atenta às modificações da função, devem ser continuamente alimentadas e avançar lado a lado, sem que a primeira, como ocorreu no passado, eclipse a segunda, e sem que a segunda eclipse a primeira como poderia ocorrer em uma inversão de perspectivas a que os hábitos, as modas, o prazer do novo pelo novo, são particularmente favoráveis". BOBBIO, Norberto. **Da estrutura à função**: novos estudos de teoria do direito. Trad. Daniela Beccaccia Versiani. Barueri: Manole, 2007, p. 113.

[77] Catarina Monteiro Pires chama a atenção para a existência de uma tensão constante entre os meios e o fim de cada relação obrigacional: "A obrigação, enquanto realidade baseada numa estrutura meios-fim, destina-se a um resultado, à satisfação do interesse do credor, e implica determinados meios, concretizados em esforços e dispêndios a cargo do devedor. É, por isso, comum a alusão a uma «tensão da vinculação debitória» entre dois polos: os meios e o fim. Ambos os polos são problemáticos. Saber qual é o fim ou resultado da prestação implica, muitas vezes, um exercício delicado de interpretação (e integração) do contrato e de esclarecimento, em concreto, da relação entre o interesse do credor e o fim da prestação. O problema dos meios revela também complexidade, a começar pela constatação de que o Direito Civil reconhece um fim (o interesse do credor) e não coloca ao serviço da satisfação desse interesse todos os meios: o devedor não tem de prestar a todo o custo, nem a qualquer preço." PIRES, Catarina Monteiro. Limites dos esforços e dispêndios exigíveis ao devedor para cumprir. **Revista da Ordem dos Advogados**, Lisboa, ano 76, p. 105-136, 2016, p. 105-106.

fiduciários decorrentes do padrão de comportamento cooperativo estabelecido pelo princípio da boa-fé objetiva. Finalmente, tendo em vista a noção de obrigação como processo, é preciso reconhecer que a função da obrigação contratual é alcançar o adimplemento, isto é, obter a satisfação do interesse objetivamente reconhecido do credor. A frustração injustificada desse interesse por um dos contratantes é que legitimará o outro a provocar o Poder Judiciário requerendo a proteção do seu direito de crédito. Os modos de violação da expectativa depositada na obrigação contratual, no entanto, podem variar na prática e por isso é importante examinar o tema das modalidades de inadimplemento.

1.5 As diferentes espécies de inadimplemento obrigacional

A caracterização do inadimplemento não é uma tarefa fácil. Por um lado, como já afirmava Agostinho Alvim, o inadimplemento constitui o estado patológico por excelência das relações obrigacionais.[78] Por outro lado, no entanto, o inadimplemento não é a única ocorrência que atrapalha o ciclo natural de desenvolvimento das obrigações em direção ao adimplemento. Os estudos mais recentes sobre o Direito das Obrigações reconhecem a coexistência de diversos fatos jurídicos que prejudicam a satisfação do interesse do credor nos termos originalmente esperados e, por isso, podem ser reconduzidos à categoria mais abrangente de perturbações na prestação.[79] Veja-se, exemplificativamente, a questão da invalidade dos negócios jurídicos, da prescrição da pretensão, da caducidade dos direitos, dos vícios redibitórios, da evicção do objeto, do desequilíbrio incidental, da impossibilidade superveniente etc. Ocorre que a legislação brasileira, e em especial o Código Civil de 2002, optou por regular as diferentes formas de perturbação das prestações de maneira esparsa, deixando para a doutrina e para a jurisprudência o desafio de promover uma organização sistemática e conceitual.

[78] ALVIM, Agostinho. **Da inexecução das obrigações e suas conseqüências**. 5. ed. São Paulo: Saraiva, 1980, p. 3.

[79] MARTINS-COSTA, Judith; SILVA, Paula Costa e. **Crise e perturbações no cumprimento da prestação**: estudos de direito comparado luso-brasileiro. São Paulo: Quartier Latin, 2020, p. 64.

De acordo com Antunes Varela, o estudo do inadimplemento perpassa pela articulação de dois elementos fundamentais, quais sejam, a causa e o efeito da inexecução obrigacional.[80] Essa abordagem teórica, inicialmente formulada no contexto português, pode ser adaptada à realidade brasileira e apresenta grande utilidade na medida em que viabiliza uma compreensão mais detalhada dos principais aspectos envolvidos no descumprimento das obrigações. Tendo em vista as peculiaridades do ordenamento nacional, a análise da causa do inadimplemento pode ser realizada com base no questionamento a seguir: a inexecução decorre de fato imputável a alguma das partes? A análise do efeito do inadimplemento, por sua vez, pode ser efetivada por meio da seguinte pergunta: quais são as consequências da inexecução em relação à possibilidade de prestar e à utilidade da prestação para o credor? Confira-se, nas linhas abaixo, algumas das particularidades atinentes a cada um desses dois eixos de avaliação.

A partir da consideração da causa da inexecução, é possível classificar o inadimplemento como imputável ou não imputável às partes. O inadimplemento imputável, também conhecido como inadimplemento em sentido estrito, tem lugar nas situações em que a responsabilidade pelo evento que ocasionou o descumprimento da obrigação pode ser atribuída ao devedor ou ao credor. O inadimplemento inimputável, pelo contrário, corresponde às situações em que nenhum dos sujeitos vinculados pode ser responsabilizado pelo acontecimento que gerou a falta da execução da prestação nos moldes devidos (arts. 393 e 396, do CC).[81]-[82] De modo geral, e sem prejuízo da existência de variações terminológicas, verifica-se que a bipartição entre inadimplemento imputável e não imputável

[80] VARELA, João de Matos Antunes. **Das obrigações em geral**, v. 2. 7. ed. Coimbra: Almedina, 2009, p. 60-65.

[81] Art. 393. *O devedor não responde pelos prejuízos resultantes de caso fortuito ou força maior*, se expressamente não se houver por eles responsabilizado. Parágrafo único. O caso fortuito ou de força maior verifica-se no fato necessário, cujos efeitos não era possível evitar ou impedir.

Art. 396. Não havendo fato ou omissão imputável ao devedor, não incorre este em mora.

[82] Corroborando os arts. 393 e 396 do Código Civil, o enunciado 31, aprovado na I Jornada de Direito Civil do CJF, indica que "as perdas e danos mencionados no art. 475 do novo Código Civil dependem da imputabilidade da causa da possível resolução."

é amplamente admitida pela doutrina brasileira. O grande problema que persiste, nesse ponto, é a definição do conceito de imputabilidade e o esclarecimento da sua relação com a ideia de culpa. Essa discussão, que tangencia a disciplina da responsabilidade civil extracontratual e até mesmo o campo do Direito Penal, acompanha há muito tempo o sistema do *Civil Law* e está longe de acabar.

Não obstante o mérito dos demais posicionamentos, adota-se aqui a opinião de Judith Martins-Costa, que diferencia a imputação e a inculpação na teoria do inadimplemento. A referida autora sustenta que a imputabilidade do não cumprimento da obrigação é um gênero de atribuição de responsabilidade que abrange duas espécies, a saber, a imputação subjetiva (que exige a culpa) e a imputação objetiva (que dispensa a culpa).[83] Dessa forma, para além das hipóteses de culpa *lato sensu* do devedor ou do credor, o inadimplemento também será imputável quando alguma norma especial assim o determinar com base na proteção de um interesse socialmente relevante. Essa concepção tem a vantagem de contemplar tanto os dispositivos legais que estabelecem a culpa como requisito para a responsabilização das partes (ex. arts. 234, 236, 239, 240, 248 e 392, do CC)[84] quanto os dispositivos legais que preconizam a responsabilização

[83] MARTINS-COSTA, Judith. Do inadimplemento das obrigações: arts. 389 a 420. *In*: TEIXEIRA, Sálvio de Figueiredo (coord.). **Comentários ao novo Código Civil**, v. 5, t. 2. Rio de Janeiro: Forense, 2003, p. 88.

[84] Art. 234. Se, no caso do artigo antecedente, a coisa se perder, sem culpa do devedor, antes da tradição, ou pendente a condição suspensiva, fica resolvida a obrigação para ambas as partes; se a perda *resultar de culpa do devedor*, responderá este pelo equivalente e mais perdas e danos.

Art. 236. *Sendo culpado o devedor*, poderá o credor exigir o equivalente, ou aceitar a coisa no estado em que se acha, com direito a reclamar, em um ou em outro caso, indenização das perdas e danos.

Art. 239. Se a coisa se perder *por culpa do devedor*, responderá este pelo equivalente, mais perdas e danos.

Art. 240. Se a coisa restituível se deteriorar sem culpa do devedor, recebê-la-á o credor, tal qual se ache, sem direito a indenização; *se por culpa do devedor*, observar-se-á o disposto no art. 239.

Art. 248. Se a prestação do fato tornar-se impossível sem culpa do devedor, resolver-se-á a obrigação; *se por culpa dele*, responderá por perdas e danos.

dos sujeitos obrigacionais independentemente da apuração de culpa (ex. arts. 393, *a contrario sensu*, e 734, do CC[85] e arts. 12 e 14, do CDC[86]).

O inadimplemento imputável, seja mediante imputação subjetiva ou através de imputação objetiva, pode ainda ser classificado em absoluto ou relativo a depender do efeito da inexecução. Mais precisamente, a qualificação do inadimplemento imputável em absoluto ou relativo decorre do exame dos impactos ocasionados pela falta de cumprimento na exequibilidade da prestação e na viabilidade de satisfação dos interesses do credor. Dessa forma, denomina-se inadimplemento absoluto a situação de descumprimento da obrigação que gera como resultado a impossibilidade de prestar ou a inutilidade da prestação para o credor (ex. vendedor que destrói o vestido de noiva comprado ou o entrega depois da data do casamento). O inadimplemento relativo, ou simplesmente mora, por outro lado, ocorre na situação em que, a despeito da inexecução obrigacional, a realização da prestação permanece objetivamente possível e útil

Art. 392. Nos contratos benéficos, *responde por simples culpa* o contratante, a quem o contrato aproveite, e *por dolo* aquele a quem não favoreça. Nos contratos onerosos, *responde cada uma das partes por culpa*, salvo as exceções previstas em lei.

[85] Art. 393. O devedor não responde pelos prejuízos resultantes de caso fortuito ou força maior, *se expressamente não se houver por eles responsabilizado*. Parágrafo único. O caso fortuito ou de força maior verifica-se no fato necessário, cujos efeitos não era possível evitar ou impedir.
Art. 734. O transportador responde pelos danos causados às pessoas transportadas e suas bagagens, *salvo motivo de força maior*, sendo nula qualquer cláusula excludente da responsabilidade.

[86] Art. 12. O fabricante, o produtor, o construtor, nacional ou estrangeiro, e o importador respondem, *independentemente da existência de culpa*, pela reparação dos danos causados aos consumidores por defeitos decorrentes de projeto, fabricação, construção, montagem, fórmulas, manipulação, apresentação ou acondicionamento de seus produtos, bem como por informações insuficientes ou inadequadas sobre sua utilização e riscos. [...].
Art. 14. O fornecedor de serviços responde, *independentemente da existência de culpa*, pela reparação dos danos causados aos consumidores por defeitos relativos à prestação dos serviços, bem como por informações insuficientes ou inadequadas sobre sua fruição e riscos. [...] § 4° A responsabilidade pessoal dos profissionais liberais será apurada mediante a *verificação de culpa*.

para o credor (ex. vendedor que não entrega vestido de noiva no prazo combinado, mas ainda é possível fazê-lo antes da data do casamento).[87]

Diferentemente do inadimplemento absoluto, que não conta com uma definição legal expressa, o conceito de inadimplemento relativo pode ser encontrado no próprio Código Civil de 2002. Nos termos do art. 394, "considera-se em mora o devedor que não efetuar o pagamento e o credor que não quiser recebê-lo no tempo, lugar e forma que a lei ou a convenção estabelecer." Percebe-se, portanto, que a legislação brasileira adota uma concepção bastante ampla de inadimplemento relativo, que pode ser ocasionado tanto pelo devedor (*mora debitoris*) quanto pelo credor (*mora creditoris*) e não se restringe à mera desconformidade temporal. O Código Civil vigente também contempla, no parágrafo único do seu art. 395, a possibilidade de conversão do inadimplemento relativo em inadimplemento absoluto, *in verbis*: "Se a prestação, devido à mora, se tornar inútil ao credor, este poderá enjeitá-la, e exigir a satisfação das perdas e danos." Os intérpretes deste dispositivo, contudo, ressaltam que a inutilidade da prestação que autoriza a transformação da mora em inadimplemento absoluto deve ser apurada de maneira objetiva diante das circunstâncias presentes em cada caso concreto.[88]

Ao lado do inadimplemento absoluto e da mora, parte considerável da doutrina brasileira sustenta a existência de uma terceira espécie de inadimplemento imputável. O raciocínio desses autores parte da premissa

[87] Na síntese de Silvio Rodrigues, "no inadimplemento absoluto a obrigação não foi cumprida nem poderá sê-lo, proveitosamente, para o credor", enquanto no inadimplemento relativo ou mora "a prestação não foi cumprida, mas poderá sê-lo, proveitosamente, para o credor". RODRIGUES, Silvio. **Direito civil**, v. 2: parte geral das obrigações. 30. ed. São Paulo: Saraiva, 2008, p. 243.

[88] O enunciado 162, aprovado na III Jornada de Direito Civil do Conceito da Justiça Federal, prescreve que "a inutilidade da prestação que autoriza a recusa da prestação por parte do credor deverá ser aferida objetivamente, consoante o princípio da boa-fé e a manutenção do sinalagma, e não de acordo com o mero interesse subjetivo do credor." Na mesma linha, cf. ZANETTI, Cristiano de Souza. A transformação da mora em inadimplemento absoluto. **Revista dos Tribunais**, v. 942, p. 117-139, abr. 2014; ZAGNI, João Pedro Fontes. O inadimplemento pela perda do interesse útil do credor: notas sobre a conversão da mora em inadimplemento absoluto. *In*: TERRA, Aline de Miranda Valverde; GUEDES, Gisela Sampaio da Cruz (coord.). **Inexecução das obrigações**, v. 2: pressupostos, evolução e remédios. Rio de Janeiro: Processo, 2021.

de que os institutos do inadimplemento absoluto e da mora estariam restritos às hipóteses de violação dos deveres diretamente ligados à prestação principal. Sendo assim, seria necessário admitir uma outra categoria voltada à tutela das situações em que alguma das partes descumpre os deveres não prestacionais, isto é, os deveres fiduciários, anexos ou laterais decorrentes da função integrativa da boa-fé objetiva.[89] Com vistas ao preenchimento dessa suposta lacuna protetiva, ganhou força no Brasil, especialmente após a promulgação do Código Civil de 2002, o recurso à figura da violação positiva do contrato.[90] Trata-se de instituto proposto originalmente por Hermann Staub como uma solução para os casos de inadimplemento que não se encaixassem perfeitamente nos limites estreitos da impossibilidade e da mora previstos na redação original do Código Civil alemão de 1896.[91]

A realização de uma interpretação atualizada do inadimplemento absoluto e da mora, no entanto, torna desnecessário o *tertium genus* da violação positiva do contrato. Os conceitos de inadimplemento absoluto e de mora foram efetivamente concebidos sob a égide da noção clássica de obrigação, mas não há motivos para excluir esses dois institutos da releitura contemporânea do conceito de relação obrigacional. A evolução teórica verificada nos últimos tempos evidenciou a natureza complexa, dinâmica e funcional das obrigações e, assim, viabilizou uma revisão expansiva do suporte fático que dá origem às duas modalidades tradicionais de inadimplemento imputável.[92] Relembre-se, ademais, que a

[89] Steiner, Renata C. **Descumprimento contratual**: boa-fé e violação positiva do contrato. São Paulo: Quartier Latin, 2014, p. 213.

[90] Na definição de Jorge Cesa Ferreira da Silva, a violação positiva do contrato abrange "todo *inadimplemento decorrente do descumprimento culposo de dever lateral, quando este dever não tenha uma vinculação direta com os interesses do credor na prestação*". Silva, Jorge Cesa Ferreira da. **A boa-fé e a violação positiva do contrato**. Rio de Janeiro: Renovar, 2002, p. 273. O enunciado 24, aprovado na III Jornada de Direito Civil do CJF, ratifica a admissão brasileira da violação positiva do contrato, mas diverge em relação ao requisito da culpabilidade ao sugestionar que, "em virtude do princípio da boa-fé, positivado no art. 422 do novo Código Civil, a violação dos deveres anexos constitui espécie de inadimplemento, independentemente de culpa."

[91] Staub, Hermann. **Die positiven Vertragsverletzungen**. Berlin: Guttentag, 1913.

[92] Schreiber, Anderson. A tríplice transformação do adimplemento: adimplemento substancial, inadimplemento antecipado e outras figuras. **Revista trimestral de direito**

legislação brasileira deixou a definição de inadimplemento absoluto em aberto e estabeleceu contornos abrangentes para a mora, o que reforça a arbitrariedade da redução de ambos ao campo da violação dos deveres prestacionais.[93] O panorama aqui traçado sobre as espécies de inadimplemento obrigacional, embora não esgote o tratamento da matéria, fornece a base conceitual necessária para o exame das consequências do descumprimento do contrato.

1.6 O sistema de remédios para o descumprimento contratual

No Brasil, o tema dos remédios para o descumprimento do contrato é tradicionalmente tratado de maneira esparsa ao longo de diferentes campos e disciplinas jurídicas. Esse desmembramento teórico da matéria acompanha a opção da legislação brasileira no sentido de regular as diversas sanções para a inexecução contratual em setores legislativos distintos. No Código Civil de 2002, por exemplo, o capítulo das obrigações de dar elenca os efeitos da perda e da deterioração da coisa por culpa do devedor, enquanto os capítulos das obrigações de fazer e de não fazer estabelecem algumas consequências para a mora e para a impossibilidade culposa da prestação. O título do inadimplemento das obrigações, a seu turno, enfoca as perdas e danos decorrentes do inadimplemento absoluto e da mora, esmiuçando a questão dos juros, da cláusula penal e das arras. Já o capítulo da extinção do contrato detalha os remédios da resolução por cláusula resolutiva expressa ou tácita, da exceção do contrato não cumprido e da exceção de inseguridade. O regime geral da tutela

civil, Rio de Janeiro, v. 32, p. 3-27, out./dez. 2007, p. 9; Schreiber, Anderson. Revisitando a tríplice transformação do adimplemento. *In*: Terra, Aline de Miranda Valverde; Guedes, Gisela Sampaio da Cruz (coord.). **Inexecução das obrigações**, v. 2: pressupostos, evolução e remédios. Rio de Janeiro: Processo, 2021, p. 25.

93 Terra, Aline de Miranda Valverde. A questionável utilidade da violação positiva do contrato no direito brasileiro. **Revista de Direito Consumidor**, v. 101, set./out. 2015; Pereira, Fabio Queiroz; Andrade, Daniel de Pádua. Revisitando o papel da violação positiva do contato na teoria do inadimplemento. **Scientia Iuris**, Londrina, v. 22, n. 1, p. 258-282, mar. 2018; Tepedino, Gustavo; Schreiber, Anderson. **Fundamentos do direito civil**, v. 2: obrigações. Rio de Janeiro: Forense, 2020, p. 326-329; Nanni, Giovanni Ettore. **Inadimplemento absoluto e resolução contratual**: requisitos e efeitos. São Paulo: Thomson Reuters Brasil, 2021, p. 48.

específica das obrigações contratuais, no entanto, encontra-se definido em outra lei, o Código de Processo Civil de 2015.

A segmentação dos remédios para o descumprimento contratual acarreta não apenas dificuldades de organização teórica, como também empecilhos para a aplicação concreta dos institutos envolvidos.[94] No contexto brasileiro, à míngua de trabalhos científicos oferecendo uma visão suficientemente abrangente das consequências derivadas da inobservância dos contratos, multiplicaram-se leituras parciais e opiniões contraditórias a respeito do assunto. Nos últimos anos, contudo, alguns juristas nacionais têm desenvolvido uma sistematização promissora dos remédios aplicáveis ao inadimplemento absoluto e relativo verificado nas relações contratuais. Essa interpretação inovadora, aqui adotada em virtude do seu potencial explanatório, foi impulsionada pelos recentes debates doutrinários e jurisprudenciais acerca do prazo prescricional incidente sobre a pretensão reparatória decorrente da violação do contrato. Discutia-se, em síntese, se a pretensão indenizatória contra a parte inadimplente deveria prescrever no prazo de 3 anos previsto para a "reparação civil" (art. 206, § 3º, V, do CC)[95] ou no prazo de 10 anos aplicável subsidiariamente (art. 205, do CC).[96]

Em busca da solução do impasse relativo ao prazo prescricional, Judith Martins-Costa e Cristiano de Sousa Zanetti apresentaram um argumento baseado na sistematização tripartite das consequências do descumprimento do contrato. De acordo com esses autores, as repercussões da inexecução contratual imputável ao devedor podem ser agrupadas em três categorias, sendo uma cabível no caso de mora e outras duas cabíveis no caso de inadimplemento absoluto. Por um lado, diante de uma situação de mora da contraparte, a única opção do credor é (1) requerer a execução específica da prestação juntamente com as respectivas perdas e danos. Por outro lado, considerando a hipótese de inadimplemento absoluto, o credor pode optar entre (2) requerer a execução do equivalente

[94] Marino, Francisco Paulo De Crescenzo. Responsabilidade contratual: efeitos. *In*: Lotufo, Renan; Nanni, Giovanni Ettore Nanni (coord.). **Teoria geral dos contratos**. São Paulo: Atlas, 2011, p. 409.

[95] Art. 206. Prescreve: [...] § 3º Em três anos: [...] V – a pretensão de reparação civil; [...].

[96] Art. 205. A prescrição ocorre em dez anos, quando a lei não lhe haja fixado prazo menor.

pecuniário da prestação mais perdas e danos ou (3) requerer a resolução do contrato mais perdas e danos. Com base nessa articulação dogmática, Martins-Costa e Zanetti sustentam que, por uma razão de coerência, todas as pretensões que derivam da violação do contrato devem se submeter ao mesmo prazo de prescrição, que é o decenal.[97]

A proposta de organização dos efeitos do descumprimento contratual em três eixos principais foi endossada pela maioria dos ministros da Segunda Seção do STJ no julgamento dos EREsp 1.280.825/RJ. Este caso ganhou notoriedade justamente porque propiciou a uniformização do entendimento da Terceira Turma e da Quarta Turma a respeito do prazo prescricional aplicável à pretensão indenizatória resultante do inadimplemento do contrato. O voto vencedor, elaborado pela ministra relatora Nancy Andrighi, elencou vários argumentos justificando a incidência da prescrição decenal sobre as pretensões advindas da violação dos deveres estabelecidos contratualmente. Destaca-se, dentre eles, o argumento lógico-sistemático que foi apresentado no voto de relatoria com menção expressa ao posicionamento formulado por Judith Martins-Costa e Cristiano de Sousa Zanetti. A opinião destes autores foi ratificada pelos julgadores, que aderiram à tese de que a inobservância do contrato dá origem a três faculdades sujeitas ao mesmo prazo prescricional de 10 anos em homenagem à coerência do ordenamento. Veja-se, a título ilustrativo, o trecho a seguir do voto de relatoria:

[97] Os referidos autores argumentam que, "no direito dos contratos, a regra é a execução específica. O credor pode, assim, exigir que o devedor cumpra exatamente aquilo a que se obrigou. Se houver mora, o credor poderá exigir a execução específica da prestação mais as perdas e danos decorrentes da inobservância do tempo, lugar ou modo pactuados, conforme se infere da leitura dos arts. 390, 394 e 395 do Código Civil. Se houver inadimplemento definitivo, o credor poderá optar entre a execução pelo equivalente e, observados os pressupostos necessários, a resolução da relação jurídica contratual, além de poder exigir, em qualquer caso, o pagamento das perdas e danos que lhe causou o devedor, de acordo com o previsto no art. 475 do Código Civil. A coerência reclama que o credor esteja sujeito ao mesmo prazo para exercer as três pretensões que a lei põe à sua disposição para reagir diante do inadimplemento." MARTINS-COSTA, Judith; ZANETTI, Cristiano de Sousa. **Responsabilidade contratual**: prazo prescricional de dez anos. Revista dos Tribunais, v. 979, p. 215-241, maio 2017, p. 5.

> Nas hipóteses de inadimplemento contratual, contudo, a regra geral é a execução específica. Assim, ao credor é permitido exigir do devedor o exato cumprimento daquilo que foi avençado. Se houver mora, além da execução específica da prestação, o credor pode pleitear eventuais perdas e danos decorrentes da inobservância do tempo ou modo contratados (arts. 389, 394 e 395 do CC/02). Na hipótese de inadimplemento definitivo (art. 475 do CC/02), o credor poderá escolher entre a execução pelo equivalente ou, observados os pressupostos necessários, a resolução da relação jurídica contratual. Em ambas [as] alternativas, poderá requerer, ainda, o pagamento de perdas e danos eventualmente causadas pelo devedor. Há, desse modo, três pretensões potenciais por parte do credor, quando se verifica o inadimplemento contratual, todas interligadas pelos mesmos contornos fáticos e pelos mesmos fundamentos jurídicos, sem qualquer distinção evidente no texto normativo. Tal situação exige do intérprete a aplicação das mesmas regras para as três pretensões.[98]

A compreensão tripartite dos caminhos disponíveis para o credor prejudicado, embora não capture a totalidade das repercussões do descumprimento contratual, oferece uma boa visão geral dos seus efeitos preponderantes. Do ponto de vista teórico, essa corrente jurisprudencial favorece a superação do tradicional tratamento compartimentalizado dos remédios judiciais aplicáveis nas situações de violação do contrato. As vantagens operacionais da referida sistematização têm sido reconhecidas, inclusive, por alguns dos trabalhos doutrinários mais recentes dedicados ao tema das consequências da inexecução das obrigações contratuais.[99]

[98] BRASIL. Superior Tribunal de Justiça (2. Seção). **Embargos de Divergência em Recurso Especial 1.280.825/RJ**. Relatora: Min. Nancy Andrighi, 27 de julho de 2018, p. 26. No mesmo sentido, cf. BRASIL. Superior Tribunal de Justiça (Corte Especial). **Embargos de Divergência no Recurso Especial 1.281.594/SP**. Relator: Min. Benedito Gonçalves. Redator para acórdão: Min. Felix Fischer, 15 de maio de 2019.

[99] Terra, Aline de Miranda Valverde. Execução pelo equivalente como alternativa à resolução: repercussões sobre a responsabilidade civil. **Revista Brasileira de Direito Civil**, v. 18, p. 49-73, out./dez; 2018, p. 51-58; Dias, Diego Corrêa Lima de Aguiar; REGIS, Erick da Silva. Comentários ao ERESP nº 1.280.825/RJ: a execução pelo equivalente e os termos do art. 475 do Código Civil. **Revista Brasileira de Direito Civil**, v. 25, p. 181-210, jul./set. 2020, p. 182-186; Nanni, Giovanni Ettore. **Inadimplemento absoluto e resolução**

Além disso, os institutos não contemplados expressamente em nenhum dos três eixos principais indicados, como a mora creditória, por exemplo, podem ser facilmente integrados à estruturação apresentada através de um esforço teórico de complementação. Faz-se necessário, diante desse contexto, tecer algumas considerações adicionais sobre cada uma das três linhas de medidas judiciais supramencionadas que podem ser requeridas por uma parte diante do inadimplemento absoluto ou relativo imputável à sua contraparte contratual.

No caso de mora debitória, a única opção do contratante preterido é requerer a tutela específica da obrigação contratual acrescida de perdas e danos. A estreiteza dos remédios aplicáveis na situação de inadimplemento relativo decorre do fato de que, nessa hipótese particular, pressupõe-se que prestação permanece possível e útil para o credor. Relembre-se que a apuração da serventia da prestação após a violação do contrato deve ser realizada de maneira objetiva e circunstanciada, sendo desconsiderada a recusa do recebimento pautada por motivos frívolos ou por mero capricho. Na medida em que subsiste a possibilidade e a utilidade do desempenho da conduta originalmente devida, o princípio da primazia da tutela específica compele o credor a perseguir a execução *in natura* da obrigação descumprida. A tutela pelo equivalente pecuniário não é cabível durante o inadimplemento relativo porque acarretaria, na prática, uma modificação injustificada e unilateral do objeto.[100] De modo

contratual: requisitos e efeitos. São Paulo: Thomson Reuters Brasil, 2021, p. 401-406; Steiner, Renata C. Descumprimento contratual: remédios à disposição do credor lesado. *In*: Terra, Aline de Miranda Valverde; Guedes, Gisela Sampaio da Cruz (coord.). **Inexecução das obrigações**, v. 2: pressupostos, evolução e remédios. Rio de Janeiro: Processo, 2021, p. 312-341.

[100] Sobre o descabimento da tutela pelo equivalente pecuniário, Orlando Gomes sustenta que, "em verdade, a *execução coativa sob forma específica* constitui a *forma* por excelência de satisfação do crédito. Todo credor espera que o devedor cumpra a obrigação tal como contraída. [...]. Do mesmo modo, não tem o credor o direito a exigir outra prestação que não a devida. A inadimplência não o investe no direito à sua substituição. Nestas condições, o devedor não pode oferecer o equivalente em dinheiro, nem o credor pode exigi-lo. A *execução sob forma genérica* só se justifica quando impossível a *execução direta*, por tornar-se a prestação inútil ao credor, ou importar intolerável constrangimento na pessoa do devedor." Gomes, Orlando. **Obrigações**. 19. ed. Atual. Edvaldo Brito. Rio de Janeiro: Forense, 2019, p. 184.

semelhante, a simples mora do devedor não autoriza a resolução do contrato, que seria uma medida incompatível com a persistência do interesse do credor no cumprimento da avença.[101]

Já no caso de inadimplemento absoluto, a primeira alternativa do contratante preterido é requerer a tutela pelo equivalente pecuniário somada às eventuais perdas e danos. A execução pelo equivalente pecuniário, também chamada de execução genérica ou substitutiva, é mencionada expressamente pelo Código Civil na regulação das situações de perda da coisa por culpa do devedor no âmbito das obrigações de dar (arts. 234 e 239, do CC).[102] Ao comentar tais dispositivos, Francisco Paulo De Crescenzo Marino aponta que "a opção do legislador brasileiro parece ir ao encontro da teoria que vê, no caso, não a mera extinção da obrigação original com o correlato surgimento da obrigação de indenizar, mas sim a perpetuação da obrigação original, transformada (quanto ao objeto) em equivalente pecuniário".[103] A partir de uma interpretação sistemática, deve-se admitir que, para além das obrigações de dar, as obrigações de fazer e de não fazer também podem ser tuteladas através da execução do equivalente pecuniário nas hipóteses de inadimplemento absoluto. Em outras palavras, sempre que uma prestação não pecuniária se tornar

[101] Araken de Assis, ao tratar do descabimento da resolução do contrato, esclarece que "o inadimplemento relativo impede, irrevogavelmente, o acesso ao mecanismo resolutório [...]. Primeiro, porque, atendendo àquele dispositivo e à sua natureza, a mora é situação transitória, emendável e benigna, jamais ocasionando o estrépito e os perigos econômicos do descumprimento desequilibrante do contrato; além disto, porque impende transformar em inútil a prestação debitória, sob pena de ao credor não se consentir rejeitá-la. Ora, alcançado esse último estágio, em que o credor perde interesse na prestação, penetrar-se-á no campo do inadimplemento absoluto, propriamente dito." ASSIS, Araken de. **Resolução do contrato por inadimplemento**. 6. ed. São Paulo: Thomson Reuters Brasil, 2019, p. 93.

[102] Art. 234. Se, no caso do artigo antecedente, a coisa se perder, sem culpa do devedor, antes da tradição, ou pendente a condição suspensiva, fica resolvida a obrigação para ambas as partes; se a perda resultar de culpa do devedor, *responderá este pelo equivalente* e mais perdas e danos.

Art. 239. Se a coisa se perder por culpa do devedor, *responderá este pelo equivalente*, mais perdas e danos.

[103] MARINO, Francisco Paulo De Crescenzo. Responsabilidade contratual: efeitos. *In*: LOTUFO, Renan; NANNI, Giovanni Ettore Nanni (coord.). **Teoria geral dos contratos**. São Paulo: Atlas, 2011, p. 414.

impossível ou inútil por ato imputável ao devedor, o credor poderá optar por exigir o valor monetário da conduta não executada.[104]

Ainda no contexto do inadimplemento absoluto, a segunda alternativa do contratante preterido é requerer a resolução contratual juntamente com as perdas e danos pertinentes. A resolução do contrato por inadimplemento opera extrajudicialmente no caso de cláusula resolutiva expressa e mediante interpelação judicial no caso de cláusula resolutiva tácita (arts. 474 e 475, do CC).[105] Em ambos os casos, verifica-se o exercício de um direito formativo extintivo, que põe fim à relação obrigacional existente e estabelece, em seu lugar, uma relação de liquidação entre as partes. Como esclarece Aline de Miranda Valverde Terra, os efeitos decorrentes da resolução contratual podem ser categorizados em três ordens de eficácia: "eficácia liberatória das obrigações não executadas, dispensando as partes de prestá-las; eficácia recuperatória, a permitir que os contratantes recuperem tudo o que eventualmente houverem prestado; e eficácia ressarcitória, conferindo ao credor a possibilidade de pleitear as perdas e danos cabíveis."[106] Na hipótese de inadimplemento absoluto, a escolha do credor entre a tutela pelo equivalente pecuniário e a resolução do contrato dependerá, fundamentalmente, do seu interesse na manutenção ou na extinção do vínculo contratual.[107]

[104] TERRA, Aline de Miranda Valverde. **Cláusula resolutiva expressa**. Belo Horizonte: Fórum, 2017, p. 136. O art. 947 do Código Civil corrobora este entendimento ao dispor que "se o devedor não puder cumprir a prestação na espécie ajustada, substituir-se-á pelo seu valor, em moeda corrente."

[105] Art. 474. A cláusula resolutiva expressa opera de pleno direito; a tácita depende de interpelação judicial.
Art. 475. *A parte lesada pelo inadimplemento pode pedir a resolução do contrato,* se não preferir exigir-lhe o cumprimento, cabendo, em qualquer dos casos, indenização por perdas e danos.

[106] TERRA, Aline de Miranda Valverde. **Cláusula resolutiva expressa**. Belo Horizonte: Fórum, 2017, p. 179.

[107] Confira-se o exemplo didático elaborado por Maria Carolina Bichara: "A e B celebraram contrato de permuta em que A se obrigava a entregar 1.000 gérberas rosa (a que se atribuiu o valor de 10.000$) e em contrapartida B deve dar 130 girassóis (que valem 10.200$). Supondo que A provocou a morte das gérberas, tem-se o inadimplemento absoluto de sua obrigação. Para a hipótese de B optar pela resolução do contrato, ambas as partes estarão liberadas de suas respectivas prestações, em decorrência do efeito liberatório da resolução.

Em qualquer um dos três cenários citados acima (tutela específica, tutela pelo equivalente e resolução do contrato), o contratante preterido poderá requerer ainda as perdas e danos. No direito brasileiro, as perdas e danos constituem uma espécie de remédio transversal aplicável isoladamente ou conjuntamente em toda e qualquer situação de inadimplemento imputável (arts. 389, 395 e 475, do CC).[108] A expressão perdas e danos corresponde, no sentido aqui empregado, à indenização dos danos emergentes e dos lucros cessantes ligados ao evento do descumprimento do contrato por meio de um nexo normativo de causalidade (arts. 402 e 403, do CC).[109] Ressalte-se que as partes são livres para estipular, dentro dos limites traçados pela legislação, cláusulas voltadas à exclusão ou à predeterminação dos valores que serão exigíveis a título de reparação pelos prejuízos derivados da inobservância contratual. A análise exaustiva dos detalhes e das inúmeras controvérsias que tangenciam o tema das perdas e danos, no entanto, escaparia às finalidades do presente trabalho. Por ora, cumpre apenas destacar

Contudo, caso seja interessante para B cumprir a sua prestação *in natura*, apenas poderá exigir de A o cumprimento da obrigação pelo equivalente pecuniário." BICHARA, Maria Carolina. O interesse do credor na prestação como critério de distinção entre as hipóteses de execução específica e execução pelo equivalente. *In*: TERRA, Aline de Miranda Valverde; GUEDES, Gisela Sampaio da Cruz (coord.). **Inexecução das obrigações**, v. 1: pressupostos, evolução e remédios. Rio de Janeiro: Processo, 2020, p. 43-44.

[108] Art. 389. Não cumprida a obrigação, responde o devedor por perdas e danos, mais juros e atualização monetária segundo índices oficiais regularmente estabelecidos, e honorários de advogado.
Art. 395. Responde o devedor pelos prejuízos a que sua mora der causa, mais juros, atualização dos valores monetários segundo índices oficiais regularmente estabelecidos, e honorários de advogado. [...].
Art. 475. A parte lesada pelo inadimplemento pode pedir a resolução do contrato, se não preferir exigir-lhe o cumprimento, *cabendo, em qualquer dos casos, indenização por perdas e danos.*

[109] Art. 402. Salvo as exceções expressamente previstas em lei, as perdas e danos devidas ao credor abrangem, além do que ele efetivamente perdeu, o que razoavelmente deixou de lucrar.
Art. 403. Ainda que a inexecução resulte de dolo do devedor, as perdas e danos só incluem os prejuízos efetivos e os lucros cessantes por efeito dela direto e imediato, sem prejuízo do disposto na lei processual.

brevemente um dos aspectos mais importantes para a apuração das perdas e danos cabíveis em cada caso de concreto, que é o referencial hipotético da indenização.

A quantificação das perdas e danos pode ser feita a partir de dois parâmetros indenizatórios distintos, a saber, o interesse contratual positivo e o interesse contratual negativo. Em síntese, a indenização pelo interesse positivo busca colocar a parte prejudicada na situação que estaria se o contrato tivesse sido adequadamente cumprido (*status ad quem*), enquanto a indenização pelo interesse negativo tem por objetivo colocar a parte prejudicada na situação que estaria se não tivesse investido confiança no contrato (*status quo ante*).[110] Quando o credor requer a tutela específica ou a tutela pelo equivalente pecuniário da prestação não executada, ele demonstra seu interesse no cumprimento do negócio e por isso os autores nacionais reconhecem que as perdas e danos devem ser calculadas à luz do interesse positivo. Não há consenso, entretanto, a respeito do referencial das perdas e danos aplicável quando o credor opta pelo caminho da resolução contratual. Neste caso, uma parte dos juristas defende o balizamento pelo interesse positivo,[111] outra parte prefere o critério do interesse negativo[112] e há ainda um terceiro posicionamento em prol da superação da referida dicotomia.[113]

[110] Pereira, Fabio Queiroz. **O ressarcimento do dano pré-contratual**: interesse negativo e interesse positivo. São Paulo: Almedina, 2017, p. 338.

[111] Aguiar Júnior, Ruy Rosado de. Da extinção do contrato. *In*: Teixeira, Sálvio de Figueiredo (coord.). **Comentários ao novo Código Civil**, v. 6, t. 2. Rio de Janeiro: Forense, 2011, p. 704; Guimarães, Paulo Jorge Scartezzini. Responsabilidade civil e interesse contratual positivo e negativo (em caso de descumprimento contratual). *In*: Guerra, Alexandre Dartanhan de Mello; Benacchio, Marcelo (coord.). **Responsabilidade civil**. São Paulo: Escola Paulista da Magistratura, 2015, p. 152-154; Steiner, Renata C. **Reparação de danos**: interesse positivo e interesse negativo. São Paulo: Quartier Latin, 2018, p. 421-422; Mota Pinto, Paulo. **Interesse contratual negativo e interesse contratual positivo**, v. 2. Coimbra: Coimbra, 2008, p. 1642-1655; Silva, Rodrigo da Guia. Interesse contratual positivo e interesse contratual negativo: influxos da distinção no âmbito da resolução do contrato por inadimplemento. *In*: Terra, Aline de Miranda Valverde; Guedes, Gisela Sampaio da Cruz (coord.). **Inexecução das obrigações**, v. 2: pressupostos, evolução e remédios. Rio de Janeiro: Processo, 2021, p. 419.

[112] Martins-Costa, Judith. Responsabilidade civil contratual. Lucros cessantes. Reso-

Um último aspecto digno de nota sobre a sistematização tripartite dos remédios para o descumprimento contratual diz respeito à interpretação do art. 475 do Código Civil. Nos termos do referido dispositivo, "a parte lesada pelo inadimplemento pode pedir a resolução do contrato, se não preferir *exigir-lhe o cumprimento*, cabendo, em qualquer dos casos, indenização por perdas e danos." A doutrina brasileira havia consolidado inicialmente o entendimento de que o art. 475 faculta ao contratante preterido as opções de resolver o contrato ou de requerer a tutela específica conforme a sua preferência discricionária.[114] Mais recentemente, contudo, tem sido proposta uma releitura interpretativa do dispositivo a partir da compreensão de que seria incoerente a coexistência, em um mesmo comando, de duas alternativas com pressupostos fáticos diferentes. Isso porque a resolução contratual pressupõe a ocorrência de inadimplemento absoluto, ao passo que a tutela específica pressupõe a persistência da mora. De acordo com essa nova linha argumentativa, aqui adotada, o art. 475 oferece ao contratante prejudicado, na verdade, a faculdade de escolha entre a resolução do contrato e a tutela pelo equivalente pecu-

lução. Interesse positivo e interesse negativo. Distinção entre lucros cessantes e lucros hipotéticos. Dever de mitigar o próprio dano. Dano moral e pessoa jurídica. *In*: LOTUFO, Renan; NANNI, Giovanni Ettore; MARTINS, Fernando Rodrigues (coord.). **Temas relevantes do direito civil contemporâneo**: reflexões sobre os 10 anos do Código Civil. São Paulo: Atlas, 2012, p. 563; ASSIS, Araken de. **Resolução do contrato por inadimplemento**. 6. ed. São Paulo: Thomson Reuters Brasil, 2019, p. 120-121; TERRA, Aline de Miranda Valverde; GUEDES, Gisela Sampaio da Cruz. Efeito indenizatório da resolução por inadimplemento. *In*: TERRA, Aline de Miranda Valverde; GUEDES, Gisela Sampaio da Cruz (coord.). **Inexecução das obrigações**, v. 1: pressupostos, evolução e remédios. Rio de Janeiro: Processo, 2020, p. 414-415.

113 De acordo com Giovanni Ettore Nanni, "o dano da resolução contratual não se limita ao interesse contratual negativo, devendo abranger o positivo. No entanto, na realidade, tal dicotomia está superada, uma vez que os prejuízos devem ser quantificados em toda a sua extensão, independentemente de posições teóricas que não se encontram abrangidas pela lei." NANNI, Giovanni Ettore. **Inadimplemento absoluto e resolução contratual**: requisitos e efeitos. São Paulo: Thomson Reuters Brasil, 2021, p. 686.

114 ROSENVALD, Nelson. Arts. 421 a 480: Contratos (geral). *In*: PELUSO, Cezar. (coord.). **Código Civil comentado**: doutrina e jurisprudência. 4. ed. Barueri: Manole, 2010, p. 534.

niário, porque ambas compartilham o pressuposto do inadimplemento absoluto.[115]

[115] Aline de Miranda Valverde Terra, nesse sentido, aduz que "se execução específica e resolução se baseiam em suportes diferentes (mora e inadimplemento absoluto respectivamente), não é possível admitir que a opção facultada ao credor pelo art. 475 seja entre esses dois remédios. [...] Para que o credor possa escolher, potestativamente, entre dois instrumentos de tutela, é imprescindível que ambos tenham o mesmo suporte fático. E o instrumento que se baseia no mesmo suporte fático da resolução é a execução pelo equivalente. Logo, a escolha a ser feita pelo credor, com base no art. 475, é entre a resolução e o cumprimento pelo equivalente." TERRA, Aline de Miranda Valverde. Execução pelo equivalente como alternativa à resolução: repercussões sobre a responsabilidade civil. **Revista Brasileira de Direito Civil**, v. 18, p. 49-73, out./dez; 2018, p. 54-55. Na mesma linha, cf. TEPEDINO, Gustavo; KONDER, Carlos Nelson; BANDEIRA, Paula Greco. **Fundamentos do direito civil**, v. 3: contratos. Rio de Janeiro: Forense, 2020, p. 155.

2.
A DESPROPORCIONALIDADE COMO LIMITAÇÃO DA TUTELA ESPECÍFICA DE OBRIGAÇÕES CONTRATUAIS

Uma vez caracterizada a tutela específica enquanto remédio preferencial para o descumprimento do contrato, passa-se agora ao exame dos limites que restringem o seu âmbito de aplicação no direito brasileiro. Como qualquer regra geral, a prioridade da tutela específica também está sujeita à incidência de exceções, que tentam compatibilizar o interesse no cumprimento da prestação com outras posições jurídicas dignas de proteção. O objetivo deste segundo capítulo é problematizar particularmente a exceção de desproporcionalidade, que afasta o cabimento da tutela específica em virtude do desequilíbrio entre o sacrifício do devedor e o proveito do credor. Embora o STJ já tenha aplicado a desproporcionalidade como limitação da tutela específica de obrigações contratuais, as reflexões sobre este assunto permanecem incipientes e controvertidas na literatura nacional especializada. Com vistas ao aprofundamento do tema-problema, o próximo tópico detalha os limites explícitos e implícitos para o cabimento da tutela específica. Em seguida, são apresentadas as abordagens do STJ e de alguns estudiosos brasileiros a respeito dos argumentos que poderiam justificar ou refutar a análise custo-benefício da concessão da execução *in natura*. Examinam-se, ao final, três possíveis fundamentações para a aplicação da exceção de desproporcionalidade, a saber, o instituto da impossibilidade superveniente da prestação, as regras sobre o desequilíbrio superveniente do contrato e o princípio da menor onerosidade da execução.

2.1 Limites explícitos e implícitos para o cabimento da tutela específica

Embora a tutela específica seja a regra no direito brasileiro, existem situações nas quais a execução *in natura* dos direitos ameaçados ou violados não é admitida pelo ordenamento. De modo geral, no entanto, verifica-se que essas hipóteses excepcionais têm sido pouco problematizadas pela literatura nacional. Os estudos dedicados ao tema das restrições à tutela específica tendem a enfatizar tão somente o controle de proporcionalidade dos meios sub-rogatórios e coercitivos utilizados para a sua consecução. Ocorre que a preocupação com a comparação das diversas medidas executivas disponíveis acabou ofuscando uma avaliação diferente e extremamente importante, que diz respeito ao próprio cabimento da execução *in natura* em cada caso concreto. Além de apurar qual seria o melhor instrumento para obter a tutela específica em determinado contexto, é preciso analisar se esta forma de tutela jurisdicional é de fato compatível com a conjuntura fática em questão. Assim, para evitar o equívoco de uma leitura irrestrita da tutela específica, faz-se necessário atentar para os limites explícitos e implícitos que condicionam a sua aplicação.

A legislação brasileira afasta o cabimento da tutela específica de maneira expressa em duas situações, que por isso podem ser consideradas limites explícitos para a sua incidência. Nos termos do art. 499 do Código de Processo Civil de 2015, "a obrigação somente será convertida em perdas e danos se o autor o requerer ou se impossível a tutela específica ou a obtenção de tutela pelo resultado prático equivalente." A primeira hipótese de descabimento da execução *in natura* é o pedido do próprio credor prejudicado, que deve vir acompanhado de demonstração objetiva e circunstanciada da perda da utilidade da prestação descumprida pelo devedor.[116] Já a segunda hipótese refere-se à impossibilidade do desempenho da prestação em virtude de obstáculo intransponível de ordem física ou jurídica.[117] A redação do art. 499, entretanto, merece

[116] No que diz respeito à distribuição dos encargos probatórios, Agostinho Alvim explica que, "dada a alegação do credor de que a prestação, devido à mora, não lhe apresenta mais utilidade, a ele cabe o ônus da prova. Não é o devedor que está sujeito a provar que a prestação continua sendo útil. Esta utilidade presume-se porque, via de regra, a mora ocasiona prejuízo ao credor, mas só excepcionalmente tornará inútil a prestação." ALVIM, Agostinho. **Da inexecução das obrigações e suas conseqüências**. 5. ed. São Paulo: Saraiva, 1980, p. 55.

[117] De acordo com o STJ, a impossibilidade da tutela específica pode ser reconhecida inclusive de ofício pelo Poder Judiciário, em qualquer das fases processuais, sem que isso caracterize julgamento *extra petita*. Nos termos da ementa do AIREsp 1.302.363/

críticas no que tange à terminologia empregada na descrição das consequências de ambas as hipóteses excepcionais. Ao invés de estabelecer que a obrigação será convertida em perdas e danos, seria preferível prescrever que a obrigação será tutelada pelo equivalente pecuniário, sem prejuízo da apuração de eventuais perdas e danos.

Ainda que a tutela específica seja desejada e possível em dada ocasião, pode ser que a sua concessão se mostre incompatível com a interpretação sistêmica do ordenamento. Isso porque, para além dos limites explícitos previstos pela legislação, o cabimento da execução *in natura* também é controlado por limites implícitos decorrentes da articulação das demais regras e princípios que compõem o sistema jurídico. Trata-se do que Antônio Pereira Gaio Júnior chama de limites políticos, exemplificando com a necessidade de proteção dos direitos da personalidade, do patrimônio mínimo existencial e do interesse público.[118] O reconhecimento da primazia da tutela específica não impede que esta modalidade de provimento jurisdicional seja recusada casuisticamente, apenas impõe um ônus argumentativo especialmente qualificado para que isso seja feito. Dessa forma, sempre haverá a possibilidade de o devedor inadimplente apresentar uma linha argumentativa robusta o suficiente para impedir a aplicação da execução *in natura* e atrair, em substituição, a aplicação da execução genérica ou de outro remédio judicial capaz de tutelar os direitos do credor prejudicado.[119]

PE, "a jurisprudência desta Corte é firme no sentido de que é possível a conversão da obrigação de fazer em perdas e danos, independentemente de pedido explícito e mesmo em fase de cumprimento de sentença, se verificada a impossibilidade de cumprimento da obrigação específica [...]." BRASIL. Superior Tribunal de Justiça (2. Turma). **Agravo Interno no Recurso Especial 1.302.363/PE**. Relatora: Min. Assusete Magalhães, 25 de maio de 2020, p. 1.

[118] GAIO JÚNIOR, Antônio Pereira. **Tutela específica das obrigações de fazer**. 8. ed. Curitiba: Juruá, 2020, p. 86-87.

[119] Nesse ponto, Yuri Maciel Araujo ressalta que, "por mais que a tutela específica deva, sim, ser intensamente prestigiada, rompendo-se o paradigma anterior de que o devedor não poderia ser compelido a cumprir a prestação, é certo que não deve passar a ser vista como uma *regra absoluta*." ARAUJO, Yuri Maciel. Tutela específica da obrigação de fazer infungível: interfaces entre o CPC/15 e o Direito Civil-Constitucional. *In*: TERRA, Aline de Miranda Valverde; GUEDES, Gisela Sampaio da Cruz (coord.). **Inexecução das obrigações**, v. 1: pressupostos, evolução e remédios. Rio de Janeiro: Processo, 2020, p. 493-494.

No Brasil, um limite implícito para o cabimento tutela específica que tem chamado a atenção dos juristas é a preservação da liberdade do devedor de obrigação de fazer infungível. Isso porque algumas decisões judiciais têm reconhecido que, embora seja inviável a utilização de meios sub-rogatórios, é lícita a utilização de meios coercitivos para incentivar o réu a realizar prestações de fazer de natureza insubstituível.[120] Acontece que, em certas circunstâncias, compelir alguém a realizar um serviço de caráter pessoal pode acarretar um constrangimento intolerável dos seus direitos fundamentais. Fredie Didier Jr. expõe o "exemplo do artista que se obrigou a produzir obra de arte de conteúdo religioso e, posteriormente, se converteu a outra fé, passando a alegar que não poderia, por isso, produzir obra de arte que retratasse sua antiga crença."[121] De modo semelhante, Yuri Maciel Araujo apresenta o "caso em que conhecido alpinista celebre contrato de televisão para gravar *reality show* no Monte Everest [...]. Ora, tornando-se pai e pretendendo assumir riscos menores dali em diante, o contratante poderá, legitimamente, se recusar a dar cumprimento específico à obrigação [...]".[122]

O julgamento do AI 363.021-4/0-00 pelo TJSP fornece uma ilustração interessante da polêmica envolvida na imposição de tutela específica das obrigações de fazer infungíveis. No caso, o principal vocalista do conjunto musical Os Travessos havia comunicado a sua intenção de deixar o grupo a partir de determinada data. Inconformados, a sociedade administradora da banda e os seus outros integrantes ajuizaram uma ação

[120] BRASIL. Superior Tribunal de Justiça (4. Turma). **Agravo Regimental no Agravo Regimental no Recurso Especial 1.108.445/MS**. Relatora: Min. Maria Isabel Gallotti, 4 de agosto de 2015; BRASIL. Superior Tribunal de Justiça (1. Seção). **Agravo Interno no Recurso Especial 1.396.393/SP**. Relator: Min. Napoleão Nunes Maia Filho, 14 de agosto de 2018. Na mesma linha, cf. Assis, Araken de. **Manual da execução**. 18 ed. São Paulo: Revista dos Tribunais, 2016, p. 570. Em sentido contrário, cf. Theodoro Júnior, Humberto. **Curso de direito processual civil**, v. 3: execução forçada, processos nos tribunais, recursos, direito intertemporal. 47. ed. Rio de Janeiro: Forense, 2016, p. 455.

[121] Didier JR., Fredie *et al.* **Curso de direito processual civil**, v. 5: execução. 7. ed. Salvador: JusPodivm, 2017, p. 594.

[122] Araujo, Yuri Maciel. Tutela específica da obrigação de fazer infungível: interfaces entre o CPC/15 e o Direito Civil-Constitucional. *In*: Terra, Aline de Miranda Valverde; Guedes, Gisela Sampaio da Cruz (coord.). **Inexecução das obrigações**, v. 1: pressupostos, evolução e remédios. Rio de Janeiro: Processo, 2020, p. 498-499.

requerendo que o réu fosse compelido a participar de todas as apresentações assumidas contratualmente. O juízo de primeiro grau negou o pedido de antecipação de tutela inibitória ao argumento de que a coação judicial pleiteada acarretaria "invasão da esfera pessoal do réu, conquanto portador de direitos personalíssimos". Os autores, por sua vez, interpuseram agravo de instrumento e a questão foi levada à 10ª Câmara de Direito Privado, que concedeu efeito suspensivo ativo ao recurso e, ao final, decidiu pelo provimento, fixando uma multa de R$ 12.000 por ausência aos eventos marcados, sem prejuízo da apuração de perdas e danos. O voto de relatoria pontuou que não seria admissível "coagir o agravado fisicamente a comparecer e prestar o serviço a que se obrigou", mas seria lícito "influir no espírito do obrigado para que cumpra a obrigação que assumiu".[123]

O tema da proteção da liberdade individual do devedor inadimplente de obrigações *intuitu personae* também tem preocupado os juristas estrangeiros. No âmbito do direito comparado, essa temática é mencionada expressamente por diversos instrumentos normativos com diferentes graus de obrigatoriedade e de abrangência territorial. Como traço comum, essas iniciativas jurídicas compartilham o objetivo de colocar limites para a concessão do remédio da tutela específica nas situações que envolvem prestações de caráter pessoal. A título ilustrativo, e sem pretensões exaustivas, esse é o caso dos *UNIDROIT Principles of International Commercial Contracts* (art. 7.2.2, d),[124] dos *European Principles of Con-*

[123] Confira-se a ementa do AI 363.021-4/0-00: "Obrigação de fazer infungível – Membro de conjunto musical que se recusa a participar de shows, que não se ajustem a sua agenda pessoal, ao argumento de que não mais integra o grupo – Tutela específica pedida pelo grupo, para forçá-lo ao cumprimento dos compromissos assumidos – Cabimento – Negativa em primeiro grau reformada. Agravo provido." SÃO PAULO (Estado). Tribunal de Justiça de São Paulo (10. Câmara de Direito Privado). **Agravo de Instrumento 363.021.4/9-00**. Relator: Des. João Carlos Saletti, 2 de agosto de 2005, p. 1.

[124] Art. 7.2.2 (Cumprimento de obrigações não pecuniárias). Quando uma parte que tem uma obrigação diferente de pagar dinheiro não cumpre, a outra parte pode exigir o cumprimento, a menos que [...] (d) a prestação seja de caráter exclusivamente pessoal; [...]. *Art. 7.2.2 (Performance of non-monetary obligation). Where a party who owes an obligation other than one to pay money does not perform, the other party may require performance, unless [...] (d) performance is of an exclusively personal character; [...].*

tract Law (art. 9:102, 2, c),[125] do Código Civil alemão após a reforma de 2002 (§ 275, 3)[126] e do *Draft Common Frame of Reference* (III. – 3: 302, 3, c)[127]. Diferentemente do que se observa no Brasil, essas quatro referências estrangeiras optaram por estabelecer de maneira explícita algumas limitações para a execução *in natura* das obrigações de fazer consideradas infungíveis.

Os debates acadêmicos brasileiros seriam certamente beneficiados por um maior aprofundamento da temática dos limites implícitos para a concessão da tutela específica. Atualmente, considerando que a execução *in natura* já se encontra solidamente estabelecida como modelo prioritário de atuação do Poder Judiciário, não há razão para insistir em trabalhos científicos laudatórios que apenas descrevem e reafirmam o estado da arte nacional. Uma vez reconhecida a primazia da tutela específica, o desafio que permanece em aberto e precisa ser enfrentado é a demarcação do campo de incidência desse remédio judicial diante dos diferentes grupos de casos típicos apresentados pela realidade concreta. Na verdade, a reflexão sobre os limites implícitos da execução *in natura* é uma medida necessária para a sua própria sobrevivência enquanto resposta padrão para a proteção jurisdicional dos direitos. As exceções derivadas da interpretação sistêmica do ordenamento devem ser adequadamente identificadas e enquadradas em termos dogmáticos justamente para que

125 Art. 9:102: Obrigações não pecuniárias. [...] (2) A tutela específica não pode, todavia, ser obtida se: [...] (c) a prestação consistir na realização de serviços ou trabalho de caráter pessoal ou dependa de uma relação pessoal; [...]. *Art. 9:102: Non-monetary obligations. [...] (2) Specific performance cannot, however, be obtained where: [...] (c) the performance consists in the provision of services or work of a personal character or depends upon a personal relationship; [...].*

126 § 275 Exclusão do dever de prestar. [...] (3) O devedor também pode recusar a prestação se tiver que executá-la pessoalmente e, considerando o obstáculo oposto à execução em face do interesse do credor na execução, isso não puder ser esperado. *§ 275 Ausschluss der Leistungspflicht. (3) Der Schuldner kann die Leistung ferner verweigern, wenn er die Leistung persönlich zu erbringen hat und sie ihm unter Abwägung des seiner Leistung entgegenstehenden Hindernisses mit dem Leistungsinteresse des Gläubigers nicht zugemutet werden kann.*

127 III. – 3: 302: Execução de obrigações não pecuniárias. [...] (3) A tutela específica não pode, todavia, ser executada se: (c) a prestação tiver um caráter tão pessoal que não seria razoável executá-la. [...]. *III. – 3:302: Enforcement of non-monetary obligations. [...] (3) Specific performance cannot, however, be enforced where: (c) performance would be of such a personal character that it would be unreasonable to enforce it. [...].*

não acarretem, a longo prazo, a erosão e até mesmo a subversão da regra geral do cabimento da tutela específica.

Diante desse contexto, o objeto do presente trabalho consiste na investigação de um limite implícito peculiar para a concessão da tutela específica, qual seja, a exceção de desproporcionalidade. Busca-se, mais precisamente, analisar se e como a desproporção entre o sacrifício do devedor e o proveito para o credor poderia ser aplicada no direito brasileiro como uma limitação para o cabimento da execução *in natura* de obrigações contratuais inadimplidas. Ao menos explicitamente, não existe na legislação nacional nenhum dispositivo que afaste o remédio da tutela específica diante do manifesto desequilíbrio entre os ônus e os bônus associados à sua imposição. O silêncio legislativo, no entanto, não impede que a exceção de desproporcionalidade opere como uma limitação implícita para a incidência da execução *in natura*, desde que existam fundamentos jurídicos capazes de afastar pontualmente o princípio da primazia da tutela específica. Um bom ponto de partida para a reflexão ora proposta é a análise dos precedentes sobre o assunto no âmbito do STJ, tribunal incumbido com a função de uniformizar a interpretação do regramento infraconstitucional brasileiro.

2.2 O Superior Tribunal de Justiça e a análise custo-benefício da tutela específica

A questão da proporcionalidade do cabimento da tutela específica de obrigações contratuais já foi enfrentada pelo STJ em pelo menos três oportunidades diferentes: REsp 898.184/RJ (2008), REsp 1.055.822/RJ (2011) e REsp 1.250.596/SP (2011).[128]-[129] Em todos estes casos a relação contratual havia sido abalada pelo inadimplemento relativo imputável a

[128] BRASIL. Superior Tribunal de Justiça (6. Turma). **Recurso Especial 898.184/RJ**. Relatora: Min. Maria Thereza de Assis Moura, 4 de agosto de 2008; BRASIL. Superior Tribunal de Justiça (3. Turma). **Recurso Especial 1.055.822/RJ**. Relator: Min. Massami Uyeda, 24 de maio de 2011; BRASIL. Superior Tribunal de Justiça (3. Turma). **Recurso Especial 1.250.596/SP**. Relatora: Min. Nancy Andrighi, 3 de novembro de 2011.

[129] O levantamento foi realizado no primeiro semestre de 2021, no sítio eletrônico do Superior Tribunal de Justiça, por meio da leitura da ementa dos acórdãos listados após a inserção dos termos de busca "tutela específica" e "execução específica" no campo "pesquisa de jurisprudência".

um dos contratantes, levando a outra parte a ingressar em juízo buscando o cumprimento forçado das prestações originalmente estabelecidas mais a indenização dos prejuízos patrimoniais decorrentes da mora. No julgamento dos três recursos especiais, a decisão dos ministros foi no mesmo sentido de rejeitar a tutela específica pleiteada e de impor, em substituição, algum outro remédio judicial, considerando justamente a desproporção entre o interesse do credor e o sacrifício do devedor em cada situação. Como se verá a seguir, os referidos acórdãos afastaram a concessão da execução *in natura* com base em uma análise de custo-benefício, mas não chegaram a apontar fundamentos e parâmetros precisos para o controle de proporcionalidade da tutela específica diante do descumprimento do contrato.

No REsp 898.184/RJ, a lide versava sobre um contrato de locação imobiliária comercial. A joalheria Amsterdam Sauer Joalheiros Ltda. havia firmado com a rede hoteleira Marriott do Brasil Hotelaria Ltda. o aluguel de determinado espaço no *lobby* de um hotel no Rio de Janeiro para a instalação de uma loja. Dentre outras disposições contratuais, as partes estipularam um prazo de vigência de 5 anos renovável automaticamente por mais 5 anos, bem como uma cláusula de exclusividade que impedia o estabelecimento de empresas concorrentes naquela mesma área. Ocorre que a sociedade Renaissance do Brasil Hotelaria Ltda., integrante do grupo Marriott, construiu um bar no local originalmente reservado e, para piorar, admitiu uma filial da joalheria H. Stern Comércio e Indústria S.A. no mesmo hall de entrada por meio de um novo contrato igualmente protegido por cláusula de exclusividade. Diante dessa situação, a Amsterdam Sauer ajuizou uma ação pleiteando a tutela específica das obrigações descumpridas mais lucros cessantes ou, subsidiariamente, a conversão das prestações em perdas e danos nos termos do art. 461, § 1º, do Código de Processo Civil de 1973.[130]

[130] Art. 461. Na ação que tenha por objeto o cumprimento de obrigação de fazer ou não fazer, o juiz concederá a tutela específica da obrigação ou, se procedente o pedido, determinará providências que assegurem o resultado prático equivalente ao do adimplemento. § 1º A obrigação somente se converterá em perdas e danos se o autor o requerer ou se impossível a tutela específica ou a obtenção do resultado prático correspondente. [...].

A sentença, posteriormente confirmada pelo TJRJ, reconheceu a impossibilidade do cumprimento coativo do contrato e determinou a conversão das obrigações em perdas e danos. O entendimento da primeira e da segunda instância, neste ponto, foi reiterado pelo acórdão da 6ª Turma do STJ que, à unanimidade, reputou desproporcional e por isso injustificável a tutela específica requerida. De acordo com o voto de relatoria, a execução *in natura* das prestações inadimplidas envolveria necessariamente a demolição do bar construído e o rompimento do segundo contrato firmado, acarretando, para a devedora, custos muito superiores aos benefícios que seriam auferidos pela credora. Para fundamentar a sua argumentação, a ministra relatora apresentou uma citação de Luiz Guilherme Marinoni, que sustenta o descabimento da tutela específica ressarcitória excessivamente onerosa por uma razão de eficiência econômica. Ao final, a rede hoteleira foi condenada a pagar lucros cessantes correspondentes à estimativa de rendimentos que seriam obtidos em 10 anos de atividade da joalheria prejudicada, deduzidos os valores dos aluguéis e dos outros encargos contratuais.[131]

O debate do REsp 1.055.822/RJ, a seu turno, dizia respeito a um contrato de assinatura de revista. No caso, a autora do processo havia renovado com a Editora Abril S.A. o fornecimento do periódico infantil KID+ pelo período de um ano mediante o pagamento antecipado de doze

[131] Confira-se parte da ementa do REsp 898.184/RJ: "5. Todavia, no caso, há dois óbices fáticos ao cumprimento específico da obrigação, quais sejam, a instalação de outra loja com o mesmo objetivo no mesmo local (hall do Hotel Marriott no Rio de Janeiro) e a informação lançada pelo acórdão recorrido de que no local em que seria instalada a loja da recorrente há hoje um bar em funcionamento. 6. Ademais, em consonância com o primeiro óbice fático apontado, tem-se que há dois contratos firmados com cláusula de exclusividade, com o mesmo objetivo, pela mesma contratante com locatários diversos, denotando a impossibilidade contratual de se determinar o cumprimento da obrigação específica. 7. Portanto, o cumprimento específico da obrigação, no caso, demandaria uma onerosidade muito maior do que o prejuízo já experimentado pela recorrente, razão pela qual não se pode impor o comportamento que exige o ressarcimento na forma específica quando o seu custo não justifica a opção por esta modalidade [de] ressarcimento, devendo, na forma do que determina o art. 461, § 1º, do Código de Processo Civil, ser convertida a obrigação em perdas e danos. Doutrina." BRASIL. Superior Tribunal de Justiça (6. Turma). **Recurso Especial 898.184/RJ**. Relatora: Min. Maria Thereza de Assis Moura, 4 de agosto de 2008, p. 1-2.

exemplares mensais. Cinco meses depois, no entanto, a editora informou que aquela revista não seria mais editada e ofereceu à assinante a opção de receber outra publicação de sua preferência durante o tempo contratual restante. A proposta foi recusada pela consumidora, que ingressou em juízo exigindo que o grupo editorial elaborasse e enviasse as sete edições faltantes da revista originalmente pactuada. Em sua defesa, a ré alegou que a tutela específica pleiteada era impraticável tendo em vista os altos custos que estariam envolvidos na manutenção de um periódico para a satisfação de uma única cliente. A tese defensiva prevaleceu nas duas primeiras instâncias, que reconhecerem a impossibilidade da execução *in natura* nos termos do art. 84, § 1º, do Código de Defesa do Consumidor[132] e, considerando que não havia pedido subsidiário, julgaram a demanda improcedente.

No STJ, a decisão tomada em segundo grau foi parcialmente reformada. Os ministros que participaram do julgamento do recurso especial concordaram que a tutela específica se mostrava inviável em virtude da manifesta desproporção entre o proveito que seria recebido pela credora e o sacrifício que seria imposto à devedora. O acórdão unânime da 3ª Turma ressaltou, entretanto, que o descabimento da execução *in natura* não deveria acarretar necessariamente a improcedência da ação e a consequente sucumbência da autora. Isso porque, segundo a jurisprudência consolidada naquele Tribunal, no caso de impossibilidade de tutela específica, as obrigações poderiam ser tuteladas pelo equivalente pecuniário de ofício, ou seja, independentemente de requerimento das partes. Com base nesse entendimento, a editora foi condenada a pagar para a assinante uma quantia correspondente ao valor dos 7 fascículos não enviados, acrescida de correção monetária a partir da data de caracterização

[132] Art. 84. Na ação que tenha por objeto o cumprimento da obrigação de fazer ou não fazer, o juiz concederá a tutela específica da obrigação ou determinará providências que assegurem o resultado prático equivalente ao do adimplemento. § 1° A conversão da obrigação em perdas e danos somente será admissível se por elas optar o autor ou se impossível a tutela específica ou a obtenção do resultado prático correspondente. [...].

do inadimplemento relativo mais juros moratórios contados desde o dia da citação.[133]

O REsp 1.250.596/SP, por fim, referia-se a um contrato de *joint venture*. A sociedade Caloi Fitness Ltda. e a sociedade Kiko's Fitness Store Comercial Ltda. haviam juntado esforços para a criação de uma terceira pessoa jurídica de natureza empresarial denominada Gymbrands Equipamentos de Ginástica Ltda. Acontece que, durante o transcurso da parceria, a relação entre as duas sócias sofreu uma série de desgastes e por isso a Caloi ajuizou uma ação em face da Kiko's requerendo liminarmente o encerramento do empreendimento comum corporificado na Gymbrands. O pedido de antecipação dos efeitos da tutela foi negado no primeiro grau de jurisdição, mas o TJSP deu provimento ao agravo de instrumento interposto pela Caloi e reformou a decisão interlocutória, determinando a pronta dissolução da Gymbrands. Irresignada, a Kiko's recorreu aduzindo, dentre outras alegações, que o posicionamento da segunda instância havia violado o seu direito de exigir o cumprimento das obrigações inadimplidas, contrariando o art. 475 do Código Civil.[134]

A 3ª Turma do STJ, por unanimidade, negou provimento ao recurso especial. O voto de relatoria pontuou que o direito à tutela específica das obrigações contratuais não é absoluto e por isso deve ser interpretado em consonância com os demais vetores normativos que compõem o sistema jurídico. Nesse sentido, o acórdão estabeleceu que seria razoável afastar o cabimento da execução *in natura* no caso sob análise, tendo em vista que a

[133] Consta da ementa do REsp 1.055.822/RJ: "II – Independentemente de a impossibilidade ser jurídica ou econômica, o cumprimento específico da obrigação pela recorrida, no caso concreto, demandaria uma onerosidade excessiva e desproporcional, razão pela qual não se pode impor o comportamento que exige o ressarcimento na forma específica quando o seu custo não justifica a opção por esta modalidade [de] ressarcimento; III – É lícito ao julgador valer-se das disposições da segunda parte do § 1º do art. 461 do Código de Processo Civil para determinar, inclusive de ofício, a conversão da obrigação de dar, fazer ou não fazer, em obrigação pecuniária (o que inclui o pagamento de indenização por perdas e danos) na parte em que aquela não possa ser executada." BRASIL. Superior Tribunal de Justiça (3. Turma). **Recurso Especial 1.055.822/RJ**. Relator: Min. Massami Uyeda, 24 de maio de 2011, p. 1.

[134] Art. 475. A parte lesada pelo inadimplemento pode pedir a resolução do contrato, se não preferir exigir-lhe o cumprimento, cabendo, em qualquer dos casos, indenização por perdas e danos.

concretização desta modalidade de provimento jurisdicional acarretaria prejuízos desproporcionais. Na visão da relatora, que foi acompanhada pelos colegas julgadores, a manutenção forçada do funcionamento da Gymbrands não atenderia à função socioeconômica do contrato de *joint-venture* entabulado entre a Caloi e a Kiko's. Os ministros admitiram que a obrigatoriedade contratual e a boa-fé objetiva indicam a necessidade de cumprimento das expectativas geradas no decorrer da relação contratual, mas ressalvaram que, naquela situação, a melhor saída seria a resolução da avença e a posterior apuração das perdas e danos eventualmente cabíveis.[135]

Os três acórdãos expostos acima evidenciam certa preocupação do Poder Judiciário brasileiro com a análise custo-benefício da tutela específica de obrigações contratuais. Não se pode perder de vista, no entanto, que o ordenamento nacional privilegia a execução *in natura* e por isso a excepcional rejeição desta forma de tutela jurisdicional demanda uma construção argumentativa coerente e criteriosa. Se por um lado parece razoável coibir os pedidos de tutela específica que se mostrem manifestamente desproporcionais, por outro lado não se pode admitir que o mero

[135] Destaca-se o seguinte trecho da ementa do REsp 1.250.596/SP: "2. A exegese da norma não pode ser isolada, devendo ser feita de forma sistemática, à luz dos demais preceitos e princípios consagrados pelo Código Civil. Hão de ser sopesadas todas as regras de conduta aplicáveis à relação contratual entabulada entre as partes, elegendo-se a solução que melhor conciliar os diversos direitos envolvidos e trouxer menor prejuízo às partes. 3. Diante da indefinição quanto à parte que primeiro teria inadimplido o contrato, bem como tendo em vista os riscos decorrentes da perpetuação do vínculo contratual, afigura-se perfeitamente razoável mitigar parcialmente os efeitos do art. 475 do CC/02, rescindindo o contrato e deixando eventuais prejuízos para serem compensados mediante indenização. 4. O pleno exercício da liberdade de contratar pressupõe um acordo que cumpra determinada função econômica e social, sem a qual não se pode falar em legítima manifestação de vontade. Assim, não se pode impor a uma das partes a obrigação de se manter subordinada ao contrato se este não estiver cumprindo nenhuma função social e/ou econômica. 5. Embora o comportamento exigido dos contratantes deva pautar-se pela boa-fé contratual, tal diretriz não obriga as partes a manterem-se vinculadas contratualmente *ad aeternum*, mas indica que as controvérsias nas quais o direito ao rompimento contratual tenha sido exercido de forma desmotivada, imoderada ou anormal, resolvem-se, se for o caso, em perdas e danos." BRASIL. Superior Tribunal de Justiça (3. Turma). **Recurso Especial 1.250.596/SP**. Relator: Min. Nancy Andrighi, 3 de novembro de 2011, p. 1.

prognóstico de prejuízo para o devedor acarrete a aplicação de outro remédio judicial. Em outras palavras, deve-se tomar cuidado para que a aceitação irrefletida da exceção de desproporcionalidade não comprometa a própria lógica estabelecida pelo princípio da primazia da tutela específica. Os acórdãos do REsp 898.184/RJ, do REsp 1.055.822/RJ e do REsp 1.250.596/SP foram vanguardistas no enfrentamento do tema-problema aqui apresentado, mas deixaram mais perguntas do que respostas como legado.

A aplicação da desproporcionalidade enquanto limite para o cabimento da tutela específica de obrigações contratuais no Brasil suscita, sobretudo, um desafio de enquadramento. Isso porque diversas figuras e teorias debatidas atualmente no cenário jurídico nacional se aproximam, em maior ou menor grau, da intuição de que os pedidos de execução *in natura* considerados desproporcionais devem ser rejeitados pelo Poder Judiciário. Apresentam conexão com a discussão ora proposta, por exemplo, o instituto da impossibilidade superveniente da prestação, as regras sobre desequilíbrio superveniente do contrato e ainda o princípio da menor onerosidade da execução. Nesse contexto, para que apresente um mínimo de segurança jurídica e não se transforme em mero arbítrio judicial, o controle de proporcionalidade da tutela específica deve ser acoplado a alguma estrutura dogmática transparente e cognoscível.[136] No tópico a seguir, serão examinadas algumas das poucas propostas doutri-

[136] Como adverte Mártin Haeberlin, "a proporcionalidade não se limita – como fazia a equidade clássica – à busca da 'justiça do caso concreto'. Ela, para além desse papel de certo modo substitutivo da equidade clássica, é entendível como um instrumento para esse desiderato de busca da justiça do caso concreto sob o norte da segurança jurídica. [...] Todavia, vezes há em que o juízo substitui esse procedimento – cujos critérios foram construídos e aperfeiçoados em anos de ciência, como se pôde demonstrar – por uma noção vaga de proporcionalidade, onde a proporcionalidade é entendida sob o signo de uma abstrata 'ponderação de princípios'. Uma ponderação da qual tudo é extraído ou extraível. E da qual o jurisdicionado não possui qualquer controle. Nesse sentido (nefasto) que a proporcionalidade, por vezes, tomou nos últimos anos, abriu ela as portas para um certo retorno ao realismo jurídico. Em outras palavras, no quadro proposto por este estudo, pode-se dizer que, quando a proporcionalidade é descolada dos seus elementos dogmáticos, o uso da proporcionalidade dá lugar ao seu abuso." HAEBERLIN, Mártin. Revisitando a proporcionalidade: da análise dos seus possíveis usos à crítica de seu abuso no direito brasileiro. **Revista da AJURIS**, v. 45, n. 145, p. 165-199, dez. 2018, p. 194-195.

nárias que buscaram de alguma forma avaliar e parametrizar a aplicabilidade da exceção de desproporcionalidade no âmbito do direito brasileiro.

2.3 A doutrina e o debate da exigibilidade da tutela específica desproporcional

Na revisão bibliográfica realizada, não foram encontrados estudos nacionais dedicados exclusivamente ao tema do controle de proporcionalidade do cabimento da tutela específica de obrigações contratuais.[137] Verificou-se, contudo, que essa questão tem sido tangenciada pelos estudiosos brasileiros no âmbito de obras mais abrangentes, principalmente em livros que tratam da tutela específica em geral ou do processo de execução como um todo. Embora apresentem argumentos diversos e utilizem terminologias diferentes, pode-se afirmar que esses autores perpassam pelo problema aqui apresentado, seja aceitando ou seja rejeitando a aplicação da exceção de desproporcionalidade. Mais precisamente, destacam-se nesse sentido os trabalhos acadêmicos publicados por Daniel Amorim Assumpção Neves,[138] Francisco Cavalcanti Pontes de Miranda,[139] Fredie Didier Jr.,[140] Gabriel de Almeida Barreto,[141] Guilherme Puchalski

[137] O levantamento foi realizado no primeiro semestre de 2021, nos sítios eletrônicos da Biblioteca Digital Brasileira de Teses e Dissertações, da Biblioteca da Universidade Federal de Minas Gerais, da Biblioteca da Pontifícia Universidade Católica de Minas Gerais e da Biblioteca da Faculdade de Direito Milton Campos, por meio da leitura das referências listadas após a inserção dos termos de busca "tutela específica" e "execução específica" nos respectivos campos de consulta ao acervo.

[138] Neves, Daniel Amorim Assumpção. **Manual de direito processual civil**: volume único. 9. ed. Salvador: JusPodivm, 2017, p. 1187 e 1189-1190.

[139] Pontes de Miranda, Francisco Cavalcanti. **Comentários ao Código de Processo Civil**, t. 10. Rio de Janeiro: Forense, 1976, p. 55-56. Na mesma linha, cf. Pontes de Miranda, Francisco Cavalcanti. **Tratado de direito privado**, t. 4. Rio de Janeiro: Borsoi, 1954, p. 165.

[140] Didier JR., Fredie *et al.* **Curso de direito processual civil**: execução. 7. ed. Salvador: JusPodivm, 2017, p. 593-594.

[141] Barreto, Gabriel de Almeida. **Tutela específica e meios coercitivos para o cumprimento das obrigações contratuais**: um estudo da jurisprudência do Superior Tribunal de Justiça à luz da literatura de direito e economia. 2019. Dissertação (Mestrado em Direito) – Escola de Direito de São Paulo, Fundação Getúlio Vargas, São Paulo, 2019, p. 87.

Teixeira,[142] Luiz Guilherme Marinoni[143] e Venceslau Tavares da Costa Filho em coautoria com Roberto Paulino Albuquerque Júnior.[144]

A questão da desproporcionalidade como limite à viabilidade da tutela específica de obrigações inadimplidas foi problematizada de forma pioneira por Pontes de Miranda. Em meados do século XX, influenciado pela doutrina alemã, ele abordou brevemente a temática tanto em seus escritos sobre direito material quanto em suas obras a respeito do direito processual. No Tratado de Direito Privado, Pontes de Miranda afirma que a execução *in natura* extremamente custosa para o devedor deve ser considerada impossível, ilustrando a afirmação com o exemplo clássico do objeto que cai no mar antes da entrega e somente poderia ser resgatado por meio de investimentos muito superiores ao preço estabelecido no contrato.[145] Em outra passagem, situada no Comentários ao Código de Processo Civil, Pontes de Miranda sustenta que a tutela específica excessivamente prejudicial ao devedor deve ser convertida em perdas e danos pelo juiz, citando como exemplo a situação inusitada do vendedor

[142] Teixeira, Guilherme Puchalski. **Tutela específica dos direitos**: obrigações de fazer, não fazer e entregar coisa. Porto Alegre: Livraria do Advogado, 2011, p. 214-215.

[143] Marinoni, Luiz Guilherme. **Técnica processual e tutela dos direitos**. 6. ed. São Paulo: Thomson Reuters Brasil, 2019, p. 298-302. No mesmo sentido, cf. Marinoni, Luiz Guilherme. **Tutela específica**: arts. 461, CPC e 84, CDC. 2. Ed. São Paulo: Revista dos Tribunais, 2001, p. 175-179; Marinoni, Luiz Guilherme. A tutela específica do consumidor. **Revista de Direito do Consumidor**, v. 50, p. 71-116, abr./jun. 2004, p. 96; Marinoni, Luiz Guilherme. Tutela ressarcitória na forma específica. **Revista de Processo**, v. 300, p. 223-249, fev. 2020, p. 230-231.

[144] Costa Filho, Venceslau Tavares da; Albuquerque Júnior, Roberto Paulino. Notas sobre as ações relativas às prestações de fazer, de não fazer e de entregar coisa no Código de Processo Civil de 2015. **Revista Jurídica Luso-Brasileira**, ano 5, n. 4, p. 1613-1643, 2019, p. 1631-1634.

[145] De acordo com Pontes de Miranda, "se o incômodo é tão desproporcionado que seria evidentemente cruel exigi-lo do devedor, tem-se o extremamente incômodo como impossível; *e.g.*, se ao vender A o objeto que está com ele no navio, já o objeto caíra no mar; porque, então, o que se gastaria para se ir buscar seria muitíssimo além do valor do negócio jurídico." Pontes de Miranda, Francisco Cavalcanti. **Tratado de direito privado**, t. 4. Rio de Janeiro: Borsoi, 1954, p. 165.

que incrusta permanentemente a coisa devida em uma parede de maior valor.[146]

Mais recentemente, no entanto, Gabriel de Almeida Barreto contestou o entendimento de que a tutela específica manifestamente desproporcional pode ser tratada como impossível. Na opinião de Barreto, a impossibilidade que excepciona a regra da execução *in natura* deve ser real, ou seja, deve corresponder a um obstáculo fático ou jurídico que efetivamente impeça a realização da prestação. A constatação de uma desvantagem patrimonial, ainda que significativa em termos econômicos, não seria suficiente para afastar a concessão do remédio da tutela específica diante do inadimplemento relativo. Barreto critica, nessa linha, a decisão tomada pelo STJ nos autos do REsp 1.055.822/RJ no sentido de rejeitar a tutela específica requerida pela assinante irresignada em face da Editora Abril. Naquele julgamento, os ministros estabeleceram que a editora não poderia ser compelida a produzir os exemplares faltantes da revista descontinuada exatamente porque essa medida judicial acarretaria despesas exorbitantes em comparação com os respectivos proveitos.[147]

[146] Pontes de Miranda esclarece que "algumas sentenças de condenação a entregar coisa certa são desprovidas de executabilidade, ou a perdem, pelas circunstâncias. Por exemplo, se a execução do crédito causaria ao devedor prejuízo excessivo, comparado com o interesse do credor da execução. Então, o juiz substitui a ação executiva pela de perdas e danos, devido à impraticabilidade da prestação [...]. Ao juiz cabe medir os dois interesses, o do que pede a condenação e o do que sofre com ela; e converter em condenação a perdas e danos a execução que teria de consistir em se arrancar da parede a peça (de menor valor que o dano à parede), que o vendedor da casa metera lá." PONTES DE MIRANDA, Francisco Cavalcanti. **Comentários ao Código de Processo Civil**, t. 10. Rio de Janeiro: Forense, 1976, p. 55-56.

[147] Na visão de Gabriel de Almeida Barreto, "cuidado deve ser tomado, no entanto, com os casos em que não houve uma efetiva impossibilidade, senão uma mera desvantagem econômica. [...]. Neste caso emblemático [REsp 1.055.822/RJ] o STJ fugiu à regra e autorizou o descumprimento da obrigação, mesmo sendo possível prestá-la, sob o argumento de que o cumprimento imporia um custo excessivo à parte em comparação com a conversão em perdas e danos. [...] Pelo direito brasileiro, para que tal onerosidade seja liberada deve-se exigir real impossibilidade, e não mero peso econômico ao devedor, ainda que desproporcional à prestação que receberá." BARRETO, Gabriel de Almeida. **Tutela específica e meios coercitivos para o cumprimento das obrigações contratuais**: um estudo da jurisprudência do Superior Tribunal de Justiça à luz da literatura de direito e economia.

Ao tratar particularmente da tutela específica ressarcitória, Luiz Guilherme Marinoni afirma que a reparação *in natura* deve ser afastada quando acarretar onerosidade excessiva para o devedor. O referido autor fundamenta seu posicionamento com elementos de direito comparado e com argumentos de natureza econômica, evidenciando a ineficiência da tutela específica ressarcitória que demanda custos desproporcionais aos próprios benefícios.[148] Assim, a título ilustrativo, se "o custo para a reparação de um carro, já bastante rodado, é superior ao valor de mercado de um veículo em iguais condições, terá o demandado o direito de invocar 'onerosidade excessiva'."[149] Essa linha de raciocínio é compartilhada por Guilherme Puchalski Teixeira, que também elenca a onerosidade excessiva para o devedor como um limite implícito para a concessão da tutela específica ressarcitória. Segundo este último autor, a mera alegação de dificuldades pelo demandado não é suficiente para afastar a regra da reparação *in natura*, mas o diagnóstico de um sacrifício extremo pode ser usado como justificativa para a promoção excepcional da indenização pelo equivalente pecuniário.[150]

2019. Dissertação (Mestrado em Direito) – Escola de Direito de São Paulo, Fundação Getúlio Vargas, São Paulo, 2019, p. 87.

[148] Depois de referenciar o art. 2.058 do CC italiano e o § 251 do CC alemão, Marinoni afirma que "a regra que veda o ressarcimento na forma específica em caso de excessiva onerosidade não precisa estar expressa no ordenamento jurídico, *já que decorre da ideia segundo a qual o lesado não tem o direito de impor ao causador do dano um ônus economicamente ineficiente. Não é racional o comportamento que exige o ressarcimento na forma específica quando o seu custo não justifica a sua opção.*". MARINONI, Luiz Guilherme. **Técnica processual e tutela dos direitos**. 6. ed. São Paulo: Thomson Reuters Brasil, 2019, p. 298.

[149] MARINONI, Luiz Guilherme. **Técnica processual e tutela dos direitos**. 6. ed. São Paulo: Thomson Reuters Brasil, 2019, p. 298.

[150] Para Guilherme Puchalski Teixeira, "a argumentação no sentido de que a reprodução do resultado específico da obrigação implicará maior sacrifício ao réu em comparação com a simples indenização pelos prejuízos causados, não se mostra suficiente para afastar o primado da tutela específica. Todavia, haverá casos em que a extrema complexidade e/ou onerosidade do cumprimento judicial tornarão inviável a tutela específica, convertendo-se a obrigação em perdas e danos." TEIXEIRA, Guilherme Puchalski. **Tutela específica dos direitos**: obrigações de fazer, não fazer e entregar coisa. Porto Alegre: Livraria do Advogado, 2011, p. 214.

Relembre-se, contudo, que a tutela específica ressarcitória não se confunde com tutela específica das obrigações contratuais. Embora as duas representem modalidades de tutela jurisdicional específica, a primeira é voltada para a reparação do dano, enquanto a segunda é direcionada ao cumprimento da prestação convencionada. Apesar desta diferenciação, a argumentação originalmente apresentada por Luiz Guilherme Marinoni no contexto da tutela específica ressarcitória foi transposta para o campo da tutela específica de obrigações contratuais no julgamento do REsp 898.184/RJ. Naquela ocasião, o voto de relatoria mencionou a proposta doutrinária de Marinoni como um dos fundamentos para negar a execução *in natura* requerida pela Amsterdam Sauer em face da rede hoteleira Marriott. Percebe-se, portanto, que o STJ realizou uma leitura ampliativa do limite da onerosidade excessiva, estendendo a sua aplicação para um caso em que se discutia, tecnicamente, a concessão da tutela específica de uma obrigação contratual acrescida de lucros cessantes.

Em sentido contrário, Daniel Amorim Assumpção Neves discorda da utilização da ideia de onerosidade excessiva para limitar o cabimento das diferentes modalidades de tutela específica. Na parte do seu Manual de Direito Processual Civil voltada às restrições da execução *in natura*, ele adota uma visão mais legalista e defende tão somente as duas limitações expressamente consagradas no Código de Processo Civil, que são a ausência de interesse do credor e a impossibilidade da prestação. Neves reconhece a existência de posição doutrinária favorável ao afastamento da tutela específica qualificada como excessivamente onerosa e indica que essa linha de raciocínio já foi adotada em precedentes julgados pelo STJ. Ele pondera, entretanto, que a imposição de um encargo ou sacrifício econômico sobre o devedor é algo inerente à própria noção de obrigação. Daí a conclusão de que, enquanto a prestação permanecer desejável e exequível, independentemente da magnitude da onerosidade envolvida, o credor terá direito a requerer judicialmente a tutela específica da obrigação.[151]

[151] Em sua objeção, Daniel Amorim Assumpção Neves sustenta que, "apesar de existir opinião doutrinária no sentido de que a conversão também se justifica quando a tutela específica se mostra excessivamente onerosa, entendo que essa não é uma das justificativas para o sacrifício da tutela específica no caso concreto. A onerosidade será resultante da

Venceslau Tavares da Costa Filho e Roberto Paulino Albuquerque Júnior, por sua vez, apresentam uma argumentação embasada no princípio da menor onerosidade da execução. Trata-se de diretriz encampada pelo Código de Processo Civil que, em seu art. 805, dispõe que "quando por vários meios o exequente puder promover a execução, o juiz mandará que se faça pelo modo menos gravoso para o executado". Para Costa Filho e Albuquerque Júnior, o princípio da menor onerosidade da execução pode ser utilizado como um dos fundamentos para o afastamento da tutela específica que acarretaria ônus e bônus desproporcionais.[152] A título complementar, os autores apontam ainda subsídios derivados do direito alemão, dos escritos de Pontes de Miranda e do art. 8º da codificação processual civil, segundo o qual "ao aplicar o ordenamento jurídico, o juiz atenderá aos fins sociais e às exigências do bem comum, resguardando e promovendo a dignidade da pessoa humana e observando a proporcionalidade, a razoabilidade, a legalidade, a publicidade e a eficiência."

Finalmente, Fredie Didier Jr., sustenta que o princípio da menor onerosidade da execução não pode ser invocado para impedir o cabimento da tutela específica das obrigações inadimplidas. Na interpretação de

própria natureza da obrigação, e, sendo a vontade do credor de que seja efetivada a tutela específica, basta ser possível o cumprimento para não se justificar a conversão a perdas e danos." NEVES, Daniel Amorim Assumpção. **Manual de direito processual civil**: volume único. 9. ed. Salvador: JusPodivm, 2017, p. 1187.

152 Nas palavras de Venceslau Tavares da Costa Filho e Roberto Paulino Albuquerque Júnior: "Por fim, registre-se a existência de entendimento doutrinário e jurisprudencial no sentido de admitir uma terceira hipótese de conversão em perdas e danos, ao lado das duas causas positivadas no texto normativo. Para esta corrente, 'ainda que possível, a tutela específica pode ser excluída quando não for justificável ou racional em razão de sua excessiva onerosidade. Nesse caso, ainda que a vontade do autor seja a obtenção da tutela específica, o juiz poderá converter a obrigação em perdas e danos'. [...] Tal noção de impossibilidade da prestação guarda ligação com o princípio do *favor debitoris*, que se traduz em um dever de não tornar desnecessariamente gravosa a situação do devedor. [...] É por isto que o art. 805 do novo diploma processual prescreve que o juiz deve determinar que a execução ocorra do modo menos gravoso para o executado, nos casos em que o exeqüente dispõe de vários meios para a realização da execução." COSTA FILHO, Venceslau Tavares da; ALBUQUERQUE JÚNIOR, Roberto Paulino. Notas sobre as ações relativas às prestações de fazer, de não fazer e de entregar coisa no Código de Processo Civil de 2015. **Revista Jurídica Luso-Brasileira**, ano 5, n. 4, p. 1613-1643, 2019, p. 1631-1633.

Didier Jr., a norma estampada no art. 805 do Código de Processo Civil não regula a escolha entre as formas de tutela jurisdicional, mas sim a escolha dos meios executivos aptos a concretizar a forma de tutela jurisdicional previamente determinada. Em outras palavras, o princípio da menor onerosidade da execução não seria capaz de afastar a incidência da tutela específica considerada excessivamente gravosa e atrair, em substituição, a aplicação da tutela pelo equivalente pecuniário reputada menos custosa para o devedor. O referido princípio atuaria, na verdade, em um momento posterior, servindo de parâmetro para avaliar e hierarquizar os diferentes mecanismos coercitivos e sub-rogatórios que o Poder Judiciário tem à sua disposição para promover a execução judicial, seja ela realizada na modalidade *in natura* ou na modalidade substitutiva.[153]

Como se pode notar, não há consenso na doutrina brasileira a respeito do problema da tutela específica de obrigações contratuais que envolve custos e benefícios desproporcionais. Alguns autores defendem a aplicação da exceção de desproporcionalidade, mas não há uniformidade nos fundamentos utilizados, que variam de um conceito amplo de impossibilidade da prestação até uma noção polivalente de onerosidade excessiva. Outros autores, preocupados com a preservação da primazia da tutela específica, argumentam que a execução *in natura* só deve ser recusada quando esbarrar nos limites legais da ausência de interesse do credor e da impossibilidade em sentido estrito. Diante dessa divergência, optou-se no presente trabalho pelo aprofundamento da análise de três formulações jurídicas, quais sejam, o instituto da impossibilidade superveniente da prestação, as regras sobre o desequilíbrio superveniente do contrato e o princípio da menor onerosidade da execução. Todas elas guardam alguma relação com as propostas supramencionadas e correspondem,

[153] Segundo Fredie Didier Jr., "tem-se sustentado a possibilidade de conversão quando a execução na forma específica se mostrar excessivamente onerosa para o devedor. [...] Há quem invoque, como justificativa para a conversão compulsória em casos tais, o regramento do art. 805 do CPC, segundo o qual 'quando por vários meios o exequente puder promover a execução, o juiz mandará que se faça pelo modo menos gravoso para o executado'. É preciso lembrar, contudo, que a norma desse art. 805 trata dos *meios executivos*, não do *resultado*; ele determina que *os meios* utilizados para viabilizar o resultado (satisfação do direito prestacional) devem ser os menos gravosos para o executado." DIDIER JR., Fredie *et al.* **Curso de direito processual civil**: execução. 7. ed. Salvador: JusPodivm, 2017, p. 593-594.

ao menos à primeira vista, a respostas razoáveis para o impasse da tutela específica desproporcional.

2.4 Insuficiência do instituto da impossibilidade superveniente da prestação

O art. 499 do Código de Processo Civil dispõe que "a obrigação somente será convertida em perdas e danos se o autor o requerer ou se impossível a tutela específica ou a obtenção de tutela pelo resultado prático equivalente". Da leitura deste dispositivo, depreende-se que, no direito brasileiro, a impossibilidade superveniente da prestação atua como um limite explícito para a concessão do remédio da tutela específica. O texto legal, no entanto, não apresenta maiores detalhes sobre o significado do instituto da impossibilidade, deixando para a doutrina e para jurisprudência a tarefa de promover uma definição conceitual. Diante desse cenário, parte dos juristas defende que a noção de impossibilidade abrange, para além dos impedimentos invencíveis, os obstáculos que acarretam dificuldades exorbitantes. Essa interpretação extensiva, que iguala a onerosidade excessiva à impossibilidade, apresenta, em princípio, uma solução para o problema da tutela específica desproporcional. Isso porque a concepção ampla de impossibilidade da prestação poderia ser utilizada para barrar pedidos de execução *in natura* que impusessem custos desproporcionais aos respectivos benefícios.

Cumpre averiguar, portanto, se o instituto da impossibilidade superveniente da prestação é capaz de fundamentar a aplicação da exceção de desproporcionalidade no Brasil. A análise dessa questão demanda o empreendimento de um acerto semântico preliminar, pois o termo impossibilidade assume diferentes sentidos, muitas vezes contraditórios entre si, no contexto jurídico nacional.[154] Embora não haja consenso sobre a classificação das diversas manifestações da ideia de impossibilidade obrigacional, verifica-se que os autores costumam propor categorizações embasadas na identificação de uma série de pares conceituais.

[154] Reconhecendo as controvérsias inerentes ao tema, Pontes de Miranda já afirmava que "a matéria da impossibilidade da prestação é uma das mais árduas do direito brasileiro das obrigações." PONTES DE MIRANDA, Francisco Cavalcanti. **Tratado de direito privado**, t. 22. 3. ed. São Paulo: Revista dos Tribunais, 1984, p. 69.

O regime jurídico da impossibilidade do cumprimento, nesse sentido, tem sido detalhado e estudado a partir da contraposição das seguintes espécies: a) originária ou superveniente; b) imputável ou não imputável; c) física ou jurídica; d) objetiva ou subjetiva; e) total ou parcial; f) temporária ou definitiva; e, finalmente, g) absoluta ou relativa. Mais do que mero capricho doutrinário, essas rotulações binárias contribuem para o esclarecimento dos significados, dos pressupostos e dos efeitos ligados à figura da impossibilidade da prestação.

De início, quanto ao momento de ocorrência, a impossibilidade da obrigação contratual pode ser classificada em originária ou superveniente. A impossibilidade originária é aquela que já existia no momento da formação do contrato e que gera consequências no plano da validade, eivando de nulidade o negócio jurídico em questão. A impossibilidade superveniente, por sua vez, caracteriza-se por surgir no transcurso da relação contratual e interferir no plano da eficácia negocial, acarretando resultados diferentes a depender da imputabilidade do evento impeditivo aos contratantes.[155] Faz-se necessário, por isso, diferenciar a impossibilidade superveniente imputável da impossibilidade superveniente não imputável. Caso o impedimento seja atribuível a um dos sujeitos contratuais, o efeito da impossibilidade será a configuração do inadimplemento com todos os seus consectários legais. Por outro lado, se o obstáculo não for passível de atribuição ao credor nem ao devedor, o resultado será a resolução da obrigação sem a responsabilização das partes.[156]

A classificação da impossibilidade obrigacional em física ou jurídica, a seu turno, diz respeito à fonte do fenômeno que obstaculiza o cumprimento da prestação. Denomina-se física a impossibilidade decorrente das limitações técnicas e científicas que condicionam as possibilidades de intervenção humana na natureza em cada momento histórico. Já a impos-

[155] MARTINS-COSTA, Judith; SILVA, Paula Costa e. **Crise e perturbações no cumprimento da prestação**: estudos de direito comparado luso-brasileiro. São Paulo: Quartier Latin, 2020, p. 151. No Código Civil, a impossibilidade originária está regulada nos arts. 104, II; 106 e 166, II, enquanto a impossibilidade superveniente é retratada pelos arts. 234, 238, 239, 246, 248, 250, 254, 255, 256, 279, 399, 535 e 607.

[156] STEINER, Renata C. **Descumprimento contratual**: boa-fé e violação positiva do contrato. São Paulo: Quartier Latin, 2014, p. 144.

sibilidade jurídica provém das normas estabelecidas pelo direito vigente que obstam a consecução de determinados resultados.[157] A impossibilidade da prestação pode ainda ser categorizada em objetiva ou subjetiva a depender do alcance social da barreira à execução. Considera-se objetiva, nesse sentido, a impossibilidade que atinge a todos indistintamente, isto é, ninguém seria capaz de desempenhar o dar, o fazer ou o não fazer devido. A impossibilidade subjetiva, diversamente, afeta tão somente o devedor que, por alguma razão, encontra-se pessoalmente impedido de desempenhar a prestação. No caso das obrigações infungíveis, também chamadas de personalíssimas ou *intuitu personae*, observa-se uma sobreposição entre as impossibilidades subjetiva e objetiva.[158]

Considerando a extensão objetiva do impedimento que atinge o programa obrigacional, a impossibilidade também pode ser dividida em total ou parcial. A impossibilidade é total quando inviabiliza integralmente a realização do comportamento assumido pelo devedor e esperado pelo credor. Qualifica-se como parcial, por outro lado, a impossibilidade que alcança apenas uma parcela do débito, desde que a obrigação seja divisível, ou seja, desde que ela seja passível de cumprimento fracionado.[159] De modo análogo, tendo em vista a duração do obstáculo que embaraça o desempenho da prestação, a impossibilidade classifica-se em definitiva ou temporária. A impossibilidade será tida por definitiva se, à luz do respectivo estado da arte técnico-científico ou jurídico, não se vislumbrar qualquer chance plausível de superação futura do fato impeditivo que perturba a relação obrigacional. A situação será de impossibilidade temporária, pelo contrário, caso seja previsível a cessação, com o passar do tempo, do empecilho que obsta a adequada execução da prestação.[160]

[157] STEINER, Renata C. Impossibilidade do objeto, invalidade e falta de cumprimento no direito das obrigações: diálogos com a solução adotada no Código Civil alemão. *In*: TEPEDINO, Gustavo; FACHIN, Luiz Edson. **Diálogos sobre direito civil**, v. 3. Rio de Janeiro: Renovar, 2012, p. 707-708.

[158] GOMES, Orlando. **Obrigações**. 19. ed. Atual. Edvaldo Brito. Rio de Janeiro: Forense, 2019, p. 150.

[159] GOMES, Orlando. **Obrigações**. 19. ed. Atual. Edvaldo Brito. Rio de Janeiro: Forense, 2019, p. 150.

[160] GOMES, Orlando. **Obrigações**. 19. ed. Atual. Edvaldo Brito. Rio de Janeiro: Forense, 2019, p. 150.

Por fim, há quem defenda a subdivisão da impossibilidade em absoluta ou relativa tendo em vista o grau de intensidade do impedimento que barra a realização da prestação. Absoluta seria a impossibilidade propriamente dita, que coloca um obstáculo intransponível, frustrando qualquer tentativa de cumprimento da obrigação nos moldes originalmente estabelecidos. A impossibilidade relativa, diferentemente, ocorreria nas hipóteses em que, embora o desempenho da prestação ainda fosse fisicamente e juridicamente possível, a sua execução acarretaria esforços exorbitantes para o devedor.[161] Dessa forma, a categoria da impossibilidade relativa atuaria como uma rede de proteção adicional, evitando que o polo passivo da relação obrigacional sofresse com a imposição judicial de sacrifícios desarrazoados. Os defensores dessa última dicotomia ressaltam que a figura da impossibilidade relativa não se confunde com a mera dificuldade de prestar e deve ser aplicada, consequentemente, apenas em casos excepcionais marcados por uma onerosidade extraordinária.[162]

A ideia de impossibilidade relativa traz consigo, no entanto, alguns inconvenientes que desaconselham a sua admissão pelo ordenamento brasileiro. Apesar das boas intenções subjacentes à noção de impossibilidade relativa, o alargamento do conceito de impossibilidade obrigacional

[161] De acordo com Judith Martins-Costa e Paula Costa e Silva, "*absoluta* é a impossibilidade física ou jurídica permanente e inafastável. Trata-se de um impedimento insuperável ao prestar [...]. Já a *impossibilidade relativa* é aquela em que a prestação é possível, porém, com maior dificuldade para o devedor, considerando-se assim qualificada 'a que deriva dum obstáculo que não pode ser superado senão com esforços e sacrifícios superiores ao grau considerado típico, isto é, superiores à diligência média em determinada espécie de obrigações'." MARTINS-COSTA, Judith; SILVA, Paula Costa e. **Crise e perturbações no cumprimento da prestação**: estudos de direito comparado luso-brasileiro. São Paulo: Quartier Latin, 2020, p. 164-165.

[162] Nesse sentido, Orlando Gomes argumenta que "juridicamente, a *impossibilidade relativa* deve ser equiparada à que se configura pela existência de irremovível obstáculo físico. Não por uma relatividade subjetiva, mas, por assim dizer, *funcional*, isto é, referida ao dever de prestar, integrado na órbita do *princípio da boa-fé*. Não se deve confundir, por conseguinte, a *impossibilidade* com a *simples dificuldade*, ainda que resulte esta de excessiva oneração da prestação." GOMES, Orlando. **Obrigações**. 19. ed. Atual. Edvaldo Brito. Rio de Janeiro: Forense, 2019, p. 148.

acaba minando a sua própria utilidade dogmática.[163] Em primeiro lugar, o rigor lógico e linguístico opõe-se ao reconhecimento de uma espécie de impossibilidade aplicável em situações nas quais a prestação permanece tecnicamente possível. A formulação da impossibilidade relativa, ademais, revela-se demasiadamente abstrata e acaba invadindo o âmbito de outros institutos mais precisos utilizados para preservar o equilíbrio entre o credor e o devedor. Do ponto de vista sistêmico, pondere-se ainda que o Código Civil diferenciou as expressões "impossibilidade" e "onerosidade excessiva" ao regular o tópico da passagem de cabos e tubulações no art. 1.286.[164] Todas essas razões favorecem uma leitura mais restrita, que inclua nos quadros da impossibilidade da prestação tão somente a impossibilidade absoluta, sob pena de grave comprometimento da segurança jurídica.[165]

A interpretação restritiva do conceito de impossibilidade foi adotada, em certa medida, no julgamento do REsp 1.760.195/DF. O caso envolvia um conflito de vizinhança de longa data que havia surgido quando um dos confinantes realizou obras indevidas no muro divisório que separava os dois imóveis. Ao final da fase de conhecimento, a sentença transitada em julgado condenou o vizinho responsável pela construção a demolir

[163] DEIAB, Felipe Rocha. O alargamento do conceito de impossibilidade no direito das obrigações: a inexigibilidade e a frustração do fim do contrato. **Quaestio Iuris**, v. 5, n. 2, p. 137-177, 2012, p. 173.

[164] Art. 1.286. Mediante recebimento de indenização que atenda, também, à desvalorização da área remanescente, o proprietário é obrigado a tolerar a passagem, através de seu imóvel, de cabos, tubulações e outros condutos subterrâneos de serviços de utilidade pública, em proveito de proprietários vizinhos, quando de outro modo for *impossível* ou *excessivamente onerosa*. [...].

[165] Ao encontro, Priscila Borges Silveira e Maria Cláudia Cachapuz pontuam que "não há, de tal modo, como confundir ou aceitar seja tratada uma dificuldade (*difficultas praestandi*), ainda que excessiva, ou onerosidade, não obstante extraordinária – de ordem econômica ou pessoal – na realização da prestação, pela doutrina da impossibilidade. [...] Isto é: apenas uma efetiva impossibilidade da prestação há de ser reconhecida como uma forma de extinção do vínculo; situações, outras, que a agravem, mas não tenham aptidão de impossibilitar o seu cumprimento, há de serem resolvidas pelo caminho de uma modificação do vínculo." SILVEIRA, Priscila Borges da; CACHAPUZ Maria Cláudia. Reflexões contemporâneas sobre a doutrina da impossibilidade superveniente das prestações. **Revista Jurídica Luso-Brasileira**, ano 5, n. 4, p. 1421-1455, 2019, p. 1424-1426.

toda a estrutura que havia edificado de forma ilícita. Durante a fase de cumprimento de sentença, no entanto, o juiz de primeiro grau proferiu uma decisão interlocutória determinando que a obrigação demolitória fosse convertida em obrigação de pagar perdas e danos. O juízo de origem aduziu que a tutela específica deveria ser substituída pela tutela genérica em virtude da extrema animosidade entre as partes, que dificultaria a implementação da execução *in natura*. Irresignado, o vizinho exequente interpôs sucessivos recursos e a questão acabou desaguando na 3ª Turma do STJ que, por maioria, reformou o entendimento da primeira instância. O acórdão final ordenou a tutela específica da obrigação de desfazer a obra e asseverou que a alegada dificuldade de cumprimento não pode ser equiparada à efetiva impossibilidade da prestação.[166]

Conclui-se, diante desse contexto, que o instituto da impossibilidade superveniente da prestação não fornece bases sólidas para o controle de cabimento da tutela específica desproporcional. De acordo com a concepção restrita aqui adotada, a impossibilidade obrigacional corresponde apenas às hipóteses de impedimento absoluto da conduta de dar, fazer ou não fazer esperada do devedor. A noção de impossibilidade, nesse sentido, revela-se incapaz de justificar o afastamento da tutela específica naquelas situações em que, apesar de tecnicamente possível, a execução *in natura* acarrete custos e benefícios desproporcionais. Um entendimento diverso, preconizando a aplicação da exceção de desproporcionalidade no direito brasileiro com fundamento na ideia flexível e

[166] Nos termos da ementa do REsp 1.760.195/DF: "4. A impossibilidade que admite a conversão em perdas e danos deve ser de ordem subjetiva (por exemplo, a recusa do devedor, no caso de infungibilidade da obrigação de fazer: pintar um quadro, escrever um livro, etc.) ou de ordem objetiva/fática/material (por exemplo, a destruição do bem da vida, a venda a terceiros, etc., no caso de obrigações de fazer fungíveis), sob pena de completo desvirtuamento do instituto que privilegia o cumprimento específico da obrigação. 5. No caso em apreço – que versa acerca de obrigação de fazer de caráter nitidamente fungível (realizar reparos em um muro) –, não se pode afirmar que a presença de animosidade entre as partes, o tempo de tramitação do processo ou até mesmo a constatação de que a concretização da obrigação seria de difícil consecução dada a falta de diálogo entre os vizinhos seria equiparável a uma real impossibilidade fática de cumprimento da obrigação na forma específica." BRASIL. Superior Tribunal de Justiça (3. Turma). **Recurso Especial 1.760.195/DF**. Relator: Min. Paulo de Tarso Sanseverino. Redator para o acórdão: Min. Ricardo Villas Bôas Cueva, 27 de novembro de 2018, p. 1.

indeterminada de impossibilidade relativa, traria consigo uma perigosa incerteza normativa.

A título ilustrativo, o conceito de impossibilidade superveniente da prestação não seria muito proveitoso para solucionar a lide consubstanciada no REsp 1.055.822/RJ.[167] Relembre-se que, naquela oportunidade, uma assinante havia ingressado em juízo requerendo que a Editora Abril fosse condenada a produzir e entregar os exemplares faltantes de uma revista infantil descontinuada. O problema da discussão não era rigorosamente a possibilidade física ou jurídica da prestação, mas sim a excessiva onerosidade que seria imposta à empresa ré se ela fosse forçada a manter o periódico em funcionamento para satisfazer uma única cliente. Dito de outro modo, a obrigação de fornecer os sete exemplares faltantes era tecnicamente passível de cumprimento pela devedora, porém a respectiva tutela na forma específica acarretaria custos desproporcionais aos próprios benefícios. Em situações como essa, a utilização do instituto da impossibilidade superveniente da prestação para rejeitar o cabimento da execução *in natura* continuaria deixando em aberto os verdadeiros argumentos e parâmetros que justificam o afastamento excepcional da primazia da tutela específica.

2.5 Insuficiência das regras sobre desequilíbrio superveniente do contrato

Durante o século XX, sobretudo no período pós-guerras, observou-se mundialmente um fenômeno de crescimento do intervencionismo estatal na regulação dos contratos.[168] A assimilação dessa tendência pelos juristas brasileiros foi marcada pela crítica ao paradigma liberal e pelo desenvolvimento do que Luciano Benetti Timm denomina de modelo solidarista de contrato.[169] Desde então, ganhou força o reconhecimento de novos princípios aplicáveis ao direito contratual, dentre os quais

[167] BRASIL. Superior Tribunal de Justiça (3. Turma). **Recurso Especial 1.055.822/RJ**. Relator: Min. Massami Uyeda, 24 de maio de 2011.

[168] VILLELA, João Baptista. Por uma nova teoria dos contratos. **Revista de Direito e de Estudos Sociais**, n. 2-4, ano XX, p. 313-338, abr./dez. 1975, p. 319.

[169] TIMM, Luciano Benetti. **Direito contratual brasileiro**: críticas e alternativas ao solidarismo jurídico. 2. ed. São Paulo: Atlas, 2015, p. 87-138.

destaca-se o princípio do equilíbrio contratual, também chamado de princípio do equilíbrio econômico ou princípio da justiça contratual.[170] Este princípio foi concretizado na legislação através do regramento de algumas situações de quebra do sinalagma originário ou funcional que autorizam a ingerência do Poder Judiciário. Uma parcela da doutrina, no entanto, entende que a intervenção nas relações contratuais não está restrita às hipóteses definidas nos dispositivos legais.[171] Em tese, tal interpretação expansiva das regras sobre desequilíbrio superveniente do contrato poderia ser utilizada para afastar o cabimento da tutela específica que impusesse consequências desproporcionais.

A avaliação dessa possibilidade de fundamentação da exceção de desproporcionalidade exige uma incursão, ainda que sumária, no regramento do desequilíbrio superveniente do contrato. O ordenamento nacional, tradicionalmente aberto à circulação de modelos jurídicos estrangeiros, recebeu diferentes influxos sobre o tema da alteração das circunstâncias contratuais. Costuma-se ressaltar, nesse sentido, as influências decorrentes da cláusula *rebus sic stantibus*, da teoria francesa da imprevisão, da teoria alemã da base do negócio jurídico e da teoria italiana da onerosidade excessiva. Diante da pluralidade de inspirações teóricas e tendo em vista a necessidade de enfrentamento de alguns problemas peculiares, a legislação brasileira acabou seguindo um caminho bastante eclético. Ao longo dos anos 90, diplomas como o Código de Defesa do Consumidor,[172] a Lei de Licitações[173]-[174] e a Lei de Locações[175] regularam situações pontuais

[170] Azevedo, Antonio Junqueira de. Relatório brasileiro sobre revisão contratual apresentado para as Jornadas Brasileiras da Associação Henri Capitant. *In*: **Novos estudos e pareceres de direito privado**. São Paulo: Saraiva, 2009, p. 182-183; Negreiros, Teresa. **Teoria do contrato**: novos paradigmas. 2. ed. Rio de Janeiro: Renovar, 2006, p. 105-275.

[171] Cf., por todos, Schreiber, Anderson. **Equilíbrio contratual e dever de renegociar**. 2. ed. São Paulo: Saraiva Educação, 2020, p. 89.

[172] Art. 6º São direitos básicos do consumidor: [...] V – a modificação das cláusulas contratuais que estabeleçam prestações desproporcionais ou sua revisão em razão de fatos supervenientes que as tornem excessivamente onerosas; [...].

[173] Art. 65. Os contratos regidos por esta Lei poderão ser alterados, com as devidas justificativas, nos seguintes casos: [...] II - por acordo das partes: [...] d) para restabelecer a relação que as partes pactuaram inicialmente entre os encargos do contratado e a retribuição da administração para a justa remuneração da obra, serviço ou fornecimento, objetivando a manutenção do equilíbrio econômico-financeiro inicial do contrato, na hipótese

de desequilíbrio contratual. O Código Civil de 2002, por sua vez, introduziu tanto normas direcionadas a tipos contratuais específicos (ex. contrato de empreitada)[176] quanto normas de incidência mais abrangente, como os arts. 317, 478, 479 e 480.

O art. 317 da codificação civil vigente dispõe que "quando, por motivos imprevisíveis, sobrevier desproporção manifesta entre o valor da prestação devida e o do momento de sua execução, poderá o juiz corrigi-lo, a pedido da parte, de modo que assegure, quanto possível, o valor real da prestação." Como se pode notar, o dispositivo trata da hipótese de variação significativa do valor de uma prestação, individualmente considerada, durante o período que vai do seu surgimento até a data do respectivo cumprimento. O texto legal ressalta, além disso, que a parte

de sobrevirem fatos imprevisíveis, ou previsíveis porém de conseqüências incalculáveis, retardadores ou impeditivos da execução do ajustado, ou, ainda, em caso de força maior, caso fortuito ou fato do príncipe, configurando álea econômica extraordinária e extracontratual. [...] § 5º Quaisquer tributos ou encargos legais criados, alterados ou extintos, bem como a superveniência de disposições legais, quando ocorridas após a data da apresentação da proposta, de comprovada repercussão nos preços contratados, implicarão a revisão destes para mais ou para menos, conforme o caso. § 6º Em havendo alteração unilateral do contrato que aumente os encargos do contratado, a Administração deverá restabelecer, por aditamento, o equilíbrio econômico-financeiro inicial. [...].

[174] A Lei de Licitações ora referida corresponde à Lei nº 8.666, de 21/06/1993, que será revogada no início de abril de 2023 em virtude do disposto no art. 193, I, da Lei nº 14.133, de 01/04/2021.

[175] Art. 19. Não havendo acordo, o locador ou locatário, após três anos de vigência do contrato ou do acordo anteriormente realizado, poderão pedir revisão judicial do aluguel, a fim de ajustá-lo ao preço de mercado.

[176] Art. 621. Sem anuência de seu autor, não pode o proprietário da obra introduzir modificações no projeto por ele aprovado, ainda que a execução seja confiada a terceiros, a não ser que, por motivos supervenientes ou razões de ordem técnica, fique comprovada a inconveniência ou a excessiva onerosidade de execução do projeto em sua forma originária. Parágrafo único. A proibição deste artigo não abrange alterações de pouca monta, ressalvada sempre a unidade estética da obra projetada.
Art. 625. Poderá o empreiteiro suspender a obra: [...] II – quando, no decorrer dos serviços, se manifestarem dificuldades imprevisíveis de execução, resultantes de causas geológicas ou hídricas, ou outras semelhantes, de modo que torne a empreitada excessivamente onerosa, e o dono da obra se opuser ao reajuste do preço inerente ao projeto por ele elaborado, observados os preços; [...].

interessada poderá requerer a correção judicial do conteúdo da prestação, desde que a alteração de valor indesejada decorra de motivos imprevisíveis. A interpretação do art. 317, entretanto, deve ser feita à luz da sua origem legislativa e da sua topografia no Código Civil, que evidenciam o propósito de combater a inflação através da atualização exclusiva das prestações de dar dinheiro. O objetivo de controlar tão somente a desvalorização monetária constava expressamente do Projeto de Lei originário e foi reforçado pela inserção do dispositivo entre os artigos que estabelecem o regramento das obrigações pecuniárias.[177]

Os arts. 478, 479 e 480 do Código Civil, por sua vez, consubstanciam uma clara recepção da teoria da onerosidade excessiva desenvolvida na Itália. Isso porque, com algumas poucas alterações, o texto desses três dispositivos corresponde à tradução do conteúdo dos arts. 1467 e 1468 do Código Civil italiano de 1942.[178] De acordo com o art. 478, "nos contratos

[177] Acerca do tema, Fabio Queiroz Pereira explica que, "para adequada compreensão do alcance do art. 317, faz-se necessário o exame da redação original do dispositivo que lhe deu origem, constante do texto originalmente apresentado ao Congresso Nacional (PL nº 634/1975). Assim, dispunha o art. 315, do aludido projeto de lei, que 'quando, pela desvalorização da moeda, ocorrer desproporção manifesta entre o valor da prestação devida e o do momento da execução poderá o juiz corrigi-lo, a pedido da parte, de modo que preserve, quanto possível, a equivalência das prestações'. Observa-se claramente que a concepção inicial, que imbuía o referido preceito, estava na regulação das conjunturas em que se identificavam problemas oriundos da desvalorização da moeda. Justifica-se, portanto, o fato de o atual art. 317 estar localizado na seção que trata do objeto do pagamento e de sua prova." PEREIRA, Fabio Queiroz. Os instrumentos de revisão contratual do Código Civil brasileiro e seu uso no contexto da pandemia de coronavírus. **Revista Brasileira de Direito Civil**, v. 25, p. 381-398, jul./set. 2020, p. 386-387.

[178] *Art. 1467. Contratto con prestazioni corrispettive. Nei contratti a esecuzione continuata o periodica ovvero a esecuzione differita, se la prestazione di una delle parti è divenuta eccessivamente onerosa per il verificarsi di avvenimenti straordinari e imprevedibili, la parte che deve tale prestazione può domandare la risoluzione del contratto, con gli effetti stabiliti dall'articolo 1458. La risoluzione non può essere domandata se la sopravvenuta onerosità rientra nell'alea normale del contratto. La parte contro la quale è domandata la risoluzione può evitarla offrendo di modificare equamente le condizioni del contratto.*

Art. 1468. Contratto con obbligazioni di una sola parte. Nell'ipotesi prevista dall'articolo precedente se si tratta di un contratto nel quale una sola delle parti ha assunto obbligazioni, questa può chiedere una riduzione della sua prestazione ovvero una modificazione nelle modalità di esecuzione, sufficienti per ricondurla ad equità.

de execução continuada ou diferida, se a prestação de uma das partes se tornar excessivamente onerosa, com extrema vantagem para a outra, em virtude de acontecimentos extraordinários e imprevisíveis, poderá o devedor pedir a resolução do contrato. Os efeitos da sentença que a decretar retroagirão à data da citação." Este dispositivo traz consigo uma série de requisitos relacionados à natureza contratual (contrato de execução continuada ou diferida), aos efeitos sobre os contratantes (onerosidade excessiva para o devedor e extrema vantagem para o credor) e à causa da alteração das circunstâncias (acontecimentos extraordinários e imprevisíveis). Uma vez caracterizados esses pressupostos fáticos, o art. 478 autoriza o devedor prejudicado a requerer judicialmente o remédio da resolução contratual.

Logo em seguida, o art. 479 estabelece que "a resolução poderá ser evitada, oferecendo-se o réu a modificar eqüitativamente as condições do contrato." Da leitura deste dispositivo, depreende-se que o credor pode obstar o pleito resolutório por meio do oferecimento de uma proposta capaz de reconduzir a relação contratual a um patamar razoavelmente equilibrado. Segundo Francisco Paulo De Crescenzo Marino, a oferta do credor pode ser classificada como um "negócio unilateral, receptício, solene, de segundo grau, dotado de eficácia modificativa, potestativo, motivado e com fim predeterminado".[179] O art. 480, por fim, prescreve que "se no contrato as obrigações couberem a apenas uma das partes, poderá ela pleitear que a sua prestação seja reduzida, ou alterado o modo de executá-la, a fim de evitar a onerosidade excessiva." A incidência deste último dispositivo é restrita aos contratos unilaterais, ou seja, aos contratos nos quais apenas um dos sujeitos assume obrigações (ex. doação e comodato). Neste caso, a legislação permite que o contratante obrigado requeira em juízo o abrandamento da prestação que se tornar excessivamente onerosa com o passar do tempo.

A análise dos dispositivos que tratam da alteração das circunstâncias contratuais demonstra que a legislação brasileira não contempla uma cláusula geral de equilíbrio contratual. Pelo contrário, percebe-se que o Poder Legislativo optou por estabelecer regras específicas sobre o dese-

[179] Marino, Francisco de Paulo De Crescenzo. **Revisão contratual**: onerosidade excessiva e modificação equitativa. São Paulo: Almedina, 2020, p. 235.

quilíbrio superveniente do contrato, cada uma trazendo seus próprios pressupostos fáticos e consequências jurídicas. Ocorre que a profusão de normas esparsas regulando o tema da quebra do sinalagma funcional tem gerado, nos últimos anos, a multiplicação de controvérsias sobre o âmbito de incidência dos respectivos comandos legais.[180] Resumidamente, os variados posicionamentos doutrinários e jurisprudenciais sobre o assunto podem ser reunidos em dois grandes grupos contrapostos. Por um lado, existem juristas que defendem a interpretação restritiva dos mecanismos legais de reequilíbrio contratual, de modo a preservar as ponderações previamente realizadas pelo legislador. [181] Por outro lado, há aqueles que preconizam uma leitura ampliativa dos referidos dispositivos, cuja literalidade seria insuficiente para responder às exigências sociais contemporâneas.[182]

[180] Nesse sentido, Judith Martins-Costa e Paula Costa e Silva ressaltam que "não há, no âmbito das relações regidas pelo Código Civil, um *princípio geral* de adaptação do contrato às circunstâncias supervenientes, como o há no Código Civil português, assim como não há um princípio geral de equilíbrio contratual. Segundo o sistema brasileiro de direito comum, nas relações civis e comerciais, há *institutos específicos* a reger situações de desequilíbrio contratual, o que não é o mesmo que ter no sistema um princípio geral de adaptação às circunstâncias. Esse *pontilhismo legislativo* gera certa cacofonia no panorama doutrinário e jurisprudencial." MARTINS-COSTA, Judith; SILVA, Paula Costa e. **Crise e perturbações no cumprimento da prestação**: estudos de direito comparado luso-brasileiro. São Paulo: Quartier Latin, 2020, p. 203.

[181] Francisco de Paulo de Crescenzo Marino, por exemplo, afirma que, "diversamente da função social e da boa-fé, o princípio do equilíbrio econômico não encontra previsão expressa no direito positivo brasileiro. O caminho para a sua construção é a *indução* a partir de algumas figuras, designadamente a lesão e a excessiva onerosidade superveniente. A origem do princípio do equilíbrio econômico em nosso sistema assinala também os seus *limites*." MARINO, Francisco de Paulo De Crescenzo. **Revisão contratual**: onerosidade excessiva e modificação equitativa. São Paulo: Almedina, 2020, p. 40-41.

[182] A título ilustrativo, Anderson Schreiber argumenta que "a legislação brasileira ocupa-se, em diferentes momentos, do desequilíbrio do contrato. [...] tais instrumentos, assim formatados, acabam tendo aplicação excepcional, tornando infrutíferas as tentativas de assegurar um ambiente contratual mais equilibrado. Impõe-se, desse modo, uma releitura sistemática que, conjugando os diferentes instrumentos espalhados pelo ordenamento jurídico brasileiro, procure identificar não apenas novas hipóteses de aplicação, mas também novos remédios, voltados a assegurar a mais efetiva tutela do equilíbrio contratual."

Os partidários da interpretação extensiva advogam tanto pela atenuação dos requisitos quanto pela flexibilização das consequências das regras sobre desequilíbrio superveniente do contrato. Um bom exemplo de atenuação dos requisitos é a proposta de desconsideração da extrema vantagem para a outra parte enquanto um dos pressupostos fáticos necessários para a aplicação do art. 478 do Código Civil. O requisito da extrema vantagem para o credor, inovação legislativa nacional que não consta da matriz italiana, é tratado como um elemento meramente acidental por parcela significativa dos autores brasileiros.[183] A flexibilização das consequências previstas no texto legal, por sua vez, pode ser ilustrada através da proposta de reconhecimento da revisão judicial dentre os resultados da aplicação do mesmo art. 478. Com base no princípio da conservação dos negócios jurídicos, muitos comentadores sustentam que o devedor prejudicado pela excessiva onerosidade pode requerer, ao invés do remédio da resolução contratual, o remédio da modificação equitativa do contrato.[184]

A mitigação dos dispositivos legais que condicionam e delimitam a intervenção do Poder Judiciário nas relações contratuais deve ser vista com certas reservas. Não obstante a importância das críticas dirigidas ao modelo liberal desde o início do século XX, o princípio da obrigatoriedade dos contratos continua sendo imprescindível para o direito brasileiro.[185] Se a legislação contempla apenas hipóteses restritas e pontuais

SCHREIBER, Anderson. **Equilíbrio contratual e dever de renegociar**. 2. ed. São Paulo: Saraiva Educação, 2020, p. 89.

[183] O enunciado 365, aprovado na IV Jornada de Direito Civil do CJF, prescreve que "a extrema vantagem do art. 478 deve ser interpretada como elemento acidental da alteração das circunstâncias, que comporta a incidência da resolução ou revisão do negócio por onerosidade excessiva, independentemente de sua demonstração plena." Em sentido contrário, cf. BRASIL. Superior Tribunal de Justiça (4. Turma). **Recurso Especial 1.034.702/ES**. Relator: Min. João Otávio de Noronha, 15 de abril de 2008.

[184] Segundo o enunciado 176, aprovado na III Jornada de Direito Civil do CJF, "em atenção ao princípio da conservação dos negócios jurídicos, o art. 478 do Código Civil de 2002 deverá conduzir, sempre que possível, à revisão judicial dos contratos e não à resolução contratual." No mesmo sentido, cf. BRASIL. Superior Tribunal de Justiça (3. Turma). **Recurso Especial 977.007/GO**. Relatora: Min. Nancy Andrighi, 24 de novembro de 2009.

[185] Como bem observa Paula Forgioni, "é preciso abandonar certo 'preconceito progressista' que presume ser o respeito ao pacto asserção própria apenas ao contexto social e

de interferência judicial nos contratos, não cabe ao intérprete subverter a ordem do sistema, generalizando as exceções a ponto de transformá-las em novas regras. Percebe-se, nesse sentido, que a Lei da Liberdade Econômica não inovou, mas apenas reforçou o estado da arte, ao positivar no Código Civil as diretrizes de intervenção mínima e de excepcionalidade da revisão contratual (art. 421, parágrafo único, e art. 421-A).[186] Depois de adversidades como crises financeiras, desastres naturais e a pandemia de COVID-19, é comum que os contratantes procurem os tribunais em busca de redistribuição dos prejuízos negociais. É preciso lembrar, entretanto, que a ingerência judicial é apenas uma das ferramentas que o Estado tem à sua disposição para minimizar os infortúnios decorrentes da alteração das circunstâncias contratuais.

Observa-se, ante o exposto, que as regras sobre desequilíbrio superveniente do contrato são insuficientes para justificar a análise custo-benefício do cabimento da tutela específica. A interpretação cautelosa dos mecanismos legais de reequilíbrio contratual revela que esses instrumentos não são elásticos o bastante para fundamentar a aplicação da exceção de desproporcionalidade. É verdade que a execução *in natura* que impõe sacrifícios exorbitantes em relação aos benefícios poderia ser considerada manifestamente desproporcional nos termos do art. 317, ou ainda excessivamente onerosa de acordo com o art. 478. A estreiteza dos requisitos e das consequências previstas em ambos os dispositivos do Código

econômico do século XVIII. Trata-se de um dos principais pilares do sistema mercantil; sem ele ruiria o mercado. Exceções devem ser tomadas *cum grano salis* e se alçam não a partir da vontade do julgador, daquilo que ele entende ser 'correto', e sim da prática de mercado e da preservação da *legítima* expectativa." Forgioni, Paula A. **Contratos empresariais**: teoria geral e aplicação. São Paulo: Revista dos Tribunais, 2015, p. 275.

186 Art. 421. A liberdade contratual será exercida nos limites da função social do contrato. Parágrafo único. Nas relações contratuais privadas, prevalecerão o princípio da intervenção mínima e a excepcionalidade da revisão contratual.

Art. 421-A. Os contratos civis e empresariais presumem-se paritários e simétricos até a presença de elementos concretos que justifiquem o afastamento dessa presunção, ressalvados os regimes jurídicos previstos em leis especiais, garantido também que: I – as partes negociantes poderão estabelecer parâmetros objetivos para a interpretação das cláusulas negociais e de seus pressupostos de revisão ou de resolução; II – a alocação de riscos definida pelas partes deve ser respeitada e observada; e III – a revisão contratual somente ocorrerá de maneira excepcional e limitada.

Civil, no entanto, impede que eles sejam utilizados como válvula geral de controle de proporcionalidade da tutela específica. Em outras palavras, o afastamento da tutela específica desproporcional somente poderia ser fundamentado nos arts. 317 e 478 se fossem desconsiderados os respectivos âmbitos de incidência textualmente estabelecidos. Esta operação hermenêutica, por sua vez, tornaria de todo desnecessária a própria invocação dos dois mencionados artigos.

O regramento atual da alteração das circunstâncias contratuais não seria capaz de enfrentar adequadamente, por exemplo, a questão apresentada nos autos do REsp 898.184/RJ.[187] Naquele caso, a rede hoteleira Marriott havia descumprido voluntariamente a locação entabulada com a joalheria Amsterdam Sauer, o que deu origem ao ajuizamento de uma ação buscando primariamente a tutela específica. Os integrantes do polo passivo, entretanto, aduziram que a execução *in natura* acarretaria custos desproporcionais aos benefícios e por isso deveria ser determinada, em substituição, a execução genérica da prestação. Em virtude da conjuntura verificada, o julgamento não poderia ter buscado apoio no art. 317 do Código Civil, que trata da alteração superveniente do valor de obrigações pecuniárias em virtude de motivos imprevisíveis e indica, como consequência, a correção do conteúdo da prestação. Também não seria aplicável o art. 478, que conduz à resolução e pressupõe a ocorrência de acontecimentos extraordinários e imprevisíveis que atraem onerosidade excessiva combinada com extrema vantagem em um contrato de execução continuada ou diferida.

2.6 Insuficiência do princípio da menor onerosidade da execução

O princípio da menor onerosidade da execução acompanha há muito tempo a legislação nacional. Originalmente positivado no Código de Processo Civil de 1939,[188] o referido princípio foi reproduzido pelo Código

[187] BRASIL. Superior Tribunal de Justiça (6. Turma). **Recurso Especial 898.184/RJ**. Relatora: Min. Maria Thereza de Assis Moura, 4 de agosto de 2008.

[188] Art. 903. Quando por vários meios se puder executar a sentença, o juiz mandará que a execução se faça pelo modo menos oneroso para o executado.

de Processo Civil de 1973[189] e reiterado pelo Código de Processo Civil de 2015. Nos termos do art. 805, *caput*, da codificação processual civil vigente, "quando por vários meios o exequente puder promover a execução, o juiz mandará que se faça pelo modo menos gravoso para o executado." O parágrafo único do dispositivo acrescenta que "ao executado que alegar ser a medida executiva mais gravosa incumbe indicar outros meios mais eficazes e menos onerosos, sob pena de manutenção dos atos executivos já determinados." Em uma primeira aproximação, o princípio da menor onerosidade da execução parece abrir margem para a realização de um controle de proporcionalidade do cabimento da tutela específica enquanto remédio para o inadimplemento. Assim, diante da percepção de que a execução *in natura* seria excessivamente onerosa, o devedor poderia requerer a substituição do procedimento pela execução genérica com base no art. 805.

O histórico do princípio da menor onerosidade da execução no direito brasileiro, entretanto, evidencia que a sua atuação é restrita ao momento de escolha dos meios executivos. Tradicionalmente, seja na doutrina ou na jurisprudência, o princípio da menor onerosidade da execução tem sido interpretado como uma diretriz de eleição das medidas sub-rogatórias ou coercitivas mais adequadas para a efetivação da tutela pretendida. Como explica Humberto Theodoro Júnior, o art. 805 do Código de Processo Civil "não alcança o rito executivo nem o conteúdo da prestação a que tem direito o credor. Seu campo de incidência restringe-se aos *atos de execução*, ficando de fora as *espécies de execução*. A preocupação do legislador, *in casu*, é quanto ao *modus faciendi* apenas." Nesse sentido, a aplicação da norma ocorreria, por exemplo, "quando, entre os vários bens penhoráveis, o órgão executivo se deparasse com um automóvel de passeio e um veículo de trabalho. Sendo ambos de valor suficiente para garantir a execução, o juiz, à luz do art. 805, deveria ordenar a penhora do primeiro, porque a privação da posse do último naturalmente seria mais *gravosa* para o devedor."[190]

[189] Art. 620. Quando por vários meios o credor puder promover a execução, o juiz mandará que se faça pelo modo menos gravoso para o devedor.

[190] THEODORO JÚNIOR, Humberto. **Curso de direito processual civil**, v. 3: execução forçada, processos nos tribunais, recursos, direito intertemporal. 47. ed. Rio de Janeiro: Forense, 2016, p. 424.

Nos tribunais, as discussões mais recentes acerca do princípio da menor onerosidade da execução dizem respeito à polêmica da utilização das medidas executivas atípicas. O Código de Processo Civil inovou ao estabelecer, no inciso IV do art. 139, que o juiz tem poderes para "determinar todas as medidas indutivas, coercitivas, mandamentais ou sub-rogatórias necessárias para assegurar o cumprimento de ordem judicial, inclusive nas ações que tenham por objeto prestação pecuniária." A partir da entrada em vigor deste dispositivo, consolidou-se o entendimento de que o julgador pode estipular meios executivos não previstos expressamente na legislação com vistas à efetivação da execução de títulos judiciais ou extrajudiciais.[191] O estabelecimento de uma cláusula geral permitindo medidas executivas atípicas, contudo, trouxe consigo o desafio da definição de parâmetros que impeçam a estipulação de meios desarrazoados pelo Poder Judiciário. Revela-se, nesse contexto, a importância do princípio da menor onerosidade da execução, que pode servir como base para a comparação dos diferentes instrumentos executivos disponíveis em cada caso concreto.

Atualmente, a título exemplificativo, é digna de nota a discussão sobre a possibilidade de coação do devedor recalcitrante através da privação do uso da sua CNH e do seu passaporte. No âmbito do STJ, tanto a 3ª Turma quanto a 4ª Turma têm autorizado a suspensão da CNH e a apreensão do passaporte do executado em execuções por quantia certa, desde que estejam preenchidos alguns requisitos específicos. Os pressupostos definidos pelas duas Turmas consistem, em síntese, na demonstração de indícios de solvabilidade, no esgotamento dos instrumentos tipificados, na fundamentação circunscrita da decisão e na

[191] De acordo com o enunciado 12, aprovado no II Fórum Permanente de Processualistas Civis, "a aplicação das medidas atípicas sub-rogatórias e coercitivas é cabível em qualquer obrigação no cumprimento de sentença ou execução de título executivo extrajudicial. Essas medidas, contudo, serão aplicadas de forma subsidiária às medidas tipificadas, com observação do contraditório, ainda que diferido, e por meio de decisão à luz do art. 489, § 1º, I e II." O enunciado 396, aprovado no V Fórum Permanente de Processualistas Civis, por sua vez, prescreve que "as medidas do inciso IV do art. 139 podem ser determinadas de ofício, observado o art. 8º."

observância dos postulados do contraditório e da proporcionalidade.[192] A questão, no entanto, é bastante controversa, porque o confisco da CNH e do passaporte acaba esbarrando no direito fundamental à liberdade de locomoção (art. 5º, XV, da CF)[193] e na garantia da responsabilização patrimonial por dívidas civis (art. 319 do CC,[194] art. 789 do CPC[195] e art. 5º, LXVII, da CF[196]). O risco de violação dos ditames constitucionais motivou, inclusive, o ajuizamento de uma ADI, que permanece pendente de julgamento perante o STF.[197]

Para além dos problemas de ordem constitucional, as medidas de suspensão da CNH e de apreensão do passaporte violam ainda o princípio da menor onerosidade da execução previsto no art. 805 do Código de Processo Civil. Ora, se de fato existirem indícios de que o devedor possui um patrimônio disponível capaz de satisfazer os interesses do credor, a execução pode ser ultimada de modo mais eficaz e menos gravoso através da imposição escalonada de uma multa coercitiva ou *astreinte*. Nesse sentido, eventuais tentativas de ocultação dos bens do executado poderiam ser combatidas por meio dos mecanismos judiciais que a legislação já coloca à disposição do exequente, como os institutos da simulação, da fraude contra credores, da fraude à execução e da desconsideração da personalidade jurídica. Se, por outro lado, as circunstâncias do caso indicarem que o devedor é insolvente, ou que os instrumentos legais são incapazes de alcançar os bens porventura existentes, a aplicação das medidas de pri-

[192] BRASIL. Superior Tribunal de Justiça (3. Turma). **Recurso Especial 1.782.418/RJ**. Relatora: Min. Nancy Andrighi, 23 de abril de 2019; BRASIL. Superior Tribunal de Justiça (4. Turma). **Recurso em Habeas Corpus 97.876/SP**. Relator: Min. Luis Felipe Salomão, 5 de junho de 2018.

[193] Art. 5º [...] XV – é livre a locomoção no território nacional em tempo de paz, podendo qualquer pessoa, nos termos da lei, nele entrar, permanecer ou dele sair com seus bens; [...].

[194] Art. 391. Pelo inadimplemento das obrigações respondem todos os bens do devedor.

[195] Art. 789. O devedor responde com todos os seus bens presentes e futuros para o cumprimento de suas obrigações, salvo as restrições estabelecidas em lei.

[196] Art. 5º [...] LXVII – não haverá prisão civil por dívida, salvo a do responsável pelo inadimplemento voluntário e inescusável de obrigação alimentícia e a do depositário infiel; [...].

[197] BRASIL. Supremo Tribunal Federal (Plenário). **Ação Direta de Inconstitucionalidade 5.941/DF**. Relator: Min. Luiz Fux, pendente de julgamento.

vação da CNH ou do passaporte configuraria tão somente uma punição civil retributiva.[198]

O papel ocupado pelo princípio da menor onerosidade da execução no direito brasileiro corresponde, de certa forma, ao que os juristas europeus denominam de controle de proporcionalidade relativa. A distinção entre os conceitos de proporcionalidade absoluta e de proporcionalidade relativa foi esclarecida pelo Tribunal de Justiça da União Europeia no julgamento do processo C-65/09.[199] O debate girava em torno da Diretiva 1999/44/CE do Parlamento Europeu e do Conselho, que regulava, naquela época, o tema da venda de bens de consumo e das respectivas garantias no âmbito do direito comunitário.[200] Mais precisamente, a controvérsia dizia respeito à interpretação do art. 3º, dispositivo que estabelecia os direitos do consumidor diante da verificação de qualquer desconformidade no bem comprado. De acordo com a seção 3 do art. 3º, o consumidor prejudicado poderia exigir do fornecedor, como soluções prioritárias, a reparação ou a substituição do objeto adquirido, a não ser que tais providências fossem impossíveis ou desproporcionais. Em adição, a seção 3 do art. 3º ressaltava que qualquer uma das soluções seria considerada desproporcional quando implicasse custos desarrazoados em comparação com os dispêndios exigidos pela outra.[201]

[198] MARINONI, Luiz Guilherme. **Técnica processual e tutela dos direitos**. 6. ed. São Paulo: Thomson Reuters Brasil, 2019, p. 426.

[199] UNIÃO EUROPEIA. Tribunal de Justiça da União Europeia (1. Secção). **Processos apensos C-65/09 e C-87/09**. Relator: Juiz M. Ilešič, 16 de junho de 2011. Para uma análise crítica do julgamento, cf. HOFFMANN, Thomas. The Weber/Putz 'proportionality principle': determining subsequent performance anew? **Croatian Yearbook of European Law & Policy**, v. 10, p. 383-394, 2014.

[200] Em 22 de maio de 2019, a Diretiva 1999/44/CE foi revogada e substituída pela Diretiva (UE) 2019/771 do Parlamento Europeu e do Conselho.

[201] Art. 3º Direitos do consumidor. [...] 3. Em primeiro lugar, o consumidor pode exigir do vendedor a reparação ou a substituição do bem, em qualquer dos casos sem encargos, a menos que isso seja impossível ou desproporcionado. Presume-se que uma solução é desproporcionada se implicar para o vendedor custos que, em comparação com a outra solução, não sejam razoáveis, tendo em conta: – o valor que o bem teria se não existisse falta de conformidade, – a importância da falta de conformidade, – a possibilidade de a solução alternativa ser concretizada sem grave inconveniente para o consumidor. [...].

Pois bem, o conflito retratado no processo C-65/09 teve início na Alemanha quando um consumidor comprou ladrilhos polidos da loja de materiais de construção Gebrüder Weber GmbH. Depois de instalar cerca de dois terços das peças no chão da sua casa, o comprador percebeu que elas eram defeituosas, porque apresentavam algumas marcas escuras e indeléveis que descaracterizavam a cor originalmente anunciada. Como a reparação dos ladrilhos seria impossível, o cliente prejudicado ajuizou uma ação requerendo que a Gebrüder Weber GmbH fosse condenada a substituir os itens comprados, arcando com todas as despesas de remoção e de reinstalação. O consumidor saiu vitorioso na segunda instância (*Oberlandesgericht Frankfurt*), mas a empresa interpôs um recurso argumentando que os custos para a realização da obra determinada judicialmente seriam muito superiores ao valor de mercado dos ladrilhos. Após analisar a demanda, o Tribunal Federal de Justiça (*Bundesgerichtshof*) decidiu remeter os autos ao Tribunal de Justiça da União Europeia, para que fosse definida uma questão preliminar relativa à interpretação da seção 3 do art. 3º da Diretiva 1999/44/CE.

Em linhas gerais, o Tribunal alemão solicitou que o Tribunal europeu esclarecesse qual era o tipo de desproporcionalidade que afastava o direito do consumidor de exigir a substituição dos bens defeituosos. Poderia o fornecedor se recusar a substituir os objetos com defeito alegando que os custos dessa medida seriam desproporcionais aos seus próprios benefícios (desproporção absoluta)? Ou o fornecedor apenas poderia rejeitar o pedido de substituição se demonstrasse que esta medida seria desproporcional em comparação com uma possível reparação dos objetos (desproporção relativa)? A resposta do Tribunal de Justiça da União Europeia foi que a seção 3 do art. 3º da Diretiva 1999/44/CE adotou uma noção de proporcionalidade em termos relativos, afastando, consequentemente, a concepção de proporcionalidade em termos absolutos. Sendo assim, no que concerne especificamente ao processo C-65/09, a Gebrüder Weber GmbH somente poderia contestar a substituição dos ladrilhos requerida pelo consumidor se tivesse demonstrado que a reparação das peças era viável e que o preço desta providência seria menos oneroso.[202]

[202] Segundo o acórdão do processo C-65/09, "importa lembrar que, nos termos do artigo 3º, nº 3, primeiro parágrafo, da directiva, o consumidor, num primeiro momento, pode

O princípio da menor onerosidade da execução, de maneira análoga à noção de proporcionalidade relativa, preconiza uma análise eminentemente comparativa dos diferentes meios executivos disponíveis. Em outras palavras, o princípio da menor onerosidade da execução atua como um parâmetro de sopesamento das medidas típicas ou atípicas que viabilizam a efetivação da tutela jurisdicional previamente determinada. Percebe-se, portanto, que o referido princípio não possui envergadura suficiente para fundamentar a rejeição da tutela na forma específica que acarreta, de modo geral, custos exorbitantes em relação aos próprios benefícios. Ele pode ser invocado para afastar uma medida coercitiva e atrair a aplicação de outra menos gravosa, mas não poderia ser utilizado para recusar o cabimento da tutela específica em prol da aplicação de outro remédio para o descumprimento contratual.

Exemplificativamente, a aplicação do princípio da menor onerosidade da execução seria insuficiente para resolver o problema narrado no já mencionado REsp 1.055.922/RJ.[203] A consumidora prejudicada havia requerido judicialmente, naquele caso, a execução *in natura* da obrigação de elaborar e de entregar os fascículos originalmente previstos no contrato de assinatura anual de uma revista infantil. Em sua defesa, a Editora

exigir do vendedor a reparação ou a substituição do bem, em qualquer dos casos sem encargos, a menos que isso seja impossível ou desproporcionado. O referido artigo 3º, nº 3, segundo parágrafo, esclarece que um modo de ressarcimento é considerado desproporcionado se implicar para o vendedor custos que, em comparação com o outro modo, sejam irrazoáveis, tendo em conta o valor que o bem teria se não existisse falta de conformidade, a importância da falta de conformidade e a questão de saber se o outro modo de ressarcimento pode ser concretizado sem grave inconveniente para o consumidor. Assim, impõe-se concluir que, embora o artigo 3º, nº 3, primeiro parágrafo, da directiva esteja, em princípio, formulado de modo suficientemente aberto para poder igualmente abranger casos de desproporção absoluta, o referido artigo 3º, nº 3, segundo parágrafo, define o termo «desproporcionado» exclusivamente com referência ao outro modo de ressarcimento, limitando-o assim aos casos de desproporção relativa. Resulta, aliás, claramente da redacção e da economia do artigo 3º, nº 3, da directiva que este se refere aos dois modos de ressarcimento previstos em primeiro lugar, a saber, a reparação ou a substituição do bem não conforme." UNIÃO EUROPEIA. Tribunal de Justiça da União Europeia (1. Secção). **Processos apensos C-65/09 e C-87/09**. Relator: Juiz M. Ilešič, 16 de junho de 2011, p. 15.

[203] BRASIL. Superior Tribunal de Justiça (3. Turma). **Recurso Especial 1.055.822/RJ**. Relator: Min. Massami Uyeda, 24 de maio de 2011.

Abril argumentou que a manutenção de um periódico descontinuado geraria prejuízos desproporcionais e por isso a tutela específica solicitada deveria ser convertida em tutela pelo equivalente pecuniário. Veja-se que a discussão travada nos autos não dizia respeito à comparação dos diversos meios que o Poder Judiciário poderia utilizar para efetivar a execução *in natura* (ex. multa diária, busca e apreensão de maquinário, intervenção na administração da empresa, medidas atípicas etc.). Pelo contrário, o foco do debate era a proporcionalidade da própria opção pela tutela específica como resposta judicial para o inadimplemento das obrigações contratuais.

3.
A DIFUSÃO DA EXCEÇÃO DE DESPROPORCIONALIDADE NO SISTEMA ROMANO-GERMÂNICO

Tendo em vista que o direito brasileiro ainda não contém uma resposta satisfatória para o problema do controle de proporcionalidade da tutela específica, o estudo do Direito Comparado pode oferecer novos horizontes de solução. Vários países que pertencem à família jurídica do *Civil Law* e reconhecem a primazia da execução *in natura* têm admitido, nos últimos tempos, o afastamento excepcional da tutela específica com base no sopesamento entre o sacrifício do devedor e o proveito do credor. Diante desse cenário, o objetivo deste terceiro capítulo é examinar e problematizar os principais aspectos que caracterizam o movimento de difusão da exceção de desproporcionalidade no universo dos ordenamentos filiados ao sistema romano-germânico. De início, com o intuito de contextualizar as referências estrangeiras, o tópico a seguir fornece uma visão panorâmica das diferenças e das semelhanças relativas ao regramento da tutela específica nas tradições do *Civil Law* e do *Common Law*. Apresentam-se, logo após, as experiências vivenciadas em três ordenamentos nacionais (o alemão, o francês e o português), bem como os indicadores presentes em seis iniciativas internacionais de harmonização do Direito dos Contratos. O último tópico promove um aprofundamento das razões econômicas que explicam a tendência de reconhecimento da exceção de desproporcionalidade nos países de filiação romano-germânica.

3.1 Tutela específica das obrigações contratuais no *Civil Law* e no *Common Law*

Atualmente, o âmbito de incidência da tutela específica como resposta judicial para o descumprimento do contrato representa uma das principais diferenças entre os sistemas de *Civil Law* e de *Common Law*. Por uma série de contingências históricas, os países de tradição romano-germânica e os países de tradição anglo-saxã acabaram consolidando tendências opostas no que diz respeito às hipóteses de cabimento da execução *in natura*.[204] Em linhas gerais, pode-se dizer que nos ordenamentos de *Civil Law* a tutela específica das obrigações contratuais constitui a regra, enquanto nos ordenamentos de *Common Law* a tutela específica das obrigações contratuais constitui a exceção.[205] A existência dessa distinção relativa à ordem de prioridade dos remédios para o inadimplemento contratual não significa, contudo, que os sistemas anglo-saxões ignoram ou menosprezam o princípio da obrigatoriedade dos contratos. As duas famílias jurídicas reconhecem que o contratante que assume uma prestação perante o outro fica obrigado ao cumprimento da sua promessa, mas

[204] Para uma análise do percurso histórico que conduziu ao atual estado da arte, cf. ZIMMERMANN, Reinhard. **The law of obligations**: roman foundations of the civilian tradition. Cape Town: Juta & Co, 1990, p. 770-782; DONDORP, Harry. Specific performance: a historical perspective. *In*: SMITS, Jan; HAAS, Daniel; HESEN, Geerte. **Specific performance in contract law**: national and other perspectives. Antwerp: Intersentia, 2008, p. 265-285; HALLEBEEK, Jan; DONDORP, Harry (edit.). **The right to specific performance**: the historical development. Antwerp: Intersentia, 2010, p. 9-57; OOSTERHUIS, Janwillem. **Specific performance in German, French and Dutch law in the nineteenth century**: remedies in an age of fundamental rights and industrialisation. Leiden: Martinus Nijhoff Publishers, 2011, p. 581-589.

[205] Ao tratar da dicotomia, Edward Allan Farnsworth afirma que "os tribunais de *Civil Law* partem do princípio de que a tutela específica das obrigações contratuais é geralmente admitida. Os tribunais de *Common Law*, por outro lado, partem do princípio de que a tutela específica das obrigações contratuais é um remédio equitativo que somente será ordenado quando a indenização ou outro remédio consuetudinário não oferecer proteção adequada à parte prejudicada." "*Civil-law courts start with the principle that specific relief for breach of contract is generally available. Common-law courts, on the other hand, start with the principle that specific relief for breach of contract is and equitable remedy that will only be ordered when damages or other common-law remedies afford inadequate protection to the aggrieved party.*" FARNSWORTH, Edward Allan. Comparative contract law. *In*: REIMANN, Mathias; ZIMMERMANN, Reinhard (ed.). **The Oxford handbook of comparative law**. 1. ed. Oxford: University Press, 2006, p. 929. No mesmo sentido, cf. VICENTE, Dário Moura. **Direito comparado**, v. 2: obrigações. Coimbra: Almedina, 2017, p. 282.

divergem no que diz respeito ao significado e ao alcance dessa vinculação normativa.[206]

Na literatura do *Common Law*, o jurista Oliver Wendel Holmes Jr. costuma ser indicado como o maior precursor da teorização da natureza excepcional do remédio da tutela específica. Holmes tangenciou o tema das consequências do inadimplemento contratual em duas obras publicadas no final do século XIX, antes que ele fosse indicado para o cargo de juiz da Suprema Corte dos Estados Unidos. Em um livro lançado em 1881, Holmes afirmou que "a única consequência universal de uma promessa juridicamente vinculante é que o direito compele o devedor a pagar uma indenização se o evento prometido não acontecer."[207] Algum tempo depois, em um artigo datado de 1897, ele reiterou que "o dever de respeitar um contrato no *Common Law* significa uma previsão de que você deve pagar uma indenização se não o cumprir, – e nada mais."[208] O posicionamento de Holmes foi denominado posteriormente de teoria da opção, justamente porque reconhece a liberdade do devedor de escolher entre a execução da prestação ou o pagamento de uma compensação monetária.

Diversas correntes filosóficas já tentaram justificar o apreço do *Common Law* pela teoria da opção, mas nenhuma delas foi tão bem-sucedida quanto a escola da Análise Econômica do Direito. A partir dos anos 70, alguns expoentes da AED sustentaram que a faculdade do devedor de escolher entre o cumprimento da prestação ou a indenização da contraparte poderia ser fundamentada em termos econômicos. De acordo com essa linha de raciocínio, que ficou conhecida como teoria do inadimplemento eficiente, a indisponibilidade da tutela específica conduziria, na maioria dos casos, a uma melhor alocação dos recursos sociais. Isso porque o devedor apenas optaria racionalmente por descumprir o contrato

[206] SMITS, Jan M. **Contract law**: a comparative introduction. 2. ed. *E-book*. Cheltenham: Edward Elgar Publishing Limited, 2017, p. 220-221.

[207] *"The only universal consequence of a legally binding promise is, that the law makes the promisor pay damages if the promised event does not come to pass."* HOLMES JR., Oliver Wendel. **The Common Law**. Cambridge, MA: Harvard University Press, 2009, p. 272.

[208] *"The duty to keep a contract at common law means a prediction that you must pay damages if you do not keep it, – and nothing else."* HOLMES JR., Oliver Wendel. The path of the law. **Harvard Law Review**, v. 10, p. 457-478, Mar. 1897, p. 462.

quando vislumbrasse uma outra oportunidade mais vantajosa para si. O oferecimento de uma compensação monetária, por sua vez, colocaria o credor prejudicado na mesma situação que ele estaria se a avença tivesse sido cumprida. Ao tratar a tutela específica como algo excepcional, portanto, a tradição anglo-saxã estaria deixando os contratantes livres para maximizar o bem-estar geral da comunidade.[209] Confira-se um dos exemplos apresentados por Richard Posner:

> Eu assino um contrato para entregar 100.000 itens personalizados, a 10¢ cada um, para A, que os usará em sua fábrica de caldeiras. Depois que entrego 10.000, B vem a mim, explica que precisa desesperadamente de 25.000 itens personalizados ou será forçado a fechar sua fábrica de pianolas com grandes prejuízos, e oferece 15¢ por cada um dos 25.000 itens. Eu vendo os itens para ele e consequentemente atraso a entrega para A, fazendo com que este perca \$1.000 em lucros. Tendo obtido um lucro adicional de \$1.250 na venda para B, estou em uma situação melhor, mesmo depois de compensar A por sua perda, e B não está em pior situação. O inadimplemento é paretianamente superior, supondo que A seja totalmente compensado e ninguém mais seja ferido pela violação.[210]

[209] No mais antigo trabalho de que se tem notícia sobre a teoria do inadimplemento eficiente, Robert Birmingham defende que a "violação de obrigações deveria ser encorajada quando o devedor é capaz de lucrar com o inadimplemento depois de colocar o credor em uma posição tão boa quanto a que ele ocuparia se a prestação tivesse sido cumprida. O não cumprimento de um acordo sob essas circunstâncias é um movimento em direção à otimização de Pareto [...]." "*Repudiation of obligations should be encouraged where the promisor is able to profit from his default after placing his promisee in as good a position as he would have occupied had performance been rendered. Failure to honor an agreement under these circumstances is a movement toward Pareto optimality [...].*" BIRMINGHAM, Robert L. Breach of contract, damage measures and economic efficiency. **Rutgers Law Review**, v. 24, p. 273-292, 1970, p. 284. Para uma releitura contemporânea da teoria do inadimplemento eficiente, cf. KLASS, Gregory. Efficient breach. *In*: KLASS, Gregory; LETSAS, George; SAPRAI, Prince (ed.). **Philosophical foundations of contract law**. Oxford: Oxford University Press, 2015.

[210] "*I sign a contract to deliver 100.000 custom-ground widgets at 10¢ apiece to A, for use in his boiler factory. After I have delivered 10.000, B comes to me, explains that he desperately needs 25.000 custom-ground widgets at once since otherwise he will be forced to close his pianola factory at great cost, and offers me 15¢ apiece for 25.000 widgets. I sell him the widgets and as a result do not complete timely delivery to A, causing him to lose \$1.000 in profits. Having obtained an additional profit of*

A teoria da opção explicitada por Holmes e a teoria do inadimplemento eficiente concebida pela Análise Econômica do Direito repercutiram de maneira significativa no contexto do *Common Law*. O ponto de vista defendido por essas duas orientações teóricas foi contemplado, de certa forma, no corpo do texto do *Restatement (Second) of Contracts* publicado em 1981 pelo Instituto Americano de Direito.[211] Neste prestigioso tratado doutrinário, a previsão do § 349 reforça o caráter residual da execução *in natura* ao dispor que "a tutela específica ou a injunção não serão concedidas se a indenização for adequada para proteger o interesse da expectativa da parte prejudicada."[212] Em adição, o § 344 estabelece que o interesse da expectativa corresponde ao "interesse em receber o benefício da sua barganha sendo colocado em uma posição tão boa quanto estaria se o contrato tivesse sido cumprido."[213] Como se pode notar, o *Restatement* enquadra a tutela específica como uma providência secundária, cabível apenas quando a compensação monetária não for capaz de satisfazer adequadamente a expectativa do credor em relação ao proveito que teria com o contrato.

Mas como identificar as hipóteses nas quais a entrega de uma quantia compensatória não seria uma medida adequada para a proteção da

$1.250 on the sale to B, I am better off even after reimbursing A for his loss, and B is no worse off. The breach is Pareto superior, assuming that A is fully compensated and no one else is hurt by the breach." Posner, Richard Allen. **Economic analysis of law**. 3. ed. New York: Wolters Kluwer Law & Business, 1986, p. 107. Para uma defesa mais recente do argumento, cf. Posner, Richard Allen. Let us never blame a contract breaker. **Michigan Law Review**, v. 107, p. 1349-1363, June 2009.

[211] Como explica Luciano Benetti Timm, "[...] o Restatement é uma obra de caráter doutrinário não vinculante, elaborado pelo Instituto Americano de Direito (*American Law Institute*), com o objetivo de sistematizar os precedentes judiciais; mas é altamente persuasivo e freqüentemente citado pelas Cortes [...]". Timm, Luciano Benetti. *Common Law* e *contract law*: uma introdução ao direito contratual norte-americano. **Revista do Instituto do Direito Brasileiro**, ano 1, v. 1, n. 1, p. 525-572, 2012, p. 532.

[212] *§ 359. Effect of adequacy of damages. (1) Specific performance or an injunction will not be ordered if damages would be adequate to protect the expectation interest of the injured party. [...].*

[213] *§ 344. Purposes of Remedies. Judicial remedies under the rules stated in this Restatement serve to protect one or more of the following interests of a promisee: (a) his "expectation interest," which is his interest in having the benefit of his bargain by being put in as good a position as he would have been in had the contract been performed, [...].*

expectativa inicialmente depositada pelo credor no contrato descumprido? Nos termos do § 360 do *Restatement (Second) of Contracts*, a análise da adequação do remédio indenizatório deve levar em conta três fatores principais, quais sejam: "(a) a dificuldade de provar a extensão dos prejuízos com razoável segurança, (b) a dificuldade de obter um substituto apropriado para a prestação através do dinheiro concedido como indenização, e (c) a probabilidade de frustração da cobrança da indenização concedida."[214] Sendo assim, diante de casos envolvendo apurações fáticas complexas, bens de caráter infungível ou risco de insolvência do devedor, as obrigações contratuais inadimplidas deveriam ser excepcionalmente tuteladas por meio da execução *in natura*. O Código Comercial Uniforme dos Estados Unidos segue uma linha parecida com a diretriz adotada pelo *Restatement* e define, em seu § 2-716, que a "tutela específica pode ser concedida quando os bens forem únicos ou em outras circunstâncias convenientes".[215]

Nos dias de hoje, embora a teoria da opção e a teoria do inadimplemento eficiente prevaleçam nos tribunais do *Common Law*, o assunto dos remédios para o descumprimento contratual continua sendo alvo de inúmeras controvérsias acadêmicas. Alguns autores, como a filósofa Seana Valentine Shiffrin, sustentam que a postura permissiva do direito anglo-saxão em relação ao inadimplemento dos contratos é criticável porque diverge da intuição moral de que as promessas devem ser cumpridas.[216] Outros estudiosos, a exemplo do jurista Thomas Shahan Ulen, utilizam o próprio marco teórico da Análise Econômica do Direito para contestar a afirmação de que o regime de excepcionalidade da execução *in natura*

[214] *§ 360. Factors Affecting Adequacy of Damages. In determining whether the remedy in damages would be adequate, the following circumstances are significant: (a) the difficulty of proving damages with reasonable certainty, (b) the difficulty of procuring a suitable substitute performance by means of money awarded as damages, and (c) the likelihood that an award of damages could not be collected.*

[215] *§ 2-716. Buyer's right to specific performance of replevin. (1) Specific performance may be decreed where the goodsare unique or in other proper circumstances. [...].*

[216] SHIFFRIN, Seana Valentine. The divergence of contract and promise. **Harvard Law Review**, v. 120, p. 708-753, 2007, p. 722. No mesmo sentido, cf. SHIFFRIN, Seana Valentine. Could breach of contract be immoral? **Michigan Law Review**, v. 107, p. 1551-1568, June 2009.

conduziria a uma maior eficiência.[217] Há ainda um grupo de opositores, dentre os quais se insere o professor Daniel Friedmann, que ataca a posição majoritária tanto em termos morais quanto em termos econômicos.[218] Uma revisão detalhada dos argumentos e dos contra-argumentos que compõem o vasto debate das consequências da violação de obrigações contratuais no âmbito do *Common Law*, entretanto, extrapolaria os estritos limites do presente trabalho.

O breve panorama traçado até aqui serviu apenas para evidenciar os aspectos gerais do contraste existente entre os sistemas de *Civil Law* e de *Common Law* no que tange ao cabimento da tutela específica. Em síntese, nos ordenamentos romano-germânicos a execução *in natura* é cabível a não ser que haja motivos para afastá-la, ao passo que nos ordenamentos anglo-saxões a execução *in natura* é recusada a não ser que exista uma razão para implementá-la. A utilização de dois pontos de partida diferentes, no entanto, não tem impedido que ambas as famílias jurídicas alcancem resultados semelhantes na operacionalização concreta dos remédios para o descumprimento do contrato. Como bem observa Guenter Heinz Treitel, "na prática, a lacuna entre as duas abordagens não é tão grande quanto pode parecer. Por um lado, a tutela específica no *Civil Law* está sujeita a importantes exceções [...]. Por outro lado, algumas das restrições à tutela específica estão começando a desaparecer nos países de *Common Law*."[219] A gradual expansão das exceções tem favorecido um movimento

[217] ULEN, Thomas Stahan. The efficiency of specific performance: toward a unified theory of contract remedies. **Michigan Law Review**, v. 83, p. 341-403, Nov. 1984, p. 401.

[218] FRIEDMANN, Daniel. The efficient breach fallacy. **The Journal of Legal Studies**, v. 18, Jan. 1989, p. 1-24, p. 23.

[219] *"In practice the gap between the two approaches is not as great as might appear. On the one hand specific enforceability in Civil Law countries is subject to important exceptions [...]. On the other hand, some of the restrictions on specific performance are beginning to disappear in Common Law countries [...]."* TREITEL, Guenter Heinz. **Remedies for breach of contract**: a comparative account. Oxford: Clarendon Press, 1988, p. 71. No mesmo sentido, cf. DAGAN, Hanoch; HELLER, Michael A. Specific performance. **Columbia Law & Economics Working Paper**, n. 631, p. 1-57, 2020, p. 7-8; KÖTZ, Hein. Comparative contract Law. *In*: REINMANN, Mathias; ZIMMERMANN, Reinhard (ed.). **The Oxford handbook of comparative law**. 2. ed. Oxford: University Press, 2019, p. 924; PARGENDLER, Mariana. O direito contratual comparado em nova perspectiva: revisitando as diferenças entre os sistemas romano-germânico e de *common law*. **Revista Direito GV**, v. 13, n. 3, p. 796-826, set./dez. 2017, p. 806-807;

de aproximação internacional e de preferência por regimes mais casuísticos e menos rigorosos.

Um dos sintomas mais significativos dessa convergência prática é a difusão da exceção de desproporcionalidade entre os países de tradição romano-germânica. Como dito anteriormente, os sistemas de *Civil Law* costumam partir do princípio de que a tutela específica é a resposta padrão para o inadimplemento das obrigações contratuais não pecuniárias. Nos últimos tempos, contudo, alguns ordenamentos dessa família têm admitido o afastamento da execução *in natura* nos casos em que a sua implementação acarretaria sacrifícios desproporcionais aos respectivos proveitos. Isso demonstra que a tutela específica não é uma consequência automática das situações de mora no contexto do *Civil Law*, já que a sua concessão está sujeita a um controle cada vez mais intenso de conformidade sistêmica. O estabelecimento de um teste de proporcionalidade para o cabimento da tutela específica, na medida em que limita a incidência concreta deste remédio para o descumprimento do contrato, acaba aproximando o direito romano-germânico do direito anglo-saxão.

A disseminação da exceção de desproporcionalidade no ambiente do *Civil Law*, no entanto, tem suscitado uma série de questionamentos. Qual seria o fundamento jurídico para a realização de uma análise custo-benefício dos requerimentos de execução *in natura*? Como conciliar a implementação de um crivo de proporcionalidade com a preservação da primazia da tutela específica? Tendo em vista a inviabilidade de uma apuração exaustiva, optou-se no presente trabalho pelo recorte de três experiências estrangeiras: a alemã, a francesa e a portuguesa. A opção se justifica porque os países citados, além de integrarem o sistema romano-germânico, influenciaram significativamente a construção do direito contratual brasileiro. Na Alemanha, assim como em França e em Portugal, existem hoje dispositivos legais e argumentos doutrinários que preconizam a limitação da tutela específica nas situações de desequilíbrio

REINO UNIDO. House of Lords. **Co-operative Insurance Society Limited v. Argyll Stores (Holdings) Limited.** Relator: Lord Hoffmann, 21 de maio de 1997; Vries, Gerard de. Right to specific performance: is there a divergence between civil- and common law systems and, if so, how has it been bridged in the DCFR? **European Review of Private Law**, v. 17, n. 4, p. 581-597, 2009.

entre o interesse do credor e o ônus do devedor. O exame dos referidos ordenamentos, portanto, proporcionará uma perspectiva interessante a respeito das possibilidades e dos desafios atinentes à aplicação da exceção de desproporcionalidade no âmbito do *Civil Law*.

3.2 A experiência alemã e a reforma de 2002 do *Bürgerliches Gesetzbuch*

Na Alemanha, o tema da impossibilidade superveniente da prestação foi objeto de divergências durante todo o século XX. Estas discussões foram impulsionadas pelo advento do Código Civil alemão, denominado oficialmente de *Bürgerliches Gesetzbuch*, que foi publicado em 1896 e entrou em vigor no ano de 1900. A partir do surgimento do BGB, formaram-se duas correntes com entendimentos diferentes a respeito do alcance da noção de impossibilidade que impede a tutela específica das obrigações contratuais. De acordo com o entendimento majoritário, representado por Ludwig Enneccerus, a dificuldade exorbitante deveria ser equiparada à efetiva impossibilidade de prestar tendo em vista a cláusula geral da boa-fé objetiva prevista no § 242.[220]-[221] Uma parcela significativa dos estudiosos posteriores, no entanto, posicionou-se contrariamente à inclusão da onerosidade excessiva dentro do conceito de impossibilidade superveniente da prestação. Karl Larenz, por exemplo, sustentava que a ausência de critérios objetivos e a utilização de expressões vagas para afastar o cabimento da execução *in natura* acarretaria uma insuportável insegurança jurídica.[222]

[220] § 242 Prestação de acordo com a boa-fé objetiva. O devedor deve realizar a prestação tal como exigido pela boa-fé, com consideração pelos costumes do tráfego. *§ 242 Leistung nach Treu und Glauben. Der Schuldner ist verpflichtet, die Leistung so zu bewirken, wie Treu und Glauben mit Rücksicht auf die Verkehrssitte es erfordern.*

[221] Segundo Ludwig Ennecerus, "*la dificultad extraordinaria se ha de considerar, con arreglo al § 242, como imposibilidad liberatoria si en el tráfico es equiparada a la imposibilidad, de suerte que no pueda exigirse al deudor que venza esa dificultad (la llamada prestación exorbitante).*" ENNECCERUS, Ludwig. **Derecho de obligaciones**, v. 1: doctrina general. Rev. Henrich Lehmann. Trad. GONZÁLEZ, Blas Pérez; ALGUER, José. 2. ed. Barcelona: Bosch, 1954, p. 241.

[222] Em sua objeção, Karl Larenz argumenta que, "*según Enneccerus-Lehmann, cuya doctrina bien puede considerarse hoy como la dominante, la dificultad extraordinaria de la prestación debe merecer igual consideración, conforme al principio del § 242, que la imposibilidad liberatoria [...]. A*

O cenário foi alterado com a chegada da Lei de Modernização do Direito das Obrigações (*Schuldrechtsmodernisierungsgesetz*), publicada em 26/11/2001 e vigente desde 01/01/2002. Esta inovação legislativa promoveu a modificação de diversos dispositivos do Código Civil alemão, operacionalizando a maior reforma já experimentada pelo BGB em seus mais de 100 anos de existência. O caminho para a atualização do regramento obrigacional na Alemanha foi bastante tortuoso e teve início em 1978 quando o então Ministro da Justiça apresentou uma proposta para o Parlamento Federal. Depois da solicitação e da discussão de alguns pareceres iniciais, o Governo nomeou uma Comissão de Reforma que entregou, no ano de 1992, um relatório final contendo um projeto de lei. As conclusões divulgadas pela Comissão de Reforma motivaram intensos debates acadêmicos, mas a iniciativa perdeu o apoio político que lhe dava sustentação e acabou caindo no esquecimento. No final dos anos 2000, entretanto, a ideia foi subitamente resgatada como uma solução para a necessidade de implementação da Diretiva 1999/44/CE do Parlamento Europeu e do Conselho.[223]

Em linhas gerais, a Diretiva 1999/44/CE exigia que os países da União Europeia realizassem, até o início de 2002, algumas adequações legislativas referentes à regulação da venda de produtos para consumidores. Ao invés de efetivar uma alteração restrita ao âmbito consumerista, o Poder Legislativo alemão decidiu aproveitar a oportunidade para resgatar as antigas discussões mais abrangentes sobre a atualização do regime obrigacional. A pressão do prazo imposto pela Diretiva 1999/44/CE impulsionou uma tramitação acelerada e a Lei de Modernização do Direito das Obrigações foi aprovada no final de 2001 com um exíguo período de

esta doctrina pueden oponerse muy serios reparos. [...] Expresiones como 'dificultad extraordinaria' o 'excesiva según el tenor de la obligación' son muy vagas e imprecisas para poder servir como línea de orientación utilizable para resolver sobre numerosos casos en los que el negocio causa daños al deudor [...] y este defecto acarrearía una 'insoportable inseguridad jurídica'." LARENZ, Karl. **Derecho de obligaciones**, t. 1. Trad. Jaime Santos Briz. Madrid: Revista de Derecho Privado, 1958, p. 311-312.

223 Para uma análise minuciosa do histórico da reforma de 2002, cf. ZIMMERMANN, Reinhard. O Código Civil alemão e o desenvolvimento do direito privado na Alemanha. Trad. Arthur Maximus Monteiro. **Revista de Direito Civil Contemporâneo**, v. 12, ano 4, p. 317-358, jul./set. 2017, p. 348-354.

vacatio legis. Como aponta Stefan Grundmann, a reforma alterou principalmente o conjunto de regras aplicável aos contratos de compra e venda, aos contratos de empreitada, às relações consumeristas, ao descumprimento contratual e à prescrição.[224] Para os fins ora propostos, importa sobretudo a modificação implementada na redação do § 275, que regula o tema da exclusão do dever de executar a prestação. Confira-se abaixo a conformação atual do referido parágrafo composto por um título e mais quatro seções:

> § 275 Exclusão do dever de prestar.
> (1) O direito à prestação é excluído na medida em que ela seja impossível para o devedor ou para qualquer outra pessoa.
> (2) O devedor pode recusar a prestação na medida em que ela exija um esforço que, levando em conta o conteúdo da relação obrigacional e os mandamentos da boa-fé, seja grosseiramente desproporcional ao interesse do credor na execução. Na determinação dos esforços exigíveis do devedor, deve-se considerar também se ele é responsável pelo obstáculo à prestação.
> (3) O devedor também pode recusar a prestação se tiver que executá-la pessoalmente e, considerando o obstáculo oposto à execução em face do interesse do credor na execução, isso não puder ser esperado.
> (4) Os direitos do credor são determinados de acordo com os §§ 280, 293 até 285, 311a e 236.[225]

[224] GRUNDMANN, Stefan. Germany and the Schuldrechtsmodernisierung 2002. **European Review of Contract Law**, v. 1, p. 129-148, 2005, p. 131-132.

[225] *§ 275 Ausschluss der Leistungspflicht. (1) Der Anspruch auf Leistung ist ausgeschlossen, soweit diese für den Schuldner oder für jedermann unmöglich ist. (2) Der Schuldner kann die Leistung verweigern, soweit diese einen Aufwand erfordert, der unter Beachtung des Inhalts des Schuldverhältnisses und der Gebote von Treu und Glauben in einem groben Missverhältnis zu dem Leistungsinteresse des Gläubigers steht. Bei der Bestimmung der dem Schuldner zuzumutenden Anstrengungen ist auch zu berücksichtigen, ob der Schuldner das Leistungshindernis zu vertreten hat. (3) Der Schuldner kann die Leistung ferner verweigern, wenn er die Leistung persönlich zu erbringen hat und sie ihm unter Abwägung des seiner Leistung entgegenstehenden Hindernisses mit dem Leistungsinteresse des Gläubigers nicht zugemutet werden kann. (4) Die Rechte des Gläubigers bestimmen sich nach den §§ 280, 283 bis 285, 311a und 326.*

A versão atualizada do § 275 estabelece algumas situações excepcionais que afastam o cabimento da tutela específica diante do inadimplemento de obrigações não pecuniárias. O grande diferencial implementado pela reforma de 2002, nesse ponto, foi o estabelecimento de uma nova sistematização das hipóteses de impossibilidade superveniente da prestação. Como se vê, o BGB contempla hoje tanto os casos de impossibilidade em sentido estrito quanto os casos em que a prestação permanece tecnicamente possível, mas não seria razoável exigi-la do devedor.[226] A primeira seção do § 275 diz respeito à impossibilidade *stricto sensu*, caracterizada pela existência de um obstáculo intransponível que acarreta a exclusão automática do dever de prestar. Já a segunda seção regula a chamada impossibilidade prática (*praktische Unmöglichkeit*), que decorre da desproporção manifesta entre o custo suportado pelo devedor e o benefício auferido pelo credor. A terceira seção, por fim, prevê a denominada impossibilidade moral (*moralische Unmöglichkeit*), que impede a execução *in natura* de obrigações personalíssimas em contextos considerados inaceitáveis.

A seção 2 do § 275 é a mais relevante para o presente trabalho, pois representa a consagração legislativa da exceção de desproporcionalidade no contexto do direito alemão. Em outras palavras, o instituto da impossibilidade prática funciona como uma válvula que permite a realização de uma análise custo-benefício da concessão da tutela jurisdicional na forma específica. O texto da segunda parte do § 275 esclarece que o referido controle de proporcionalidade deve ser efetivado à luz das exigências da boa-fé objetiva e das peculiaridades de cada relação obrigacional. Além disso, o dispositivo exige a configuração de uma desproporção grosseira entre o sacrifício do devedor e o proveito do credor, indicando que a regra foi desenhada para lidar com casos de extremo desequilíbrio.[227] A norma preconiza ainda que a participação do devedor na formação do obstáculo que dificulta a prestação deve ser levada em conta na definição

[226] ZIMMERMANN, Reinhard. **The new German law of obligations**: historical and comparative perspectives. Oxford: Oxford University Press, 2005, p. 45.

[227] CANARIS, Claus-Wilhelm. Die Reform des Rechts der Leistungsstörungen. **Juristen-Zeitung**, n. 10, ano 56, p. 499-524, März 2001, p. 500.

da intensidade dos esforços legitimamente esperados.[228] Note-se, finalmente, que a redação legal concede ao devedor a faculdade de invocar ou não invocar a exceção de desproporcionalidade conforme a sua própria preferência.[229]

A alteração promovida na redação do § 275, no sentido de reconhecer a figura da impossibilidade prática, tem sido interpretada como um desdobramento do § 242, que já estabelecia a cláusula geral da boa-fé objetiva. Para a doutrina alemã, o afastamento dos pedidos de tutela específica reputados desproporcionais corresponde a uma manifestação concreta da função corretora da boa-fé objetiva (*Treu und Glauben*) e da correlata proibição de abuso do direito (*Rechtsmissbrauch*). Sendo assim, embora o § 242 e o § 275, 2, estejam separados topograficamente no corpo do BGB, é possível identificar a existência de uma relação de gênero e espécie entre esses dois dispositivos. Corroborando esta percepção, Michael Stürner explica que "a norma [do § 275, 2,] não apenas descreve uma aplicação da impossibilidade, mas abre um direito independente de recusar a prestação, que é baseado fundamentalmente na proibição de abuso do direito e, portanto, constitui uma expressão do § 242 do BGB."[230]

É importante ressaltar que, mesmo antes das alterações promovidas pela Lei de Modernização do Direito das Obrigações no ano de 2002, a exceção de desproporcionalidade já era aplicada no âmbito dos tribunais alemães. Os comentadores Basil Markesinis, Hannes Unberath e Angus Johnston afirmam, nesse sentido, que a inclusão da seção 2 do § 275 no BGB não representou uma inovação jurídica significativa, porque o dis-

[228] Markesinis, Basil; Unberath, Hannes; Johnston, Angus. **The German law of contract**: a comparative treatise. 2. ed. Oxford; Portland: Hart Publishing, 2006, p. 413.

[229] Nordmeier, Carl Friedrich. O novo direito das obrigações no Código Civil alemão: a reforma de 2002. **Cadernos do Programa de Pós-Graduação Direito/UFRGS**, n. 1, p. 203-236, mar. 2004, p. 213-214; Faust, Florian; Wiese, Volker. Specific performance: a German perspective. *In*: Smits, Jan; Haas, Daniel; Hesen, Geerte. **Specific performance in contract law**: national and other perspectives. Antwerp: Intersentia, 2008, p. 55.

[230] "*Die Norm beschreibt nicht lediglich einen Anwendungsfall der Unmöglichkeit, sondern eröffnet ein eingenständiges Leistungsverweigerungsrecht, das letzten Endes auf dem Rechtsmissbrauchsverbot beruht und damit eine Ausprägung von § 242 BGB darstellt.*" Stürner, Michael. Die Grenzen der Primärleistungspflicht im Europäischen Vertragsrecht. **European Review of Private Law**, v. 19, n. 2, p. 167-185, Apr. 2011, p. 171.

positivo apenas reafirmou o entendimento então dominante na jurisprudência. Na visão desses três autores, a positivação da figura da impossibilidade prática representa tão somente a cristalização legislativa do posicionamento apresentado pelo Tribunal Federal de Justiça (*Bundesgerichtshof*) em dois casos anteriores. Em ambos os julgamentos, o requerimento de tutela específica das obrigações contratuais não pecuniárias inadimplidas foi negado com base na percepção de que tal providência imporia custos desproporcionais aos respectivos benefícios. Vale a pena conferir os resumos apresentados pelos próprios Markesinis, Unberath e Johnston:

> No primeiro caso [...], o réu vendeu um imóvel residencial aos autores. Os *flats* foram erguidos em um terreno, cuja parte seria transferida para os compradores. No restante do terreno, o réu construiu um estacionamento subterrâneo. Por engano, o espaço do estacionamento se estendeu e cobriu cerca de 20 metros quadrados da parte dos autores, que exigiram a remoção da invasão. Esta remoção, no entanto, teria acarretado custos consideráveis (em particular, a reconstrução da entrada do estacionamento) e o Tribunal concluiu que, tendo em conta os interesses do credor, não se poderia esperar razoavelmente que o devedor fosse forçado a remover a invasão.[231]

> No segundo caso [...], o réu adquiriu um terreno que ele detinha como *trust* (*treuhänderisch*) para o autor. O réu vendeu parte do terreno por conta própria a um terceiro. O terceiro ainda não havia adquirido a titularidade completa, mas recebeu um direito quase-proprietário sobre o terreno (*Vormerkung*), que prevalecia sobre quaisquer direitos do autor. [...] O terceiro estava disposto a renunciar ao direito, desde que o réu o comprasse de volta

[231] "*In the first case [...], the defendant sold residential property to the plaintiffs. The flats were erected on a plot of land, part of which was to be transferred to the purchasers. On the remaining land the defendant built an underground car park. By mistake, the parking space extended to cover about 20 square meters of the land of the plaintiffs, who demanded the removal of the interference. This removal however would have entailed considerable costs (in particular rebuilding the entrance to the car park) and the Court concluded that taking the interests of the creditor into account it could not be reasonably expected that the debtor be forced to remove the interference.*" Markesinis, Basil; Unberath, Hannes; Johnston, Angus. **The German law of contract**: a comparative treatise. 2. ed. Oxford; Portland: Hart Publishing, 2006, p. 414.

por trinta vezes o valor estimado do terreno. O autor requereu que o réu lhe entregasse o terreno [...]. O Tribunal recorreu mais uma vez à boa-fé e concluiu que não seria razoável esperar que o réu/devedor fosse forçado a comprar o terreno de volta.[232]

Na aplicação da segunda seção do § 275, o principal desafio apontado pela doutrina alemã diz respeito à diferenciação entre a exceção de desproporcionalidade e a teoria da quebra da base do negócio jurídico. De acordo com Claus-Wilhelm Canaris, a chave para a realização desse contraste é a análise da variação do interesse do credor diante do evento que torna a prestação excessivamente onerosa para o devedor. Em síntese, a impossibilidade prática incide quando o interesse do credor não sofre alterações, enquanto a quebra da base do negócio jurídico incide quando o interesse do credor aumenta de maneira proporcional. Canaris apresenta, a título ilustrativo, o exemplo do vendedor que se recusa a entregar um carregamento de petróleo em virtude da alta extraordinária do preço provocada por uma guerra no Oriente Médio. Esta situação poderia configurar uma quebra da base do negócio jurídico, mas não poderia atrair o instituto da impossibilidade prática, porque a perspectiva de lucro do credor cresceu juntamente com a estimativa de despesas do devedor, não havendo uma desproporção propriamente dita entre os custos e os benefícios.[233]

[232] *"In the second case [...], the defendant acquired land that he held on trust (treuhänderisch) for the plaintiff. The defendant sold part of the land on his own account to a third party. The third party had not yet acquired full title but was granted a quasi-proprietary interest in the land (Vormerkung), which interest prevailed over any rights of the plaintiff. [...] The third party was willing to renounce the right, provided that the defendant bought it back at thirty times the estimated value of the land. The plaintiff claimed that the defendant should hand the land over to him [...]. The court once again had recourse to good faith and concluded that it could not reasonably be expected that the defendant/debtor should be forced to buy the land back."* MARKESINIS, Basil; UNBERATH, Hannes; JOHNSTON, Angus. **The German law of contract**: a comparative treatise. 2. ed. Oxford; Portland: Hart Publishing, 2006, p. 414.

[233] CANARIS, Claus-Wilhelm. O novo direito das obrigações na Alemanha. **Revista Brasileira de Direito Comparado**, v. 25, p. 3-26, jul./dez. 2003, p. 13. No mesmo sentido, cf. DOHRMANN, Klaus Jochen Albiez. Un nuevo derecho de obligaciones: la reforma 2002 del BGB. **Anuario de Derecho Civil**, v. 55, n. 3, p. 1133-1228, 2002, p. 1167; ZERRES, Thomas. **Bürgerliches Recht**: eine Einführung in das Zivilrecht und die Grundzüge des

3.3 A experiência francesa e a reforma de 2016 do *Code Civil*

A redação original do Código Civil francês de 1804 indicava uma orientação restritiva em relação ao cabimento da tutela específica das obrigações de fazer e das obrigações de não fazer. De acordo com a primeira versão do art. 1142, que consagrava o dogma da intangibilidade da vontade humana, "toda obrigação de fazer ou não fazer se resolve em perdas e danos em caso de inexecução por parte do devedor."[234] A interpretação literal deste dispositivo fez com que, durante muito tempo, a tutela pelo equivalente pecuniário fosse o único remédio disponibilizado pelo Poder Judiciário diante do inadimplemento das prestações de fato. Os tribunais franceses, no entanto, não ficaram presos à letra da lei e passaram a reconhecer casuisticamente o direito do credor de exigir a tutela específica de qualquer modalidade obrigacional. Essa leitura expansiva foi impulsionada no século XX a partir do reconhecimento das *astreintes*, espécie de multa pecuniária que possibilitava a coerção do devedor recalcitrante através de um meio menos invasivo da liberdade individual.[235]

A evolução jurisprudencial francesa resultou na consolidação da tutela específica enquanto resposta prioritária para o descumprimento das obrigações contratuais em geral. No campo do Direito dos Contratos, a primazia da execução *in natura* passou a ser vista como uma decorrência necessária do princípio da obrigatoriedade contratual cristalizado na máxima *pacta sunt servanda*. Assim, com apoio nos arts. 1134 e 1184,

Zivilprozessrechts. 6. ed. Heidelberg: Springer, 2009, p. 127; ZIMMERMANN, Reinhard. Contract law reform: the German experience. *In*: VOGENAUER, Stegan; WEATHERILL, Stephen. **The harmonisation of European contract law**: implications for European private laws, business and legal practice. Oxford: Hart Publishing, 2006, p. 75.

[234] *Art. 1142. Toute obligation de faire ou de ne pas faire se résout en dommages et intérêts en cas d'inexécution de la part du débiteur.*

[235] Nesse ponto, Alexis Downe alerta que "um olhar muito descuidado para o direito francês sugeriria que apenas as obrigações de dar – ou seja, de transferir propriedade – eram suscetíveis de tutela específica. Mas, na prática, os juízes franceses estiveram inclinados a estender o domínio da tutela específica para todas as obrigações [...]." "*A very careless glance at French law would have thus indicated that only obligations to give – i.e. to transfer property – were susceptible of specific performance. But in practice, French judges have been inclined to extent the domain of specific performance to all obligations [...].*" DOWNE, Alexis. The reform of French contract law: a critical overview. **Revista da Faculdade de Direito – UFPR**, v. 61, n. 1, p. 43-68, jan./abr. 2016, p. 61.

estabeleceu-se no direito francês o entendimento de que a tutela específica deveria ser rigorosamente implementada sempre que possível.[236] A maioria dos juristas, nesse sentido, defendia a manutenção da preferência pela tutela específica mesmo diante de casos de manifesta desproporção entre o esforço do devedor e o proveito do credor. Esse posicionamento levou a Corte de Cassação da França a proferir algumas decisões curiosas e emblemáticas, como o caso da casa erguida com 13 polegadas de diferença na altura e o caso da piscina construída com apenas um degrau a menos. Confira-se o resumo de ambos os julgamentos apresentado por Solène Rowan:

> Em um caso recente, uma construtora construiu uma casa que acabou ficando 13 polegadas abaixo da altura exigida nas especificações contratuais. O Tribunal de Apelação de Aix-en-Provence concluiu que a violação não se relacionava com uma cláusula essencial do contrato e que a casa era adequada para seus propósitos. Ele recusou, portanto, o requerimento de uma ordem para que a casa fosse demolida e reconstruída. Esta decisão foi anulada pela Corte de Cassação com base no artigo 1184 do Código Civil. Reconheceu-se ao credor prejudicado o direito de compelir o devedor inadimplente a cumprir suas obrigações ao pé da letra.[237]

[236] Art. 1134 As convenções legalmente formadas têm força de lei para aqueles que as fizeram. [...] *Art. 1134 Les conventions légalement formées tiennent lieu de loi à ceux qui les ont faites. [...].* Art. 1183 [...] A parte prejudicada pela inexecução do contrato tem a opção de forçar a outra a executar a convenção enquanto for possível ou de demandar a resolução com perdas e danos. [...] *Art. 1183 [...]. La partie envers laquelle l'engagement n'a point été exécuté, a le choix ou de forcer l'autre à l'exécution de la convention lorsqu'elle est possible, ou d'en demander la résolution avec dommages et intérêts. [...].*

[237] "*In one recent case, a building company constructed a house that turned out to be 13 inches beneath the height required in the contractual specifications. The Aix-en-Provence Court of Appeal found that the breach did not relate to an essential term of the contract, and that the house was fit for purpose. It therefore declined an invitation to order that the house be demolished and rebuilt. This decision was quashed by the Cour de cassation by reference to article 1184 of the Civil Code. The injured promisee was entitled to compel the defaulting promisor to perform its obligations to the letter.*" ROWAN, Solène. **Remedies for breach of contract**: a comparative analysis of the protection of performance. Oxford: Oxford University Press, 2012, p. 45-46.

Em outro caso, o Tribunal de Apelação de Aix-en-Provence recusou-se a ordenar que uma piscina construída com três em vez dos quatro degraus especificados no contrato fosse modificada. Ele argumentou que a ausência de degrau não impedia o acesso à piscina. Esta decisão foi anulada pela Corte de Cassação por infringir o artigo 1184 do Código Civil.[238]

A postura inflexível em relação à tutela específica das obrigações contratuais prevaleceu no ordenamento francês até o advento da reforma do Direito dos Contratos de 2016. Durante mais de dois séculos, os dispositivos do Código Civil referentes ao regramento contratual permaneceram inalterados e a atualização desse ramo jurídico ficou a cargo da doutrina, da jurisprudência e da legislação esparsa. A celebração do bicentenário do *Code Civil* ocorrida em 2004, no entanto, motivou uma série de debates sobre a necessidade de revisão da disciplina geral dos contratos contida na codificação. As reflexões acadêmicas resultaram na elaboração de dois projetos de lei, um de 2005, coordenado pelo professor Pierre Catala, e outro de 2008, coordenado pelo professor François Terré. Nenhuma das duas iniciativas logrou êxito, mas a ideia foi retomada alguns anos depois pelo Ministério da Justiça, que obteve autorização para promover as alterações pretendidas por meio de delegação legislativa. Depois de duas consultas públicas, a reforma do Direito dos Contratos foi finalmente efetivada através da *Ordonnance* nº 2016-131, datada de 10/02/2016 e vigente desde 01/10/2016.[239]

238 "*In a further such case, the Aix-en-Provence Court of Appeal refused to order that a swimming pool constructed with three rather than the contractually specified four steps should be modified. It reasoned that the absence of a step did not impede access to the pool. This decision was overturned by the Cour de cassation as contravening article 1184 of the Civil Code.1⁹3 The Cour de cassation similarly quashed a refusal by the same Court of Appeal to order a builder to make modifications to a house which, in breach of contract, had been constructed slightly out of alignment with the specified dimensions. In so doing, it rejected as irrelevant the finding that the difference between the work done and the work required by the contract was minimal.*" ROWAN, Solène. **Remedies for breach of contract**: a comparative analysis of the protection of performance. Oxford: Oxford University Press, 2012, p. 46.

239 Para uma revisão detalhada do contexto político da reforma de 2016, cf. FAUVARQUE-COSSON, Bénédicte. The French contract law reform and the political process. **European Review of Contract Law**, v. 13, n. 4, p. 337-354, Dec. 2017, p. 341-346.

A reforma operacionalizada no Código Civil francês em 2016 teve como principais objetivos a modernização e a simplificação da teoria geral do contrato. Do ponto de vista internacional, o Ministério da Justiça acreditava que a modificação legislativa aumentaria a sintonia com os desenvolvimentos jurídicos europeus e tornaria o direito francês mais atrativo para os negociantes estrangeiros. A análise das alterações efetivadas, entretanto, demonstra que a reforma tentou evitar a ocorrência de rupturas no direito interno e por isso priorizou a inclusão de dispositivos que refletissem os entendimentos já assentados na jurisprudência.[240] De modo geral, pode-se afirmar que a *Ordonnance* nº 2016-131 consolidou as tendências dos tribunais e provocou um número reduzido de inovações substanciais no regime do Direito dos Contratos. Como se verá a seguir, uma das poucas novidades que efetivamente romperam com a prática judicial anterior diz respeito à admissão da desproporcionalidade como um limite adicional para a concessão da tutela jurisdicional na forma específica.[241]

Graças à reestruturação do Direito dos Contratos promovida em 2016, o *Code Civil* passou a contar com um artigo dedicado ao tema da execução *in natura* das obrigações. Trata-se do art. 1221, que foi inserido pela reforma nos seguintes termos: "O credor de uma obrigação poderá, após notificação formal, demandar a sua execução em espécie, a menos que tal execução seja impossível ou que exista uma desproporção manifesta entre seu custo para o devedor e sua vantagem para o credor." [242] Se por um lado o novo art. 1221 reforça a natureza prioritária da tutela espe-

[240] WATT, Horatia Muir. The reform of the French civil code at a distance: an international and comparative perspective. **European Review of Contract Law**, v. 13, n. 4, p. 445-458, Dec. 2017, p. 446.

[241] SMITS, Jan M.; CALOMME, Caroline. The reform of the French law of obligations: le jeux sont faits. **Maastricht Journal of European and Comparative Law**, v. 23, n. 6, p. 1040-1050, 2016, 1042-1046; VALIM, Thalles Ricardo Alciati. La réforme du droit des obligations: commentaire théorique et pratique dans l'ordre du Code Civil, by Gaël Chantepie e Mathias Latina. **Revista de Direito Civil Contemporâneo**, v. 19, ano 6, p. 395-409, abr./jun. 2019, p. 407.

[242] *Art. 1221. Le créancier d'une obligation peut, après mise en demeure, en poursuivre l'exécution en nature sauf si cette exécution est impossible ou s'il existe une disproportion manifeste entre son coût pour le débiteur et son intérêt pour le créancier.*

cífica, por outro lado ele estabelece algumas condições que delimitam a incidência desse remédio para o inadimplemento obrigacional. De acordo com o texto do dispositivo, o requerimento de tutela específica demanda a prévia notificação formal do devedor e pressupõe a manutenção da possibilidade de execução da prestação. A redação do art. 1221 esclarece, ademais, que a tutela específica não será concedida quando houver uma desproporção marcante entre o sacrifício do devedor e o proveito do credor.

A inclusão da exceção de desproporcionalidade na legislação francesa veio como uma resposta ao entendimento de que a tutela específica deveria ser concedida independentemente de qualquer análise custo-benefício. O art. 1221 do Código Civil incorporou, dessa forma, as diversas críticas direcionadas à jurisprudência da Corte de Cassação, que admitia a execução *in natura* mesmo diante de situações flagrantemente desproporcionais. Ao tempo da reforma de 2016, as objeções opostas à aplicação judicial irrestrita da tutela específica baseavam-se principalmente na eficácia limitativa do instituto do abuso do direito. Como explica Solène Rowan, "limitar a tutela específica é uma reação a essas decisões controversas. O raciocínio é que buscar o cumprimento quando há uma desproporção manifesta entre o seu custo e o benefício para o credor equivaleria a um abuso de direito (*abus de droit*)."[243] A própria exposição de motivos da *Ordonnance* nº 2016-131 reconhece que a inclusão da exceção de desproporcionalidade através do art. 1221 foi feita com o propósito de alterar o posicionamento jurisprudencial e de evitar o abuso do direito à tutela específica.[244]

[243] "*Limiting specific performance is a reaction to these controversial decisions. The rationale is that seeking performance where there is a manifest disproportion between its cost and the benefit to the promisee would amount to an abuse of right (abus de droit).*" ROWAN, Solène. The new French law of contract. **International and Comparative Law Quarterly**, v. 66, p. 805-831, Oct. 2017, p. 822. Na mesma linha, cf. TERRÉ, François. **La réforme du droit des obligations**. Paris: Dalloz, 2016, p. 52; DOUVILLE, Thibault (dir.). **La réforme du droit des contrats, du régime général et de la preuve des obligations**. 2. ed. Issy-les-Moulineaux: Gualino, 2018, p. 222.

[244] *In verbis*: "Esta nova exceção visa evitar certas decisões jurisprudenciais muito contestadas: quando a execução *in natura* é extremamente onerosa para o devedor sem que o credor tenha um interesse efetivo nela, parece injusto e injustificado que este último

Dois anos depois da efetivação da reforma de 2016, as normas de Direito Contratual contidas no Código Civil francês foram alteradas novamente por meio da *Loi* nº 2018-287. Esta última lei, publicada em 20/04/2018 e em vigor desde 01/10/2018, modificou o texto de vários dos dispositivos que haviam sido introduzidos com a primeira revisão da disciplina dos contratos na codificação civil.[245] Um dos alvos da "reforma da reforma" foi justamente o já mencionado art. 1221, que passou a contar com a seguinte redação: "O credor de uma obrigação poderá, após notificação formal, demandar a sua execução em espécie, a menos que tal execução seja impossível ou que exista uma desproporção manifesta entre seu custo para o devedor *de boa-fé* e sua vantagem para o credor."[246] Como se pode perceber, a alteração legislativa promoveu um acréscimo pontual nos termos do art. 1221, explicitando que a exceção de desproporcionalidade compete apenas aos devedores que estiverem de boa-fé. O pequeno ajuste realizado na linguagem utilizada pela lei buscou aten-

possa exigi-la, sendo que uma condenação em perdas e danos poderia fornecer-lhe uma compensação adequada a um preço muito mais baixo. O texto proposto é analisado como uma variação do abuso de direito, formulado de forma mais precisa, para enquadrar a apreciação do juiz e oferecer uma maior segurança jurídica." "*Cette nouvelle exception vise à éviter certaines décisions jurisprudentielles très contestées: lorsque l'exécution forcée en nature est extrêmement onéreuse pour le débiteur sans que le créancier y ait vraiment intérêt, il apparaît en effet inéquitable et injustifié que celui-ci puisse l'exiger, alors qu'une condamnation à des dommages et intérêts pourrait lui fournir une compensation adéquate pour un prix beaucoup plus réduit. Le texte proposé s'analyse en une déclinaison de l'abus de droit, formulée de façon plus précise, pour encadrer l'appréciation du juge et offrir une sécurité juridique accrue.*" FRANÇA. Ministère de la Justice. Rapport au Président de la République relatif à l'ordonnance nº 2016-131 du 10 février 2016 portant réforme du droit des contrats, du régime général et de la preuve des obligations. **Journal Officiel de la République Française**, Décrets, arrêtés, circulaires, Textes Généraux, texto 25, 11 févr. 2016, p. 18.

245 PÉDAMON, Catherine. The new French contract law and its impact on commercial law: good faith, unfair contract terms and hardship. *In*: HEIDEMANN, Maren; LEE, Joseph (ed.). **The future of the commercial contract in scholarship and law reform**: European and comparative perspectives. London: Springer, 2018, p. 103.

246 *Art. 1221. Le créancier d'une obligation peut, après mise en demeure, en poursuivre l'exécution en nature sauf si cette exécution est impossible ou s'il existe une disproportion manifeste entre son coût pour le débiteur de bonne foi et son intérêt pour le créancier.*

der aos anseios de uma parte da doutrina que temia a invocação oportunista e premeditada do dispositivo.[247]

A reformulação da redação do art. 1221, contudo, não impediu o surgimento de algumas controvérsias a respeito do controle de proporcionalidade do cabimento da tutela específica. Uma das divergências que permanece até os dias atuais diz respeito ao próprio mérito da opção legislativa de incluir a exceção de desproporcionalidade no Código Civil francês. Muitos intérpretes veem com bons olhos a tentativa da legislação de combater o abuso do direito à tutela específica, mas alguns autores afirmam que a análise custo-benefício da execução *in natura* prejudica o princípio da obrigatoriedade dos contratos.[248] Outro problema que ainda não foi solucionado é o da possibilidade de renúncia prévia à exceção de desproporcionalidade. Para aqueles que interpretam o art. 1221 como uma norma cogente, é preciso admitir que os contratantes não podem afastar os limites legais à tutela específica. Aqueles que defendem a natureza dispositiva do art. 1221, por sua vez, entendem que as partes são livres para estipular no contrato que a tutela específica será concedida independentemente da realização de qualquer ponderação entre o sacrifício do devedor e o proveito do credor.[249]

3.4 A experiência portuguesa e o recurso à cláusula geral do abuso do direito

Seguindo a tendência do sistema romano-germânico, o direito português contemporâneo reconhece que a resposta preferencial para o inadimplemento é a tutela específica das obrigações. O enaltecimento da tutela jurisdicional na forma específica consta inclusive do Código Civil em vigor, que foi publicado em 1966 e contém uma subseção dedicada ao tema da execução *in natura* das prestações não pecuniárias (arts. 827º

[247] MEKKI, Mustapha. The French reform of contract law: the art of redoing without undoing. **Journal of Civil Law Studies**, v. 10, n. 1, p. 223-259, 2017, p. 255.

[248] SAVAUX, Eric. El nuevo derecho francés de obligaciones y contratos. **Anuario de Derecho Civil**, v. 69, n. 3, p. 715-741, jul./sept. 2016, p. 733 e nota 57; MAZEUD, Denis. Algumas considerações sobre a reforma do direito dos contratos. Trad. Victor Willcox. **Revista Brasileira de Direito Civil**, v. 28, p. 175-189, abr./jun. 2021, p. 181.

[249] HELLERINGER, Genevieve. The anatomy of the new French law of contract. **European Review of Contract Law**, v. 13, n. 4, p. 355-375, Dec. 2017, p. 366.

a 830º). Nesta parte da codificação civil, encontram-se normas especiais que regulam a tutela específica de diferentes modalidades obrigacionais, incluindo as obrigações de dar coisa certa (art. 827º),[250] as obrigações de fazer fungíveis (art. 828º),[251] as obrigações de não fazer (art. 829º),[252] as obrigações de fazer infungíveis (829º-A)[253] e as obrigações de emitir declaração de vontade (art. 830º).[254] A doutrina lusitana, em consonância com a legislação vigente, entende que o resultado do processo judicial deve coincidir, sempre que possível, com o conteúdo do direito originalmente titularizado pelo credor em face do devedor.[255]

[250] Art. 827º (Entrega de coisa determinada) Se a prestação consistir na entrega de coisa determinada, o credor tem a faculdade de requerer, em execução, que a entrega lhe seja feita.

[251] Art. 828º (Prestação de facto fungível) O credor de prestação de facto fungível tem a faculdade de requerer, em execução, que o facto seja prestado por outrem à custa do devedor.

[252] Art. 829º (Prestação de facto negativo) 1. Se o devedor estiver obrigado a não praticar algum acto e vier a praticá-lo, tem o credor o direito de exigir que a obra, se obra feita houver, seja demolida à custa do que se obrigou a não a fazer. [...].

[253] Art. 829º-A (Sanção pecuniária compulsória) 1 – Nas obrigações de prestação de facto infungível, positivo ou negativo, salvo nas que exigem especiais qualidades científicas ou artísticas do obrigado, o tribunal deve, a requerimento do credor, condenar o devedor ao pagamento de uma quantia pecuniária por cada dia de atraso no cumprimento ou por cada infracção, conforme for mais conveniente às circunstâncias do caso. [...].

[254] Art. 830º (Contrato-promessa) 1 – Se alguém se tiver obrigado a celebrar certo contrato e não cumprir a promessa, pode a outra parte, na falta de convenção em contrário, obter sentença que produza os efeitos da declaração negocial do faltoso, sempre que a isso não se oponha a natureza da obrigação assumida. [...].

[255] João Calvão da Silva, por exemplo, afirma que "conseguir que o credor obtenha aquilo que foi estipulado é, na verdade, o resultado perfeito e ideal que a Justiça, face ao devedor recalcitrante, pode proporcionar àquele. Pelo que o cumprimento, prestação daquilo que é devido (*praestatio quod est in obligatione*), e a execução específica aparecem, antes de tudo, como uma prioridade natural e temporal, lógica e teleológica. Por eles – cumprimento e execução *in natura* – se satisfaz plena e integralmente o interesse do credor, razão existencial da relação obrigacional, assegurando-lhe o mesmo resultado prático, a mesma utilidade que teria conseguido – obviamente sem os incômodos e dispêndios do processo – através do cumprimento pontual, voluntário e espontâneo do devedor." SILVA, João Calvão da. **Cumprimento e sanção pecuniária compulsória**. 2. ed. Coimbra: Coimbra Editora, 1995, p. 141.

Em Portugal, diferentemente do que ocorreu na Alemanha e na França, a exceção de desproporcionalidade não foi acolhida de maneira expressa e abrangente pela legislação. O Código Civil português contempla, no entanto, alguns dispositivos que afastam o cabimento da tutela específica das obrigações contratuais diante de determinadas situações reputadas desproporcionais. São eles: (1) o art. 829º, 2, que se refere à demolição das obras realizadas em desconformidade com uma obrigação de não fazer; (2) o art. 1149º, que trata da extrema dificuldade de restituição do objeto em contratos de mútuo não pecuniário; e (3) o art. 1221º, 2, que diz respeito ao saneamento dos defeitos encontrados no transcorrer do contrato de empreitada. Todas essas previsões legais estabelecem hipóteses que limitam a incidência da tutela específica com base em uma análise custo-benefício, ainda que as respectivas prestações permaneçam passíveis de execução pelo devedor.[256] Faz-se necessário, portanto, analisar mais detidamente o teor dos três dispositivos supramencionados.

O art. 829º regula a tutela específica das obrigações de não fazer, também chamadas de obrigações negativas ou obrigações de fato negativo. De início, o inciso primeiro do dispositivo estabelece que "se o devedor estiver obrigado a não praticar algum acto e vier a praticá-lo, tem o credor o direito de exigir que a obra, se obra feita houver, seja demolida à custa do que se obrigou a não a fazer." Logo depois, contudo, o inciso segundo ressalva que "cessa o direito conferido no número anterior, havendo apenas lugar à indemnização, nos termos gerais, se o prejuízo da demolição para o devedor for consideravelmente superior ao prejuízo sofrido pelo credor." O objetivo do art. 829º, nº 2, é evitar a destruição de obras naquelas situações em que o sacrifício para o devedor se mostra significativamente superior ao interesse do credor na preservação da obrigação de não edificar. Neste caso específico, a solução encontrada pelo Código Civil português consiste na recusa da execução *in natura*, com a consequente implementação da tutela pelo equivalente pecuniário.[257]

[256] Pires, Catarina Monteiro. **Impossibilidade da prestação**. Coimbra: Almedina, 2017, p. 538-539.

[257] Costa, Mário Júlio de Almeida. **Direito das obrigações**. 12. ed. Coimbra: Almedina, 2016, p. 697.

O art. 1149º, a seu turno, cuida dos obstáculos que podem comprometer a restituição dos bens que foram objeto de um contrato de mútuo não pecuniário. Nos termos do referido dispositivo, "se o mútuo recair em coisa que não seja dinheiro e a restituição se tornar impossível ou extremamente difícil por causa não imputável ao mutuário, pagará este o valor que a coisa tiver no momento e lugar do vencimento da obrigação." A previsão do art. 1149º dirige-se exclusivamente aos contratos de mútuo que versam sobre bens fungíveis diferentes do dinheiro, como produtos agrícolas intercambiáveis, animais com as mesmas características ou itens de fabricação padronizada. Caso o adimplemento da obrigação de restituir se torne efetivamente impossível ou excessivamente oneroso em virtude de fato não atribuível ao mutuário, a prestação devida será substituída por uma soma monetária. Note-se que a extrema dificuldade não inviabilizaria o cumprimento coativo do contrato, mas o legislador optou por prescrever excepcionalmente a aplicação da tutela substitutiva.[258]

O art. 1221º, finalmente, tangencia o problema da correção dos defeitos percebidos durante o desenvolvimento do contrato de empreitada. Nesse sentido, o inciso primeiro do dispositivo em comento dispõe que "se os defeitos puderem ser suprimidos, o dono da obra tem o direito de exigir do empreiteiro a sua eliminação; se não puderem ser eliminados, o dono pode exigir nova construção." Em seguida, o inciso segundo introduz uma exceção ao direito garantido no inciso primeiro ao estabelecer que "cessam os direitos conferidos no número anterior, se as despesas forem desproporcionadas em relação ao proveito." Como se vê, a legislação portuguesa confere ao dono da obra a faculdade de requerer o saneamento das desconformidades verificadas na execução do projeto, seja por meio da eliminação do defeito ou através de uma nova construção. Esse direito do credor à tutela específica, entretanto, é afastado pelo art. 1221º, nº 2, naquelas ocasiões em que a retificação da imperfeição acarretaria custos desproporcionais aos próprios benefícios.[259]

[258] CORDEIRO, António Menezes. **Tratado de direito civil**, v. 12: contratos em especial: parceria pecuária, comodato, mútuo, prestação de serviço, mandato, depósito, empreitada, rendas, jogo e aposta e transação. Coimbra: Almedina, 2018, p. 284.

[259] CORDEIRO, António Menezes. **Tratado de direito civil**, v. 12: contratos em especial:

Embora sejam distintos entre si, o art. 829º, nº 2; o art. 1149º; e o art. 1221º, nº 2, do Código Civil português compartilham uma mesma racionalidade subjacente. Cada um desses dispositivos possui um âmbito de incidência diferente, mas todos eles flexibilizam a primazia da execução *in natura* a partir de um juízo de proporcionalidade entre o ônus do devedor e o bônus do credor. A consideração conjunta das referidas previsões demonstra que, ao tempo da elaboração da atual codificação civil, o Poder Legislativo se preocupou com algumas situações típicas que poderiam ensejar o exercício desproporcional do direito à tutela específica.[260] Diante desse contexto, pode-se dizer que a legislação portuguesa consagrou a exceção de desproporcionalidade em pelo menos três oportunidades que tangenciam, respectivamente, as obrigações negativas, os contratos de mútuo e os contratos de empreitada. Ocorre que tais limitações à tutela específica possuem um campo de aplicação muito restrito, porque dependem do preenchimento de requisitos fáticos bastante rigorosos.

O maior desafio, nesse ponto, é averiguar se a exceção de desproporcionalidade também poderia ser aplicada fora das hipóteses elencadas pelos arts. 829º, nº 2; 1149º; e 1221º, nº 2. Tendo em vista a ausência de normas abrangentes sobre o tema, os juristas portugueses têm procurado fundamentos capazes de justificar o controle de proporcionalidade da tutela específica para além das situações restritas tipificadas no Código Civil. Nesse sentido, a proposta mais promissora apresentada pela doutrina lusitana diz respeito à utilização da função corretiva da boa-fé obje-

parceria pecuária, comodato, mútuo, prestação de serviço, mandato, depósito, empreitada, rendas, jogo e aposta e transação. Coimbra: Almedina, 2018, p. 952.

[260] Nesse sentido, Catarina Monteiro Pires argumenta que "os artigos 1221º, nº 2, 829º, nº 2 e 1149º do Código Civil, apesar da sua diferente aparência sistemática e literal, comungam de um mesmo sentido, no que respeita aos limites da prestação. Com efeito, apesar das diferenças de redação entre os preceitos, em todos eles está em causa a fixação de limites ao direito do credor ao cumprimento *in natura*, em função de uma desproporção entre o custo e o benefício do exercício desse direito. São situações em que a exigência de cumprimento por parte do credor é afastada por figurar como uma pretensão abusiva, isto é, «contrária à funcionalização dos direitos de crédito em função dos prejuízos que causa o devedor»." PIRES, Catarina Monteiro. **Contratos**, v. 1: perturbações na execução. Coimbra: Almedina, 2020, p. 203-204.

tiva concretizada na cláusula geral do abuso do direito (art. 334º).[261] Ao defender esse ponto de vista, Catarina Monteiro Pires parte do pressuposto de que "[...] a ideia subjacente aos citados artigos 1221º, nº 2, 829º, nº 2 e 1149º do Código Civil pode compreender-se nos quadros dogmáticos da boa-fé, em particular na sua vertente de abuso do direito". Com base nessa premissa, a autora conclui que, "fora dos casos previstos nos artigos 1221º, nº 2, 829, nº 2 e 1149º do Código Civil, os limites do dever de prestar poderão ser encontrados no art. 334º e na função de controlo da boa-fé [...]."[262]

A ideia de generalizar a exceção de desproporcionalidade a partir do abuso do direito também está expressa em alguns dos comentários portugueses referentes à reforma alemã de 2002. Relembre-se que a Lei de Modernização do Direito das Obrigações inseriu a figura da impossibilidade prática no BGB, permitindo a recusa da tutela específica quando houver uma desproporção grosseira entre o sacrifício do devedor e o interesse do credor. Em um artigo voltado à análise da inovação legislativa ocorrida na Alemanha, Nuno Manuel Pinto Oliveira afirma que o "[...] novo § 275 (2) do Código Civil alemão considera o caso em que há um abuso do direito à tutela específica, proporcionando assim uma solução que corresponde àquela resultante do art. 334 do Código Civil português [...]."[263] De maneira semelhante, Gabriela Mesquita Sousa argumenta, ao longo de um estudo comparatista, que "o devedor, observadas as circunstâncias, poderá valer-se do abuso de direito, previsto no

[261] Art. 334º (Abuso do direito) É ilegítimo o exercício de um direito, quando o titular exceda manifestamente os limites impostos pela boa fé, pelos bons costumes ou pelo fim social ou económico desse direito.

[262] Pires, Catarina Monteiro. **Impossibilidade da prestação.** Coimbra: Almedina, 2017, p. 547 e 554.

[263] *"[...] new § 275 (2) of the German Civil Code considers the case where there is an abuse of the right to claim performance, thus providing a solution that corresponds to the one resulting from Article 334 of the Portuguese Civil Code [...]."* Oliveira, Nuno Manuel Pinto. The German Act to Modernize the Law of Obligations as a model for the europeanization of contract law? The new rules regarding impossibility of performance from the perspective of a portuguese lawyer. **Electronic Journal of Comparative Law**, v. 11, n. 4, p. 1-11, Dec. 2007, p. 4. No mesmo sentido, cf. Oliveira, Nuno Manuel Pinto. **Estudos sobre o não cumprimento das obrigações**. 2. ed. Coimbra: Almedina, 2009, p. 16.

artigo 334º do CC, desde que se depare com uma impossibilidade prática superveniente, diante da qual nenhum credor razoável possa exigir o cumprimento da obrigação estabelecida."[264]

O entendimento de que o abuso do direito poderia servir de base para a aplicação generalizada da exceção de desproporcionalidade, no entanto, não é unânime entre os estudiosos portugueses. De acordo com uma parcela significativa da doutrina, o problema do descompasso entre os custos e os benefícios da tutela específica deveria ser resolvido, na verdade, pelo regramento da alteração das circunstâncias contratuais previsto no Código Civil português (art. 437º).[265] Ao comentar a positivação do instituto da impossibilidade prática promovida pela reforma do Direito das Obrigações ocorrida na Alemanha em 2002, por exemplo, António Menezes Cordeiro sustenta que, "na falta de um preceito similar [ao § 275, 2], não vemos como transpor essa orientação para o direito lusófono." Na interpretação do referido autor, "a 'inexigibilidade' prevista no atual § 275/II BGB teria [...] de ser reconduzida ou ao artigo 437º do Código de 1966 (alteração de circunstâncias) ou ao artigo 478º do Código brasileiro de 2002 (onerosidade excessiva)."[266]

3.5 Exceção de desproporcionalidade nas iniciativas internacionais

No âmbito do sistema romano-germânico, a exceção de desproporcionalidade também tem sido difundida nas iniciativas internacionais de harmonização jurídica. A busca pela compatibilização das regras domésticas

[264] Sousa, Gabriela Mesquita. Impossibilidade de cumprimento da obrigação: as alterações do regime alemão e as normas do Código Civil português. *In*: Garcia, Maria Olinda (coord.). **Estudos sobre incumprimento do contrato**. Coimbra: Coimbra Editora, 2011, p. 129.

[265] Art. 437º (Condições de admissibilidade) 1. Se as circunstâncias em que as partes fundaram a decisão de contratar tiverem sofrido uma alteração anormal, tem a parte lesada direito à resolução do contrato, ou à modificação dele segundo juízos de equidade, desde que a exigência das obrigações por ela assumidas afecte gravemente os princípios da boa fé e não esteja coberta pelos riscos próprios do contrato. 2. Requerida a resolução, a parte contrária pode opor-se ao pedido, declarando aceitar a modificação do contrato nos termos do número anterior.

[266] Cordeiro, António Menezes. **Tratado de direito civil**, v. 9: direito das obrigações: cumprimento e não-cumprimento, transmissão, modificação e extinção. 3. ed. Coimbra: Almedina, 2017, p. 338.

sobre Direito dos Contratos cresceu significativamente a partir do final do século XX, acompanhando o movimento de intensificação do comércio internacional. O processo de globalização impulsionou o desenvolvimento de diversos projetos de aproximação transfronteiriça do regramento contratual, seja por meio de tratados e convenções (*hard law*) ou através de instrumentos jurídicos não vinculantes (*soft law*).[267] Com o intuito de ilustrar a disseminação da exceção de desproporcionalidade nos empreendimentos internacionais que dizem respeito aos países de *Civil Law*, serão analisados abaixo seis documentos particularmente relevantes, a saber: os *Principles of International Commercial Contracts*, os *Principles of European Contract Law*, o *Draft Common Frame of Reference*, os *Principios Latinoamericanos de Derecho de los Contratos*, a Diretiva (UE) 2019/770 e a Diretiva (UE) 2019/771 do Parlamento Europeu e do Conselho.

A primeira edição dos *Principles of International Commercial Contracts* (PICC) foi publicada em 1994 pelo *International Institute for the Unification of Private Law* (UNIDROIT). O objetivo do projeto era estabelecer algumas normas que facilitassem o comércio internacional, servindo como referência para a apuração da *lex mercatoria*, para a redação de cláusulas contratuais, e para a reforma dos ordenamentos nacionais. Como a pretensão inicial dos PICC era alcançar o mundo todo, os seus redatores tentaram definir diretrizes compatíveis tanto com a tradição de *Civil Law* quanto com a tradição de *Common Law*. Em virtude desse compromisso conciliatório, os PICC admitiram a regra da tutela específica, favorecendo o sistema romano-germânico, mas incluíram diversas exceções, aproximando-se do sistema anglo-saxão.[268] Uma das mencionadas

[267] Na conceituação de Dinah Shelton, "*soft law* é um tipo de norma social em vez de legal. Embora não haja uma definição aceita de '*soft law*', ela geralmente se refere a qualquer instrumento internacional escrito, que não seja um tratado, contendo princípios, normas, padrões ou outras afirmações de comportamento esperado." "*Soft law is a type of social rather than legal norm. While there is no accepted definition of 'soft law,' it usually refers to any written international instrument, other than a treaty, containing principles, norms, standards, or other statements of expected behavior.*" SHELTON, Dinah. Soft law. *In*: ARMSTRONG, David (ed.). **Routledge Handbook of international law**. London: Routledge, 2009, p. 69.

[268] PERILLO, Joseph M. UNIDROIT Principles of International Commercial Contracts: the black letter text and a review. **Fordham Law Review**, v. 63, p. 281-344, 1994, p. 305; SCHWENZER, Ingeborg. Specific performance and damages according to the 1994

limitações é justamente a exceção de desproporcionalidade, que afasta o cabimento da tutela específica reputada desarrazoadamente onerosa ou custosa (art. 7.2.2, b).[269] Os comentários oficiais elaborados pelo próprio UNIDROIT ressaltam a fundamentação na boa-fé objetiva e apresentam uma ilustração que pode ser considerada uma atualização do famoso caso do anel caído no lago:

> Um petroleiro afunda em águas costeiras em uma forte tempestade. Embora seja possível içar o navio do fundo do mar, o remetente não pode exigir a execução do contrato de transporte se isso impuser ao armador despesas que excedam amplamente o valor do óleo [...].[270]

Já a primeira versão dos *Principles of European Contract Law* (PECL) foi publicada no ano de 1995 pela *Comission on European Contract Law*. O trabalho de confecção dos PECL teve como finalidade a proposição de orientações normativas que viabilizassem a harmonização do Direito dos Contratos no contexto específico da União Europeia. Os responsáveis

UNIDROIT Principles of International Commercial Contracts. **European Journal of Law Reform**, v. 1, n. 3, p. 289-303, 1999, p. 296-299.

[269] Art. 7.2.2 (Cumprimento de obrigação não pecuniária) Se uma parte que tem uma obrigação diferente de pagar dinheiro não cumpre, a outra parte pode exigir o cumprimento, a menos que [...] (b) o cumprimento ou, sendo o caso, a execução, sejam desarrazoadamente onerosos ou custosos; [...]. *Art. 7.2.2 (Performance of non-monetary obligation) Where a party who owes an obligation other than one to pay money does not perform, the other party may require performance, unless [...] (b) performance or, where relevant, enforcement is unreasonably burdensome or expensive; [...].*

[270] "*An oil tanker has sunk in coastal waters in a heavy storm. Although it would be possible to lift the ship from the bottom of the sea, the shipper may not require performance of the contract of carriage if this would involve the shipowner in expense vastly exceeding the value of the oil [...].*" INTERNATIONAL INSTITUTE FOR THE UNIFICATION OF PRIVATE LAW. **UNIDROIT Principles of International Commercial Contracts**. 4. ed. Rome: UNIDROIT, 2016, p. 245. No mesmo sentido, cf. BRÖDERMANN, Eckart J. **UNIDROIT Principles of International Commercial Contracts**: an article-by-article commentary. Alphen aan den Rijn: Kluwer Law International, 2018, p. 208-209; SCHELHAAS, Harriet. Art. 7.2.2 (Performance of non-monetary obligation). *In*: VOGENAUER, Stefan (edit.). **Commentary on the UNIDROIT Principles of International Commercial Contracts (PICC)**. 2. ed. Oxford: Oxford University Press, 2015, p. 893-894.

pelos PECL enfrentaram desafios semelhantes aos problemas enfrentados pelos redatores dos PICC, porque naquela época o bloco europeu ainda era composto por países de *Civil Law* e por países de *Common Law*. Na busca por caminhos intermediários entre a tradição romano-germânica e a tradição anglo-saxã, os PECL acabaram chegando a conclusões muito próximas das soluções previamente contempladas pelos PICC.[271] Assim, no que concerne aos remédios para o descumprimento contratual, os PECL também privilegiaram a regra da tutela específica, porém ressalvaram alguns limites que restringem a incidência desta resposta para o inadimplemento.[272] Dentre tais limitações, destaca-se a exceção de desproporcionalidade, que preconiza o afastamento da execução *in natura* diante de situações que acarretem esforços ou despesas desarrazoadas para o devedor (art. 9:102, 1 e 2, b).[273]

Ainda no campo da União Europeia, a edição definitiva do *Draft Common Frame of Reference* (DCFR) foi lançada em 2009 sob responsabilidade do *Study Group on a European Civil Code* e do *Acquis Group*. A iniciativa do DCFR foi provocada e financiada pela Comissão Europeia, que estava interessada na realização de estudos que pudessem embasar a futura uniformização de alguns aspectos do Direito Privado dos países-membros. Embora o almejado Código Civil europeu nunca tenha se concretizado, os trabalhos preparatórios consubstanciados no DCFR instigaram reflexões acadêmicas importantes a respeito de diferentes setores do direito comunitário. No que tange ao regramento contratual, o DCFR seguiu a

271 Lando, Ole. Principles of European Contract Law and UNIDROIT Principles: moving from harmonisation to unification? **Uniform Law Review**, v. 8, n. 1-2, p. 135-140, Jan. 2003, p. 124; Zimmermann, Reinhard. The significance of the Principles of European Contract Law. **European Review of Private Law**, v. 28, n. 3, p. 487-496, 2020, p. 419.

272 Lando, Ole; Beale, Hugh (edit.). **Principles of European Contract Law**: parts I and II. Hague: Kluwer Law International, 2000, p. xxxix.

273 Art. 9:102: Obrigações não pecuniárias. (1) A parte prejudicada tem direito à tutela específica de uma obrigação diferente de pagar dinheiro, incluindo a correção do cumprimento defeituoso. (2) A tutela específica não pode, todavia, ser obtida se: [...] (b) o cumprimento causar ao devedor esforço ou despesa desarrazoados; [...]. *Art. 9:102: Non-monetary Obligations. (1) The aggrieved party is entitled to specific performance of an obligation other than one to pay money, including the remedying of a defective performance. (2) Specific performance cannot, however, be obtained where: [...] (b) performance would cause the obligor unreasonable effort or expense; [...].*

linha dos PECL e optou por consagrar a regra da tutela específica juntamente com algumas limitações, incluindo a exceção de desproporcionalidade. Estipulou-se, nesse sentido, que a execução *in natura* deveria ser afastada sempre que impusesse ônus ou custos desarrazoados para o devedor (III. – 3:302, 1 e 3, b).[274] As notas explicativas oficiais demonstram que a inclusão da exceção de desproporcionalidade foi feita com o propósito de preservar uma faceta do princípio da justiça atinente à vedação de demandas manifestamente excessivas.[275]

Um último instrumento de *soft law* digno de nota são os *Principios Latinoamericanos de Derecho de los Contratos* (PLDC) aprovados no ano de 2017. Trata-se de projeto que foi desenvolvido por um grupo de colaboradores com o apoio conjunto de duas instituições, a *Fondation pour le Droit Continental* e a *Fundación Fernando Fueyo*.[276] A preparação dos PLDC gerou resultados bastante positivos, como o estímulo ao estudo do Direito Contratual Comparado na América Latina e a promoção de reflexões jurídicas através de uma perspectiva decolonial. É preciso ressaltar, no entanto, que os PLDC possuem uma legitimidade criticável, porque os debates que antecederam a sua elaboração não contaram com a participação ativa de muitos dos países latino-americanos.[277] Na parte referente às conse-

[274] III. – 3:302: Execução de obrigações não pecuniárias. (1) O credor tem direito à tutela específica de uma obrigação diferente de pagar dinheiro. [...] (3) A tutela específica não pode, todavia, ser executada se: [...] (b) o cumprimento for desarrazoadamente oneroso ou custoso; [...]. *III. – 3:302: Enforcement of non-monetary obligations. (1) The creditor is entitled to enforce specific performance of an obligation other than one to pay money. [...] (3) Specific performance cannot, however, be enforced where: [...] (b) performance would be unreasonably burdensome or expensive; [...].*

[275] BAR; Christian von; CLIVE, Eric; SCHULTE-NÖLKE, Hans (ed.) **Principles, definitions and model rules of European private law**: Draft Common Frame of Reference (DCFR). Outline edition. Munich: Sellier, 2009, p. 87-88.

[276] Cf. WILSON, Carlos Pizarro (coord.). **El derecho de los contratos en Latinoamérica**: bases para unos principios de derecho de los contratos. Bogotá: Universidad Externado de Colombia, 2012; MOMBERG, Rodrigo; VOGENAUER, Stefan (ed.). **The future of contract law in Latin America**: the Principles of Latina American Contract Law. Oxford: Hart, 2017.

[277] MOMBERG, Rodrigo. Los Principios Latinoamericanos de Derecho de los Contratos: naturaleza, fines y proyecciones. **Latin American Legal Studies**, v. 2, p. 51-66, 2018, p. 55; GARRO, Alejandro M. Contract law in Latin America: building of a 'Latin American'

quências do descumprimento contratual, os PLDC acompanharam a tendência dominante da América Latina e adotaram a tutela jurisdicional na forma específica como ponto de partida. A primazia da execução *in natura*, todavia, não foi enquadrada como absoluta e por isso os PLDC definiram alguns institutos que afastam o cabimento da tutela específica, tais como a exceção de desproporcionalidade (art. 94, 2, b)[278], que tem sido interpretada pelos comentadores do referido diploma como um desdobramento da noção de boa-fé objetiva.[279]

Deixando de lado os instrumentos não vinculantes e passando para a seara dos documentos obrigatórios, destacam-se duas Diretivas do Parlamento Europeu e do Conselho publicadas no ano de 2019. São elas: a Diretiva (UE) 2019/770, sobre contratos de fornecimento de conteúdos e serviços digitais, e a Diretiva (UE) 2019/771, relativa aos contratos de compra e venda de produtos. Apesar de versarem sobre tipos de contratos diferentes, as duas Diretivas compartilham a preocupação com o estabelecimento de algumas garantias mínimas para a proteção jurídica dos consumidores residentes nos países-membros da União Europeia. Ao regularem os efeitos da desconformidade dos produtos ou dos serviços oferecidos ao consumidor, ambas as Diretivas qualificam a tutela específica como remédio jurisdicional prioritário. Elas ressalvam, contudo, que a execução *in natura* da obrigação inadimplida não deve ser concedida quando tal providência revelar-se impossível ou desproporcional no caso concreto.[280] Diante deste contexto, verifica-se que manifestações

ius commune on contract law. *In*: Schwenzer, Ingeborg (ed.). **35 years CISG and beyond**. Eleven: Hague, 2016, p. 263.

278 *Artículo 94. Cumplimiento específico. [...] (2) Si se trata de obligaciones no dinerarias, el cumplimiento específico se sujeta a las limitaciones siguientes: [...] (b) Aun siendo posible el cumplimiento específico, éste no procede cuando resultare extremadamente gravoso para el deudor, teniendo en cuenta que el acreedor puede satisfacer su interés con otro medio de tutela. [...].*

279 Gazmuri, Íñigo de la Maza; Olivares, Álvaro Vidal. El contenido: una primera aproximación. *In*: GAZMURI, Íñigo de la Maza; Wilson, Carlos Pizarro; Olivares, Álvaro Vidal (coord.). **Los Principios Latinoamericanos de Derecho de los Contratos**. Boletín Oficial del Estado: Madrid, 2017, p. 66.

280 Carvalho, Jorge Morais. Venda de bens de consumo e fornecimento de conteúdos e serviços digitais: as Diretivas 2019/771 e 2019/770 e o seu impacto no direito português. **Revista Eletrônica de Direito**, v. 20, n. 3, p. 64-87, out. 2019, p. 82; Carvalho, Jorge Morais; Farinha, Martim. Goods with digital elements, digital content and digital ser-

da exceção de desproporcionalidade podem ser encontradas atualmente tanto na Diretiva (UE) 2019/770 (art. 14º, 2)[281] quanto na Diretiva (UE) 2019/771 (art. 13º, 2).[282]

A análise panorâmica das iniciativas internacionais de harmonização do Direito Contratual evidencia que a exceção de desproporcionalidade é uma realidade cada vez mais presente no sistema romano-germânico. Chama a atenção, nesse ponto, o fato de que o controle de proporcionalidade do cabimento da tutela específica não está previsto apenas nos documentos internacionais que pretendem oferecer uma via intermediária entre o *Civil Law* e o *Common Law*. Como se pode notar a partir do exemplo dos *Principios Latinoamericanos de Derecho de los Contratos* e das Diretivas (UE) 2019/770 e 2019/771 do Parlamento Europeu e do Conselho, os juristas têm incluído a exceção de desproporcionalidade inclusive naqueles instrumentos direcionados primariamente a ordenamentos que acompanham a família romano-germânica. Percebe-se, portanto, que embora a tutela específica ainda ocupe o papel de remédio padrão para o descumprimento do contrato no âmbito do *Civil Law*, a primazia da execução *in natura* tem sido contrabalanceada por uma crescente preocupação com a proporcionalidade existente entre os sacrifícios do devedor e os proveitos do credor.

vices in Directives 2019/770 and 2019/771. **Revista de Direito e Tecnologia**, v. 2, n. 2, p. 257-270, 2020, p. 265, nota 29.

[281] Artigo 14º Meios de ressarcimento em caso de falta de conformidade. [...] 2. O consumidor tem direito a que os conteúdos ou serviços digitais sejam repostos em conformidade, salvo se tal for impossível ou impuser ao profissional custos que sejam desproporcionados, tendo em conta todas as circunstâncias do caso, incluindo: a) O valor que os conteúdos ou serviços digitais teriam se não se verificasse a falta de conformidade; e b) A importância da falta de conformidade. [...].

[282] Artigo 13º Meios de ressarcimento em caso de falta de conformidade. [...]. 2. Para obter a reposição dos bens em conformidade, o consumidor pode escolher entre a sua reparação e a sua substituição, a menos que o meio de ressarcimento escolhido seja impossível, ou, em comparação com outro meio de ressarcimento, imponha ao vendedor custos que sejam desproporcionados, tendo em conta todas as circunstâncias, incluindo: a) O valor que os bens teriam se não se verificasse a falta de conformidade; b) A importância da falta de conformidade; e c) A possibilidade de recorrer ao meio de ressarcimento alternativo sem inconvenientes significativos para o consumidor. [...].

3.6 Razões econômicas para a difusão da exceção de desproporcionalidade

Mas quais seriam os motivos que explicam a disseminação da exceção de desproporcionalidade no contexto dos países de *Civil Law*? Não há consenso sobre essa questão entre os estudiosos do Direito Comparado, que apresentam diversas justificativas filosóficas para a expansão do controle de proporcionalidade da tutela específica na família romano-germânica.[283] Diante da impossibilidade de detalhamento de todas as alternativas de resposta, optou-se por apresentar, no presente trabalho, tão somente a abordagem preconizada pela escola da Análise Econômica do Direito. Apesar das suas reconhecidas limitações, o enfoque econômico tem muito a contribuir para a avaliação dos mecanismos do Direito Contratual, especialmente no que diz respeito à problematização das consequências advindas da adoção de cada política institucional.[284] No campo específico do Direito Contratual Comparado, as ferramentas conceituais da Análise Econômica do Direito podem ser utilizadas para tentar explicar as tendências identificadas nos diferentes regramentos contratuais.[285]

[283] KLEINSCHMIDT, Jens. Art. 9:102: Non-monetary obligations. *In*: JANSEN, Nils; ZIMMERMANN, Reinhard (ed.). **Commentaries on European contract laws**. Oxford: Oxford University Press, 2018, p. 1256-1257.

[284] POSNER, Eric A. Economic analysis of contract law after three decades: success or failure? **The Yale Law Journal**, v. 112, p. 829-880, 2003.

[285] Sobre a interface entre o Direito Comparado e a Análise Econômica do Direito, Florian Faust explica que a "pesquisa comparativa pode assumir uma forma teórica-descritiva, indagando como e por que certos ordenamentos jurídicos são diferentes ou semelhantes. A análise econômica pode enriquecer esse ramo do Direito Comparado 'a partir do rigor científico e do poder explicativo da economia moderna'. No que diz respeito à explicação da semelhança ou diferença existente, a análise econômica é muito valiosa porque oferece um modelo para explicar o comportamento humano." "*Comparative research can take a theoretical-descriptive form, inquiring how and why certain legal systems are different or alike. Economic analysis may enrich this branch of comparative law 'by the scientific rigour and explanatory power of modern economics'. With regard to the explanation of existing likeness or difference, economic analysis is very valuable because it offers a model for explaining human behaviour.*" FAUST, Florian. Comparative law and economic analysis of law. In: REINMANN, Mathias; ZIMMERMANN, Reinhard (ed.). **The Oxford handbook of comparative law**. 2. ed. Oxford: University Press, 2019, p. 833.

A partir da perspectiva econômica, é possível afirmar que a exceção de desproporcionalidade tem se expandido no âmbito do *Civil Law* porque a sua admissão conduz a resultados mais eficientes. Nos últimos tempos, vários pesquisadores estrangeiros têm destacado a crescente influência de fatores econômicos no processo de definição das limitações à tutela específica no sistema romano-germânico. Vanessa Mak, por exemplo, pondera que "[...] os ordenamentos de *Civil Law* estão começando a dar mais atenção às considerações econômicas que podem limitar o escopo da tutela específica"[286]. De modo semelhante, Hannes Rösler sustenta que o "[...] § 275 (2) BGB é aplicável nos casos em que a troca de prestações é grosseiramente ineficiente em termos econômicos porque os custos excedem em muito a utilidade".[287] A tendência de recusa da tutela específica reputada desproporcional encontra respaldo em pelo menos duas razões de ordem econômica, quais sejam, o imperativo de evitar o desperdício de recursos e a necessidade de desestimular as condutas oportunistas.

Veja-se, em primeiro lugar, como a aceitação da exceção de desproporcionalidade pode ser justificada economicamente a partir da ideia de repressão ao desperdício de recursos. Nesse ponto, cumpre destacar a teoria da "execução dissipadora" (*wasteful performance*) formulada originariamente por Daniel Friedmann. Em sua análise dos remédios para o descumprimento contratual, Friedmann observa que o regime de primazia da tutela específica pode ensejar situações de desequilíbrio entre o sacrifício do devedor e o interesse do credor. Segundo o referido autor, o cabimento da execução *in natura* deve ser recusado nos casos em que for verificado um descompasso entre os custos e os benefícios, justamente

[286] "*[...] civil law systems are starting to pay greater heed to economic considerations that may limit the scope of specific performance.*" MAK, Vanessa. **Performance-oriented remedies in European Sale of Goods Law**. Oxford: Hart Publishing, 2009, p. 113.

[287] "*[...] 275 (2) BGB is applicable in cases where an exchange of performances is grossly inefficient in economic terms because costs far exceed utility.*" RÖSLER, Hannes. Hardship in German codified private law: in comparative perspective to English, French and international contract law. **European Review of Private Law**, v. 15, n. 4, p. 483-513, 2007, p. 495. Na mesma linha, cf. UNBERATH, Hannes; MCKENDRICK, Ewan. Supervening events. *In:* DANNEMANN, Gerhard; VOGENAUER, Stefan (edit.). **The Common European Sales Law in context:** interactions with English and German law. Oxford: Oxford University Press, 2013, p. 568.

para evitar a dissipação dos recursos escassos existentes na sociedade. A tutela específica que demanda despesas superiores ao respectivo proveito não favorece o incremento do bem-estar coletivo e promove, pelo contrário, uma diminuição da riqueza social agregada. Para impedir a ocorrência deste cenário deficitário e ineficiente, Friedmann defende a realização de um controle de proporcionalidade dos pedidos de tutela específica das obrigações contratuais.[288]

Em segundo lugar, para além da repressão ao desperdício de recursos, a exceção de desproporcionalidade também pode ser justificada economicamente como um mecanismo de desestímulo ao oportunismo. Nos trabalhos de Análise Econômica do Direito dedicados ao Direito dos Contratos, é comum que os autores identifiquem e examinem uma série de comportamentos pré-contratuais, contratuais, ou pós-contratuais qualificados individualmente como oportunistas. A definição do agir oportunista enquanto categoria geral, no entanto, revela-se bastante fluida na literatura especializada e as tentativas de caracterização técnica empreendidas pelos economistas acabam se aproximando da noção leiga de aproveitamento indevido das circunstâncias. Em linhas gerais, sob a óptica da Análise Econômica do Direito, a expressão oportunismo contratual abrange toda e qualquer situação em que uma das partes explora alguma assimetria existente na relação para prejudicar a outra parte e obter para si uma fatia maior dos ganhos esperados, subvertendo a dis-

[288] Na síntese de Daniel Friedmann, "quando a execução do contrato impõe a uma das partes custos que excedem o benefício que a outra parte receberá com tal execução, não há espaço para a tutela específica. O contrato é um contrato dissipador e seu inadimplemento é tolerado." "*Where performance of the contract imposes on one party costs that exceed the benefit that the other party will gain from such performance there is no room for specific performance. The contract is a wasteful contract and its breach is tolerated.*" FRIEDMANN, Daniel. Economic aspects of damages and specific performance compared. *In*: SAIDOV, Djakhongir; CUNNINGTON, Ralph (ed.). **Contract damages**: domestic and international perspectives. Oxford: Hart Publishing, 2008, p. 90. Na mesma linha, cf. ADAME-MARTÍNEZ, Miguel Ángel. **Specific performance as the preferred remedy in comparative law and CISG**. Cizur Menor: Aranzadi, 2013, p. 332.

tribuição de benefícios ordinariamente observada nas operações pertencentes ao segmento de mercado em questão.[289]

Em termos econômicos, o grande problema das condutas caracterizadas como oportunistas são os resultados ineficientes que decorrem da sua realização reiterada nas transações negociais. O oportunismo contratual pode se concretizar de diversas formas na prática, mas todas as suas manifestações acarretam uma consequência comum, que é o encarecimento e o desestímulo da efetivação de trocas semelhantes a médio e longo prazo. A ameaça de ações oportunistas leva os agentes do mercado a tomarem precauções que seriam originalmente desnecessárias, como a negociação de cláusulas preventivas e o estabelecimento de garantias adicionais. O processo de implementação das novas medidas de proteção, por sua vez, provoca o aumento dos custos de transação, comprometendo a circulação comercial dos bens e prejudicando, consequentemente, o incremento do bem-estar geral da comunidade.[290] Tendo em vista essas repercussões negativas, parte dos autores da Análise Econômica do Direito sustenta que uma das principais funções do Direito dos Contratos é justamente definir algumas regras que desincentivem a prática de comportamentos oportunistas.[291]

[289] MACKAAY, Ejan. Good faith in Civil Law systems: a legal-economic analysis. **Revista Chilena de Derecho Privado**, v. 18, p. 149-177, jul. 2012, p. 164. No mesmo sentido, cf. MURIS, Timothy J. Opportunistic behavior and the law of contract. **Minnesota Law Review**, v. 65, p. 521-590, Jan. 1981, p. 521; COHEN, George M. The negligence-opportunism tradeoff in contract law. **Hofstra Law Review**, v. 20, n. 4, p. 941-1016, 1992, p. 957.

[290] Ejan Mackaay e Stéphane Rousseau explicam que "cada um, crendo ser eventualmente vítima de oportunismo, adotará ações preventivas visando evitar ser espoliado de sua justa parte. Agindo racionalmente cada um adotará toda medida preventiva cujo custo, para si, seja inferior à redução do custo do risco criado, e buscará precisar melhor a relação a fim de empurrar a possibilidade de a lacuna ser explorada de maneira oportunista; no limite, pode abster-se de contratar. [...] Tudo isso leva ao aumento dos custos de transação e, portanto, à redução das trocas." MACKAAY, Ejan; ROUSSEAU, Stéphane. **Análise econômica do direito**. 2. ed. Trad. Rachel Sztajn. São Paulo: Atlas, 2020, p. 423.

[291] Nas palavras de Richard Posner, "a função fundamental do Direito Contratual (e reconhecida como tal pelo menos desde os dias de Hobbes) é dissuadir as pessoas de se comportarem de forma oportunista com suas partes contratantes, a fim de encorajar o fluxo ideal da atividade econômica e tornar desnecessárias medidas custosas de autoproteção." *"[...] the fundamental function of contract law (and recognized as such at least since Hobbes's day) is*

Ocorre que, para coibir as diferentes materializações do oportunismo contratual, o ordenamento jurídico precisa contar com mecanismos que também sejam multiformes e polivalentes. As inovações sociais e as evoluções tecnológicas sempre trazem consigo novas possibilidades de realização de comportamentos oportunistas e por isso é crucial que o Direito dos Contratos esteja equipado com instrumentos de adaptação e de atualização. Com base nessa percepção, alguns partidários da Análise Econômica do Direito argumentam que, no contexto específico dos países de *Civil Law*, o papel residual de combate ao oportunismo tem sido desempenhado pela cláusula geral da boa-fé objetiva. De acordo com este ponto de vista, a boa-fé objetiva atuaria no sistema romano-germânico como uma matriz que viabiliza a gestação e a solidificação de novos institutos capazes de enfrentar o constante desenvolvimento das práticas contratuais oportunistas. Em um artigo voltado à análise econômica das funções exercidas pela cláusula geral da boa-fé objetiva na tradição da família de *Civil Law*, Ejan Mackaay chega a afirmar que "a boa-fé é o exato oposto do oportunismo." [292]

A relação antagônica existente entre o oportunismo contratual e a boa-fé objetiva constitui o pano de fundo que circunda esta segunda

to deter people from behaving opportunistically toward their contracting parties, in order to encourage the optimal timing of economic activity and make costly self-protective measures unnecessary." Posner, Richard Allen. **Economic analysis of law**. 3. ed. New York: Wolters Kluwer Law & Business, 1986, p. 81.

[292] "*Good faith is the exact opposite of opportunism.*" Mackaay, Ejan. Good faith in Civil Law systems: a legal-economic analysis. **Revista Chilena de Derecho Privado**, v. 18, p. 149-177, jul. 2012, p. 168. Na mesma linha, cf. Arenhart, Fernando Santos. **A boa-fé na relação contratual**: uma abordagem de direito e economia. 2014. Dissertação (Mestrado em Direito) – Programa de Pós-Graduação em Direito, Universidade Federal do Rio Grande do Sul, Porto Alegre, 2014, p. 138-139; Chirico, Filomena. The economic function of good faith in European contract law. *In*: Larrouche, Pierre; Chirico, Filomena (ed.). **Economia analysis of the DCFR**: the work of the Economic Impact Group within CoPECL. Munich: Sellier, 2010, p. 36; Freire, Paula Vaz. Good faith in contractual law: a "law and economics" perspective. **Revista Jurídica Luso-Brasileira**, ano 2, n. 4, p. 1381-1393, 2016, p. 1391; Friedmann, Daniel. Good faith and remedies for breach of contract. *In*: Beatson, Jack; Friedmann, Daniel (ed.). **Good faith and fault in contract law**. Oxford: Clarendon Press, 2002, p. 400-401; Mackaay, Ejan; Rousseau, Stéphane. **Análise econômica do direito**. 2. ed. Trad. Rachel Sztajn. São Paulo: Atlas, 2020, p. 424.

razão econômica para a difusão da exceção de desproporcionalidade. Os ordenamentos filiados à tradição romano-germânica, na medida em que reconhecem a tutela específica como remédio padrão para o inadimplemento, abrem margem para requerimentos oportunistas de execução *in natura* de obrigações não pecuniárias. Nos casos em que o cumprimento coativo da prestação acarretaria sacrifícios desproporcionais aos respectivos proveitos, o credor pode usar a ameaça da tutela específica como um trunfo para obter vantagens excessivas em relação aos lucros originalmente projetados. Em outras palavras, se a conduta contratualmente ajustada vale x, mas a sua execução imporia um custo superior de y, o credor pode utilizar a disponibilidade da tutela específica para ameaçar o devedor e capturar ganhos adicionais dentro do intervalo de x a y. Isso porque se presume que o devedor, agindo racionalmente, tentará minimizar os seus prejuízos através da negociação de um acordo que substitua a prestação inicial por alguma outra menos onerosa.[293]

O exercício desproporcional do direito à tutela específica, assim como os demais tipos de oportunismo contratual, prejudica o interesse coletivo por meio do aumento dos custos de transação. Se os credores começarem a usar a regra da execução *in natura* como instrumento para extorquir os devedores em desvantagem, os integrantes do mer-

[293] Como observa Melvin A. Eisenberg, "um regime padrão de tutela específica também cria uma brecha para o oportunismo quando o vendedor descumpre e a diferença entre o custo da prestação e o interesse do credor é tão grande que fica claro que o comprador não deseja realmente a execução *in natura*. Pelo contrário, o comprador deseja apenas uma ordem judicial que ele possa usar de forma oportunista como uma alavanca para capturar uma parte da diferença entre o custo para o vendedor e o seu próprio interesse." "*A regime of routine specific performance would also create a potential for opportunism where a seller breaches and the difference between the seller's cost of performance and the value of the performance to the buyer is so great it is clear that the buyer does not really want specific performance. Instead, the buyer only wants a decree that he can opportunistically use as a lever to capture a portion of the difference between the seller's cost and the buyer's value.*" Eisenberg, Melvin A. **Foundational principles of contract law**. Oxford: Oxford University Press, 2018, p. 303. No mesmo sentido, cf. Araújo, Fernando. **Teoria económica do contrato**. Coimbra: Almedina, 2007, p. 807 e 809; Eisenberg, Melvin A. Actual and virtual specific performance, the theory of efficient breach, and the indifference principle in contract law. **California Law Review**, v. 93, n. 4, p. 975-1050, Jul. 2005, p. 1026.

cado certamente adotarão medidas de precaução para não serem vítimas de uma eventual exploração oportunista. Diante desse cenário, é provável que os fornecedores de prestações não pecuniárias tentem se proteger, por exemplo, através da contratação de seguros com cobertura superior ao valor do bem transacionado ou da estipulação de hipóteses excludentes do direito à tutela específica. A implementação das referidas salvaguardas adicionais, a seu turno, acarretará um aumento nos custos operacionais que será redistribuído para a sociedade com o subsequente incremento dos preços praticados em cada transação. Levando em conta exatamente a ineficiência que decorre do manejo oportunista da tutela específica, a preservação da racionalidade econômica impõe a necessidade de concepção de um antídoto no campo Direito dos Contratos.

A resposta jurídica para o problema do exercício abusivo do direito à tutela específica, nesse sentido, seria o reconhecimento da exceção de desproporcionalidade através da cláusula geral da boa-fé objetiva. Dito de outro modo, sob a perspectiva da Análise Econômica do Direito, o crivo de proporcionalidade da tutela específica pode ser entendido como uma concretização da boa-fé objetiva que se faz necessária para reprimir uma forma peculiar de oportunismo contratual. Essa linha de raciocínio oferece uma explicação plausível para o movimento de disseminação da exceção de desproporcionalidade verificado nos últimos na legislação, na jurisprudência e até mesmo na doutrina dos países de *Civil Law*. Se por um lado os ordenamentos da família romano-germânica tendem a admitir a primazia da tutela específica, por outro lado eles não ignoram as repercussões negativas dos requerimentos oportunistas de execução *in natura*. Embora ainda figure como consequência padrão do inadimplemento das obrigações contratuais, a tutela específica tem sido submetida a um controle de conformidade sistêmica que perpassa, inclusive, por considerações de ordem econômica.

Do ponto de vista econômico, como se viu, a difusão da exceção de desproporcionalidade no sistema romano-germânico pode ser entendida como uma tentativa de evitar o desperdício de recursos e de desestimular as condutas oportunistas. A leitura econômica, no entanto, é apenas uma das diversas abordagens capazes de oferecer explicações extrajurídicas para a tendência de limitação da primazia da tutela específica com base em um juízo de proporcionalidade.[294] Não obstante a relevância e a utilidade deste debate filosófico, o mais importante para o presente trabalho é a apuração dos elementos jurídicos que têm pautado o exame de proporcionalidade da tutela específica no âmbito do *Civil Law*. O estudo do Direito Comparado realizado nos tópicos anteriores evidenciou que a operacionalização da exceção de desproporcionalidade costuma ser associada juridicamente à função corretora da boa-fé objetiva e ao instituto do abuso do direito. Estas noções dogmáticas, que são bastante familiares para os juristas nacionais, serão utilizadas no desenvolvimento a seguir como um ponto de partida para a revisitação do tema-problema no contexto do direito brasileiro.

[294] A título ilustrativo, alguns autores preferem um enfoque filosófico voluntarista e argumentam que o reconhecimento da exceção de desproporcionalidade no *Civil Law* pode ser explicado a partir da valorização da liberdade individual. De acordo com esta corrente de pensamento, o Poder Judiciário deve presumir que a intenção inicial dos contratantes não incluía a sujeição ao remédio da tutela específica em circunstâncias manifestamente desproporcionais. Nesse sentido, cf. UNBERATH, Hannes. **Die Vertragsverletzung**. Tübingen: Mohr Siebeck, 2007, p. 277-281; KLEINSCHMIDT, Jens; GROßE, Dominik. La réforme du droit des contrats: perspective allemande sur la balance délicate entre liberté contractuelle et pouvoirs du juge. **Revue des Contrats**, n. 3, sept. 2015, p. 687.

4. PROPOSTA DE APLICAÇÃO DA EXCEÇÃO DE DESPROPORCIONALIDADE NO DIREITO BRASILEIRO

À luz dos subsídios do Direito Comparado, a hipótese do presente trabalho é que a exceção de desproporcionalidade deve ser aplicada no direito brasileiro com base na cláusula geral do abuso do direito. As experiências estrangeiras demonstram que é possível compatibilizar a primazia da tutela específica com a realização de um controle de proporcionalidade através da ideia de vedação ao exercício inadmissível de posições jurídicas. Assim, o objetivo deste quarto e último capítulo é verificar se, no ordenamento brasileiro, o instituto do abuso do direito é capaz de fundamentar o afastamento excepcional da tutela específica que traria resultados desproporcionais. Apresentam-se, de início, algumas considerações sobre o papel desempenhado pela técnica legislativa das cláusulas gerais na atualização do regramento dos países filiados ao sistema romano-germânico. Em seguida, são expostos os antecedentes da positivação da cláusula geral do abuso do direito no Brasil, bem como os principais desdobramentos interpretativos do art. 187 do Código Civil de 2002. Passa-se então para o exame de um tipo especial de abuso do direito (o desequilíbrio no exercício jurídico) e logo depois para a articulação desta figura com certas hipóteses de controle do exercício desequilibrado de posições contratuais. O raciocínio culmina na constatação de que o abuso do direito, entendido em sua vertente de desequilíbrio no exercício jurídico, pode de fato fundamentar a recusa da tutela específica que acarretaria custos e benefícios desproporcionais. A seção final encerra o desenvolvimento do capítulo trazendo alguns parâmetros para a concretização da exceção de desproporcionalidade na prática judicial brasileira.

4.1 Atualização do ordenamento jurídico por meio das cláusulas gerais

Os Códigos oitocentistas almejavam regular de maneira exaustiva e minuciosa as relações jurídicas que eram estabelecidas dentro dos respectivos territórios nacionais. Seguindo o exemplo do Código Napoleônico de 1804, as primeiras codificações da família romano-germânica foram marcadas pela busca das características da completude, da rigidez e da autossuficiência. Na segunda metade do século XX, no entanto, o modelo tradicional de codificação começou a sofrer algumas críticas que evidenciaram a sua inaptidão para acompanhar a crescente complexidade dos desenvolvimentos sociais e tecnológicos. O desgaste do ideal de plenitude dos Códigos no período pós Segunda Guerra foi impulsionado pela multiplicação de leis especiais, pelo surgimento de microssistemas normativos e pela intensificação dos influxos advindos da Constituição. Essa conjuntura histórica peculiar, retratada por Natalino Irti como "a era da descodificação", provocou um movimento de revisão crítica das técnicas legislativas predominantes nos ordenamentos de *Civil Law*.[295]

A elaboração dos Códigos da primeira geração havia se baseado em grande medida na técnica da casuística, metodologia que preza pela descrição detalhada da hipótese fática e da consequência jurídica de cada enunciado normativo.[296] A técnica da casuística, também chamada de regulamentação por *fattispecie*, apresentava como principais atrativos o oferecimento de uma maior previsibilidade jurisdicional e o consequente incremento da segurança jurídica. Ocorre que, com o passar do tempo, percebeu-se que a presença excessiva de tipificações pormenorizadas prejudicava as iniciativas de adaptação interpretativa e comprometia, paradoxalmente, a própria certeza das decisões judiciais.[297] Cientes dessa contradição, os países do sistema romano-germânico passaram

[295] Cf. Irti, Natalino. **L'Età della decodificazione**. 4. ed. Milano: Giuffrè, 1999; Lorenzetti, Ricardo Luis. A descodificação e a possibilidade de ressistematização do direito civil. *In*: Fiuza, César; SÁ, Maria de Fátima Freire de; Naves, Bruno Torquato de Oliveira (coord.). **Direito civil**: atualidades. Belo Horizonte: Del Rey, 2003.

[296] Engisch, Karl. **Introdução ao pensamento jurídico**. 10. ed. Trad. J. Baptista Machado. Lisboa: Fundação Calouste Gulbenkian, 2008, p. 228.

[297] Rodriguez, José Rodrigo. **Como decidem as cortes?** para uma crítica do direito (brasileiro). Rio de Janeiro: FGV, 2013, p. 209-210.

a incluir nas respectivas legislações alguns dispositivos equipados com uma vagueza semântica mais acentuada. De modo geral, esses enunciados dotados de maior flexibilidade hermenêutica podem ser enquadrados na categoria das chamadas normas abertas, que abrange diversas espécies normativas, todas vocacionadas à atualização do ordenamento jurídico.[298]

Para o presente trabalho, sem prejuízo dos demais subtipos que compõem o gênero das normas abertas, importa principalmente a análise da técnica legislativa das cláusulas gerais. Em uma primeira aproximação, as cláusulas gerais podem ser definidas como dispositivos legais que contêm uma dupla abertura, isto é, tanto os seus pressupostos quanto os seus efeitos são estabelecidos em termos semanticamente vagos. No que diz respeito à hipótese fática, a cláusula geral promove o reenvio do intérprete a padrões de conduta consolidados em outras coordenadas do direito positivo ou em outras instâncias da realidade social contemporânea. Já no que concerne às consequências jurídicas, a cláusula geral transfere ao julgador a tarefa de identificar, justificar e escalonar as sanções cabíveis em cada caso concreto através de um esforço argumentativo particularmente qualificado.[299] As características das cláusulas gerais podem ser esclarecidas por meio do contraste com outras duas figuras normativas importantes, quais sejam, os conceitos jurídicos indeterminados e os princípios.

O grupo dos conceitos jurídicos indeterminados abarca genericamente todas as expressões legislativas que possuem uma vagueza semân-

[298] Martins-Costa, Judith. **A boa-fé no direito privado**: critérios para a sua aplicação. 2. ed. São Paulo: Saraiva Educação, 2018, p. 133.

[299] Na conceituação de Judith Martins-Costa, "[...] as cláusulas gerais constituem *estruturas normativas parcialmente em branco*, as quais são completadas por meio da referência às regras extrajurídicas, ou a regras dispostas em outros «*loci*» do sistema jurídico. A sua concretização exige, consequentemente, que o julgador seja *reenviado* a modelos de comportamento e a pautas de valoração que não estão *descritos* na própria cláusula geral (embora por ela sejam indicados), cabendo-lhe, para tanto, quando atribuir uma consequência jurídica à cláusula geral, formar normas de decisão vinculadas à concretização do valor, diretiva ou do padrão social prescritivamente reconhecido como arquétipo exemplar de conduta." Martins-Costa, Judith. **A boa-fé no direito privado**: critérios para a sua aplicação. 2. ed. São Paulo: Saraiva Educação, 2018, p. 158-159.

tica comum ou socialmente típica. Enquanto a vagueza comum demanda a complementação por conhecimentos da experiência cotidiana (ex. "animal de pequeno porte"), a vagueza socialmente típica exige o recurso a pautas eminentemente valorativas (ex. "exercício regular de direito"). Os conceitos jurídicos indeterminados dotados de vagueza socialmente típica se aproximam consideravelmente das cláusulas gerais, mas existe uma diferença relevante que impede qualquer tentativa de equiparação. Essa distinção se refere ao detalhamento das consequências jurídicas, tendo em vista que os efeitos atrelados aos conceitos jurídicos indeterminados podem ser definidos ou indefinidos, ao passo que os efeitos decorrentes das cláusulas gerais são sempre indefinidos.[300] Veja-se, a título ilustrativo, a disparidade existente entre o art. 51, IV, do CDC (que estabelece a nulidade das cláusulas contrárias à "boa-fé")[301] e o art. 422 do CC (que não determina a sanção para a violação da "boa-fé" durante a relação contratual).[302]

Os princípios, aqui entendidos como diretrizes normativas finalísticas que promovem estados ideais e fogem da lógica da subsunção, também se assemelham às cláusulas gerais. Existem, contudo, algumas distinções importantes que não podem ser ignoradas. Em primeiro lugar, os princípios podem estar consagrados explicitamente ou implicitamente no ordenamento jurídico, enquanto as cláusulas gerais dependem necessariamente de uma previsão legislativa expressa para a sua subsistência. Em segundo lugar, os princípios remetem o aplicador da norma invariavelmente à promoção de valores, mas as cláusulas gerais podem reenviar o intérprete tanto para valores publicamente compartilhados (reenvio extrassistêmico) quanto para outras coordenadas do próprio direito posi-

[300] Martins-Costa, Judith. **A boa-fé no direito privado**: critérios para a sua aplicação. 2. ed. São Paulo: Saraiva Educação, 2018, p. 158.

[301] Art. 51. São nulas de pleno direito, entre outras, as cláusulas contratuais relativas ao fornecimento de produtos e serviços que: [...] IV – estabeleçam obrigações consideradas iníquas, abusivas, que coloquem o consumidor em desvantagem exagerada, ou sejam incompatíveis com a boa-fé ou a eqüidade; [...].

[302] Art. 422. Os contratantes são obrigados a guardar, assim na conclusão do contrato, como em sua execução, os princípios de probidade e boa-fé.

tivo (reenvio intrassistêmico).[303] Um bom exemplo desta última distinção é a cláusula geral do art. 7º, *caput*, do CDC, que preconiza a consideração de certos valores sociais (ex. costumes e equidade) ao mesmo tempo em que indica alguns diplomas jurídicos complementares (ex. tratados e regulamentos).[304]

Na prática, as cláusulas gerais funcionam como válvulas normativas que viabilizam a abertura e a mobilidade do sistema jurídico independentemente de qualquer reforma na legislação. A técnica das cláusulas gerais permite que as decisões judiciais tomadas em cada caso concreto dialoguem com realidades extrajurídicas e acompanhem, dessa forma, as constantes transformações observadas nos campos da tecnologia, da política, da economia, da ética social etc. Além disso, no âmbito interno do direito positivo, as cláusulas gerais estabelecem pontos de referência para a identificação de conexões entre os dispositivos legais, as tendências jurisprudenciais e os argumentos doutrinários, favorecendo a assimilação de novos modelos de solução.[305] Com base na terminologia de Claus-Wilhelm Canaris, pode-se dizer que as cláusulas gerais contribuem para a conciliação entre o pensamento tópico e o pensamento sistemá-

[303] Martins-Costa, Judith. **A boa-fé no direito privado**: critérios para a sua aplicação. 2. ed. São Paulo: Saraiva Educação, 2018, p. 167.

[304] Art. 7° Os direitos previstos neste código não excluem outros decorrentes de tratados ou convenções internacionais de que o Brasil seja signatário, da legislação interna ordinária, de regulamentos expedidos pelas autoridades administrativas competentes, bem como dos que derivem dos princípios gerais do direito, analogia, costumes e eqüidade. [...].

[305] Como explica Judith Martins-Costa, "as cláusulas gerais têm por função auxiliar a abertura e a mobilidade do sistema jurídico propiciando o seu progresso mesmo se ausente a inovação legislativa. A abertura diz respeito ao ingresso no *corpus* legislativo de princípios, máximas de conduta, *standards* e diretivas sociais e econômicas, viabilizando a captação e a inserção de elementos extrajurídicos de modo a promover a «adequação valorativa» do sistema (abertura ou permeabilidade do sistema). A mobilidade diz respeito à acomodação no interior do sistema desses novos elementos, conectando-os, num movimento dialético, com outras soluções sistemáticas (ressistematização)." Martins-Costa, Judith. **A boa-fé no direito privado**: critérios para a sua aplicação. 2. ed. São Paulo: Saraiva Educação, 2018, p. 174.

tico, porque elas transitam no caminho que vai da concretude dos problemas particulares até a abstração das respostas já consolidadas.[306]

É preciso reconhecer, entretanto, que a presença das cláusulas gerais no corpo legislativo traz consigo alguns riscos de desvirtuamento e de esvaziamento pelo Poder Judiciário. Em se tratando de uma espécie normativa com elevado nível de vagueza semântica, as cláusulas gerais podem acobertar a introjeção de argumentos arbitrários e de visões idiossincráticas nos julgamentos dos processos. O perigo de captura ideológica ocorre principalmente nos períodos de instabilidade das instituições democráticas, como revela a infeliz recordação da prática judicial verificada nos regimes totalitários do século XX.[307] Uma outra consequência indesejada diz respeito à utilização excessiva e indiscriminada das cláusulas gerais, que muitas vezes são apresentadas como uma alegação capaz de justificar todo e qualquer interesse pessoal. A invocação meramente retórica das cláusulas gerais pelos sujeitos processuais impede a sedimentação jurisprudencial dos entendimentos, comprometendo a segurança jurídica e prejudicando o desenvolvimento da dogmática.[308]

Como forma de minimizar a nocividade dos riscos supramencionados, a aplicação casuística das cláusulas gerais deve ser acompanhada de cuidados metodológicos qualitativamente diferenciados. Se, por um lado, a técnica legislativa das cláusulas gerais concede maiores poderes para a atuação criativa dos julgadores, por outro lado, o manuseio dessa espécie normativa demanda a apresentação de fundamentos mais robustos nas decisões judiciais. Ao definir o significado da hipótese fática e da respec-

[306] Canaris, Claus-Wilhelm. **Pensamento sistemático e conceito de sistema na ciência do direito**. Trad. A. Menezes Cordeiro. Lisboa: Fundação Calouste Gulbenkian, 2002. No mesmo sentido, cf. Martins-Costa. Judith. O direito privado como um "sistema em construção": as cláusulas gerais no Projeto de Código Civil brasileiro. **Revista de Informação Legislativa**, ano 35, n. 139, p. 5-22, jul./set. 1998.

[307] Wieacker, Franz. **História do direito privado moderno**. 3. ed. Trad. A. M. Botelho Hespanha. Lisboa: Fundação Calouste Gulbenkian, 2004, 546-547; Sêco, Thaís Fernanda Tenório. Sobre as doutrinas jurídicas da era fascista e sua continuidade até os nossos dias. **Civilistica.com**, ano 10, n. 2, p. 1-39, 2021, p. 33, nota 68.

[308] Ascensão, José de Oliveira. Um direito de cláusulas gerais? sentido e limites. **Revista do Programa de Pós-Graduação em Direito da UFC**, v. 33, n. 2, p. 299-309, jul./dez. 2013, p. 306-307.

tiva consequência jurídica diante de cada situação concreta, o magistrado deve elencar de maneira transparente e circunstanciada os *standards* de conduta que serviram de base para a construção da solução apresentada. A necessidade de fundamentação assume especial relevância nos julgamentos lastreados em cláusulas gerais, pois somente a partir da reiteração jurisprudencial é que será possível estabilizar o alcance dos enunciados normativos em questão. Idealmente falando, a ameaça de incerteza inerente às cláusulas gerais pode ser mitigada através da gradual consolidação de grupos de casos típicos e de novos institutos na jurisprudência.[309]

No Brasil, o tema das cláusulas gerais foi colocado em grande evidência durante as discussões doutrinárias e legislativas que antecederam a promulgação do Código Civil de 2002. Isso porque, naquela época, muitos juristas salientavam que a admissão da técnica das cláusulas gerais em certas partes do texto normativo correspondia a uma das qualidades mais significativas e elogiáveis da nova codificação civil.[310] Para os fins ora propostos, destaca-se especialmente a inovação trazida através do reconhecimento da cláusula geral do abuso do direito. Nos termos do art. 187 do Código Civil em vigor, "também comete ato ilícito o titular de um direito que, ao exercê-lo, excede manifestamente os limites impostos pelo seu fim econômico ou social, pela boa-fé ou pelos bons costumes". Antes de examinar os desdobramentos da positivação do abuso do direito no contexto nacional, todavia, faz-se necessário analisar alguns dos pressupostos históricos e teóricos que contribuíram para a recepção dessa cláusula geral no ordenamento jurídico brasileiro.

[309] Aguiar Júnior, Ruy Rosado de. O Poder Judiciário e a concretização das cláusulas gerais: limites e responsabilidade. **Revista da Faculdade de Direito da UFRGS**, v. 18, p. 221-228, 2000; Bochenek, Antonio César; Dalazoana, Vinicius. A técnica legislativa das cláusulas gerais e o novo papel dos juízes. **Revista do Instituto do Direito Brasileiro**, ano 2, v. 2, n. 12, p. 13553-13587, 2013; Martins-Costa, Judith. Como harmonizar os modelos jurídicos abertos com a segurança jurídica dos contratos? **Revista Brasileira de Direito Civil**, v. 5, jul./set. 2015; Rodriguez, José Rodrigo. **Como decidem as cortes?** para uma crítica do direito (brasileiro). Rio de Janeiro: FGV, 2013, p. 223-225.

[310] Reale, Miguel. Visão geral do novo Código Civil. **Revista da EMERJ**, Anais dos Seminários EMERJ Debate o Novo Código Civil, parte 1, p. 38-44, fev./jun. 2002, p. 42. Em sentido contrário, cf. Roberto, Giordano Bruno Soares. **Introdução à história do direito privado e da codificação**. 3. ed. Belo Horizonte: Initia Via, 2011, p. 103.

4.2 Antecedentes da positivação da cláusula geral do abuso do direito

O estudo da trajetória percorrida pela noção de abuso do direito, para além de mera recordação, oferece elementos importantes para a interpretação da cláusula geral atualmente prevista no art. 187 do Código Civil. Algumas manifestações pontuais do que hoje se entende por abuso do direito podem ser encontradas nos registros do direito romano que sobreviveram ao passar do tempo. A referência dos textos clássicos a institutos como a *aemulatio* e a *exceptio doli* demonstra que os jurisconsultos romanos já reconheciam certas formas de exercício inadmissível de posições jurídicas.[311] O temperamento pragmático que acompanhou a evolução do direito romano, contudo, impediu que as práticas abusivas catalogadas e rechaçadas fossem sistematizadas em uma categoria teórica mais abrangente. Apenas na segunda metade do século XIX, no contexto do direito francês pós-revolucionário, é que teve início o processo de concepção e de problematização do abuso do direito enquanto teoria autônoma. Esse movimento foi desencadeado na França a partir das reações da jurisprudência contra a interpretação excessivamente formal da ideia de direito subjetivo.[312]

O Código Civil francês de 1804, fruto do paradigma liberal e do dogma da vontade, não estabeleceu limitações gerais para o exercício das faculdades consagradas na legislação. Assim, de acordo com a leitura desenvolvida posteriormente pela Escola da Exegese, os direitos subjetivos poderiam ser manejados livremente pelos seus titulares, desde que fossem preenchidos os respectivos requisitos formais. A postura de indiferença em relação ao modo de utilização dos direitos subjetivos foi revisada, no entanto, depois de uma série de casos que evidenciaram o uso de prerrogativas jurídicas em circunstâncias socialmente inaceitáveis. Os primeiros atos abusivos condenados pelos tribunais franceses diziam respeito a situações em que o aproveitamento do direito à propriedade acarretava danos intencionais ou não intencionais para o proprietário do imóvel vizinho. Nestas decisões iniciais, os julgadores admitiram que

[311] Levy, José Luiz. **A vedação ao abuso de direito como princípio jurídico**. São Paulo: Quartier Latin, 2015, p. 249-269.

[312] Ferreira, Keila Pacheco. **Abuso do direito nas relações obrigacionais**. Belo Horizonte: Del Rey, 2006, p. 18.

o direito à propriedade imobiliária era protegido pelo ordenamento, mas ressalvaram que a sua exploração não poderia ser realizada de toda e qualquer maneira. Veja-se, a título ilustrativo, a compilação de casos apresentada por Fernando Augusto Cunha de Sá:

> Através das hipóteses concretas que lhes foram sendo submetidas, os tribunais franceses recorreram, umas vezes, à ideia dos limites do próprio direito exercido (casos Lingard, Mercy, Lecante e Grosheintz, os três primeiros relativos a fumos e maus cheiros de fábricas, no âmbito das relações de vizinhança, e o último sobre escavações que provocaram o aluimento do terreno vizinho), outras vezes à intenção de prejudicar com que o exercício do direito era efectuado (casos Doerr, Savart e Clément-Bayard, o primeiro dizendo respeito à construção de uma falsa chaminé para retirar a luz do vizinho, o segundo à de uma vedação de madeira com 10 m de altura e toda pintada de negro, com o objectivo também de sombrear e entristecer um prédio vizinho, e o terceiro à colocação de um dispositivo com espigões de ferro destinado a destruir os aeróstatos do proprietário vizinho).[313]

A origem da expressão abuso do direito (*abus de droit*) é atribuída ao belga François Laurent, que introduziu o termo justamente para explicar os limites à fruição da propriedade construídos pela jurisprudência francesa.[314] Desde então, os trabalhos acadêmicos passaram a empregar o abuso do direito como uma locução agregadora das reflexões sobre o problema do exercício inadmissível das posições jurídicas em geral. Registre-se, entretanto, que a fórmula do abuso do direito sofreu objeções

[313] SÁ, Fernando Augusto Cunha de. **Abuso do direito**. Coimbra: Almedina, 1973, p. 52-53.

[314] No último quartel do século XIX, François Laurent já enunciava que "[...] é preciso distinguir entre o uso e o abuso de um direito. Abusar de um direito não é usá-lo. [...] a lei concede os direitos aos homens porque eles são necessários para sua vida física, intelectual e moral, ela não lhes concede os direitos para satisfazer suas paixões malignas. Portanto, o abuso do direito não é mais um direito." "*[...] il faut distinguer entre l'usage et l'abus d'un droit. Abuser d'un droit, ce n'est pas en user. [...] la loi accorde des droits aux hommes parce qu'ils leur sont nécessaires pour leur vie physique, intellectuelle et morale, elle ne leur accorde pas de droits pour satisfaire leurs mauvaises passions. Donc l'abus du droit n'est plus un droit.*" LAURENT, François. **Principles de Droit Civil Français**, t. 20. Paris: BC & Cie, 1876, p. 428.

praticamente desde o seu nascimento e que juristas influentes, adeptos da chamada corrente negativista, chegaram a sugestionar o abandono da teoria logo nos primeiros estágios do seu desenvolvimento. Marcel Planiol, por exemplo, questionou a consistência lógica da noção de abuso do direito, argumentando que os conceitos de direito e de abuso são excludentes entre si, pelo que não haveria qualquer espaço para categorias intermediárias.[315] Léon Duguit, por sua vez, combateu a teorização do abuso do direito porque discordava de uma das suas premissas fundamentais, qual seja, a própria pressuposição de que existem direitos subjetivos passíveis de má utilização.[316]

Paralelamente ao aparecimento das referidas contestações, surgiram variadas propostas doutrinárias de justificação e de aprimoramento da teoria do abuso do direito. Dentre outras defesas influentes do instituto, destaca-se a argumentação desenvolvida por Louis Josserand com base na constatação de que os direitos subjetivos são inerentemente relativos, porque devem ser sempre interpretados à luz da respectiva função social. De acordo com a leitura funcionalista proposta por Josserand, para que o exercício de um direito subjetivo mereça a proteção estatal, é preciso que o objetivo almejado por seu titular corresponda a um interesse legítimo e socialmente reconhecido. A utilização de uma prerrogativa jurí-

[315] Em uma passagem célebre da sua crítica, Marcel Planiol assevera que "o direito cessa onde o abuso começa, e não pode haver 'uso abusivo' de nenhum direito, pela razão irrefutável de que um mesmo ato não pode ser, ao mesmo tempo, conforme o direito e contrário ao direito." "*[...] le droit cesse où l'abus commence, et il ne peut pas y avoir «usage abusif» d'un droit quelconque, par la raison irréfutable qu'un seul et même acte ne peut pas être tout à la fois conforme au droit et contraire au droit.*" PLANIOL, Marcel. **Traité Élémentaire de Droit Civil**, t. 2. 9. ed. Paris: Librairie Génerale de Droit & de Jurisprudence, 1923, p. 287.

[316] Nos termos da interpretação de Léon Duguit, "tanto os legisladores quanto os juristas que falaram do abuso do direito tiveram suas mentes dominadas por essa concepção artificial e absorvente de direito subjetivo. [...] Descartada a palavra e a ideia de direito subjetivo, descarta-se ao mesmo tempo as controvérsias e as sutilezas que se têm acumulado prazerosamente sem razão e sem proveito." "*Les législaterus comme les juristes, qui ont parlé de l'abus du droit, ont eu l'esprit dominé par cette conception artificielle et absorbante du droit subjectif. [...] Qu'on écarte le mot et l'idée de droit subjectif, on écarte du même coupe toutes les controverses et subtilités qu'on a comme à plaisir accumulées sans raison et sans profit.*" DUGUIT, Léon. **Traité de Droit Constitutionnel**, t. 1. 2. ed. Paris: Ancienne Librairie Fontemoing & Cie, 1921, p. 175-176.

dica em desconformidade com as finalidades que lhe são subjacentes acarretaria, dessa forma, a configuração de um ato abusivo que deve ser recusado e condenado pelo Poder Judiciário.[317] Não obstante as inúmeras controvérsias que continuaram circundando o tema, a noção de abuso do direito foi gradativamente consolidada no ordenamento jurídico francês e, a partir de lá, difundiu-se para todos os países que compõem o sistema romano-germânico.

Na Alemanha, para enfrentar os problemas relacionados ao exercício abusivo de direitos, os juristas buscaram apoio nas disposições do Código Civil publicado em 1896. Em um primeiro momento, a jurisprudência alemã recorreu tanto ao § 226 (que proíbe a prática dos atos voltados exclusivamente ao prejuízo de terceiros)[318] quanto ao § 826 (que prescreve a reparação dos danos causados por violações dolosas dos bons costumes).[319] Como os dois dispositivos mencionados possuíam âmbitos de aplicação demasiadamente restritos, os tribunais chegaram à conclusão de que seria mais produtivo aproveitar a elasticidade oferecida pela cláusula geral da boa-fé objetiva estabelecida no § 242.[320] Esta última opção permitiu a gradual sedimentação e sistematização de grupos de casos típicos atinentes a manifestações específicas do abuso do direito

[317] Segundo Louis Josserand, "[...] os chamados direitos subjetivos são direitos-função; eles devem permanecer de acordo com a função a que correspondem, caso contrário seu titular comete um desvio, um abuso de direito [...]." "*[...] les prétendus droits subjectifs sont des droits-fonction; ils doivent demeurer dans le plan de la fonction à laquelle ils correspondent, sinon leur titulaire commet un détournement, un abus de droit [...].*" JOSSERAND, Louis. **De l'esprit des droits et de leur relativité**: théorie dite de l'abus des droits. 2. ed. Paris: Librairie Dalloz, 1939, p. 395.

[318] § 226 Proibição da chicana. O exercício de um direito é inadmissível quando só possa ter por objetivo causar dano a outrem. *§ 226 Schikaneverbot. Die Ausübung eines Rechts ist unzulässig, wenn sie nur den Zweck haben kann, einem anderen Schaden zuzufügen.*

[319] § 826 Dano intencional contrário aos bons costumes. Aquele que, de forma contrária aos bons costumes, causar dolosamente dano a outrem, fica obrigado a indenizá-lo. *§ 826 Sittenwidrige vorsätzliche Schädigung. Wer in einer gegen die guten Sitten verstoßenden Weise einem anderen vorsätzlich Schaden zufügt, ist dem anderen zum Ersatz des Schadens verpflichtet.*

[320] § 242 Prestação de acordo com a boa-fé objetiva. O devedor deve realizar a prestação tal como exigido pela boa-fé, com consideração pelos costumes do tráfego. *§ 242 Leistung nach Treu und Glauben. Der Schuldner ist verpflichtet, die Leistung so zu bewirken, wie Treu und Glauben mit Rücksicht auf die Verkehrssitte es erfordern.*

em diferentes campos jurídicos. O embasamento na boa-fé objetiva abriu caminho, nesse sentido, para a consolidação judicial de figuras parcelares como o *venire contra factum proprium*, a *suppressio*, a *surrectio* e o *tu quoque*.[321]

Em um curioso movimento de circulação internacional, a doutrina alemã sobre o abuso do direito influenciou o Código Civil grego de 1940 e este, a seu turno, serviu de base para o Código Civil português de 1966. Na Grécia, o art. 281 estabeleceu de maneira inédita que "o exercício é proibido quando exceda manifestamente os limites postos pela boa-fé, pelos bons costumes ou pelo escopo social ou econômico do direito."[322] O referido dispositivo foi assimilado em Portugal, com algumas poucas alterações, na ocasião da segunda revisão ministerial sofrida pelo anteprojeto de Vaz Serra. No art. 334º da codificação portuguesa, ficou determinado que "é ilegítimo o exercício de um direito, quando o titular exceda manifestamente os limites impostos pela boa fé, pelos bons costumes ou pelo fim social ou económico desse direito." Como se pode notar, o texto aprovado pelos legisladores portugueses serviu de inspiração direta para a redação do art. 187 do Código Civil brasileiro de 2002.[323] É importante registrar, no entanto, que, mesmo antes da tramitação do anteprojeto coordenado por Miguel Reale, a teoria do abuso do direito já era discutida e aplicada no Brasil.

Sob a égide do Código Civil de 1916, a legislação brasileira não contava com nenhuma disposição que perfilhasse de maneira inequívoca e abrangente a construção teórica do abuso do direito. Apesar disso, muitos autores entendiam que era possível extrair uma regra geral de proi-

[321] Cordeiro, António Menezes. **Tratado de direito civil**, v. 5: parte geral: exercício jurídico. 3. ed. Coimbra: Almedina, 2017, p. 286-289.

[322] A tradução do art. 281 é de António Menezes Cordeiro, que acrescenta que "o Código grego compreende, pois, uma fórmula respeitante ao abuso do direito que ultrapassa todos os códigos que o antecederam. Essa fórmula representa, no fundo, a codificação da doutrina alemã posterior ao BGB. Os tribunais gregos fazem, da consagração legal em causa, uma aplicação que os coloca muito à frente dos seus congéneres italianos, austríacos e, até, suíços; distanciam-se dos franceses, cuja orientação seguiu rumos diversos e aproximam-se do esquema germânico." Cordeiro, António Menezes. **Tratado de direito civil**, v. 5: parte geral: exercício jurídico. 3. ed. Coimbra: Almedina, 2017, p. 272 e 295.

[323] Moreira Alves, José Carlos. **A Parte Geral do Projeto de Código Civil Brasileiro**. São Paulo: Saraiva, 1986, p. 28.

bição de condutas abusivas a partir de uma interpretação *a contrario sensu* da excludente de ilicitude referente ao exercício regular de direito (art. 160, I).[324] De acordo com a explicação apresentada nos comentários do próprio redator Clóvis Beviláqua, "estatui o art. 160, I, que não constitui ato ilícito o praticado *no exercício regular de um direito reconhecido. A contrario sensu*, o praticado em exercício não regular de um direito, é ilícito. Eis aí a condenação do abuso do direito [...]."[325] No final do século XX, algumas leis esparsas também trouxeram vedações a certos comportamentos abusivos setoriais, a exemplo do Código de Defesa do Consumidor de 1990, que introduziu uma série de normas relativas à publicidade abusiva (art. 37), às práticas abusivas (art. 39-41), às cláusulas abusivas (arts. 51-53) e ao abuso do direito como fundamento para a desconsideração da personalidade jurídica (art. 28).

Ocorre que, até o início do século XXI, o instituto do abuso do direito ainda possuía contornos bastante indefinidos na doutrina brasileira e na jurisprudência nacional. Não havia consenso sobre os parâmetros concretos que deveriam balizar o exercício das posições jurídicas e a figura do abuso do direito se confundia, muitas vezes, com uma concepção vazia e excessivamente abstrata de antijuridicidade. Como bem observa Judith Martins-Costa, "[...] às vésperas da edição do Código Civil de 2002, o abuso do direito era, na prática brasileira, comparativamente a outros países, uma figura tímida, ainda subjetivada e fundamentalmente assistemática [...]."[326] Grande parte da dificuldade teórica enfrentada naquele período pode ser atribuída à ausência de um marco legislativo expresso

324 Art. 160. Não constituem atos ilícitos: I. Os praticados em legítima defesa ou no exercício regular de um direito reconhecido. [...].

325 Beviláqua, Clóvis. **Codigo Civil dos Estados Unidos do Brasil commentado**, v. 1. 3. ed. São Paulo: Livraria Francisco Alves, 1927, p. 422. Na mesma linha, cf. Cunha, Everardo da. **Abuso de direito**. 2. ed. Rio de Janeiro: Forense, 1988, p. 82; Martins, Pedro Baptista. **O abuso do direito e o ato ilícito**. 3. ed. Atual. José da Silva Pacheco. Rio de Janeiro: Forense, 2002, p. 130, nota 12; VARELA, João de Matos Antunes. O abuso do direito no sistema jurídico brasileiro. **Revista de Direito Comparado Luso-Brasileiro**, ano 1, v. 1, p. 37-59, jul. 1982, p. 43-44.

326 Martins-Costa, Judith. Os avatares do abuso do direito e o rumo indicado pela boa-fé. *In*: Tepedino, Gustavo (org.). **Direito civil contemporâneo**: novos problemas à luz da legalidade constitucional. São Paulo: Atlas, 2008, p. 67.

que polarizasse as discussões acadêmicas e orientasse a consolidação dos precedentes judiciais. Foi justamente para preencher essa lacuna normativa prejudicial que a Comissão Revisora e Elaboradora do Código Civil de 2002 optou por introduzir, no título referente aos atos ilícitos da Parte Geral da nova codificação, um dispositivo regulando especificamente a cláusula geral do abuso do direito.

4.3 A cláusula geral do abuso do direito no Código Civil de 2002

O art. 187 não menciona explicitamente o termo abuso do direito, mas recepciona a tradição teórica do instituto ao dispor que "também comete ato ilícito o titular de um direito que, ao exercê-lo, excede manifestamente os limites impostos pelo seu fim econômico ou social, pela boa-fé ou pelos bons costumes."[327] A caracterização deste enunciado normativo como cláusula geral fica evidente na medida em que se percebe a existência de uma dupla vagueza semântica, que alcança tanto o pressuposto fático quanto a consequência jurídica. No que diz respeito à hipótese fática, a aplicação do art. 187 pressupõe o exercício de um direito que extrapole de maneira manifesta os contornos derivados da sua finalidade socioeconômica, da boa-fé ou dos bons costumes. Já no que concerne ao efeito jurídico, o dispositivo prescreve tão somente que a ocorrência dos fatores supramencionados acarretará a configuração de um ato ilícito atribuível ao titular do respectivo direito. Percebe-se, portanto, que o Poder Legislativo optou por incluir uma terminologia aberta e flexível na redação do art. 187, não apenas na descrição do antecedente, como também na definição do consequente.

De início, é importante pontuar que os juristas brasileiros têm estendido a abrangência da cláusula geral do art. 187 para além do controle

[327] Heloísa Carpena, nesse sentido, afirma que "o Código Civil de 2002, inovando em relação ao texto revogado, consagrou de forma expressa a teoria do abuso do direito, muito embora também não tenha trazido sua denominação. [...] A nova redação, inspirada no Código Civil português, acolhe e sintetiza as diferentes concepções do abuso de direito, impondo limites éticos ao exercício dos direitos subjetivos e de outras prerrogativas individuais." Carpena, Heloísa. O abuso do direito no Código de 2002: relativização de direitos na ótica civil-constitucional. *In*: Tepedino, Gustavo (coord.). **A parte geral do novo Código Civil**: estudos na perspectiva civil-constitucional. 2. ed. Rio de Janeiro: Renovar, 2003, p. 391.

do exercício dos direitos subjetivos em sentido estrito. A interpretação atualmente preponderante preconiza que o aproveitamento concreto de qualquer posição jurídica, seja ela ativa ou passiva, material ou processual, deve ser realizado dentro de parâmetros socialmente aceitáveis, sob pena de caracterização de abuso do direito. Sendo assim, pode-se dizer que a vedação ao exercício inadmissível incide sobre todas as condutas juridicamente tuteladas, abarcando os direitos subjetivos propriamente ditos juntamente com outras espécies de prerrogativas reconhecidas pelo ordenamento nacional. Judith Martins-Costa, nesse sentido, explica que "o art. 187 prevê, portanto, uma *ilicitude no modo de exercício* de posições jurídico-subjetivas – não apenas direitos subjetivos em sentido técnico, porém, por extensão, também poderes, liberdades, pretensões e faculdades."[328]

A cláusula geral do art. 187 estipula três parâmetros para o controle do exercício jurídico, sendo o primeiro deles o limite do fim econômico ou social do direito em questão. Nesse ponto, destacam-se no ordenamento nacional as referências constitucionais à função social da propriedade, que foi consagrada na Constituição de 1988 como direito fundamental e como princípio da ordem econômica (art. 5º, XXIII e art. 170, III).[329] Além disso, o próprio Código Civil de 2002 inovou ao estabelecer, no Título V da Parte Especial, um outro enunciado normativo aberto reconhecendo a função social do contrato enquanto limitação da liberdade

[328] MARTINS-COSTA, Judith. **A boa-fé no direito privado**: critérios para a sua aplicação. 2. ed. São Paulo: Saraiva Educação, 2018, p. 669-670. No mesmo sentido, cf. FERREIRA, Keila Pacheco. **Abuso do direito nas relações obrigacionais**. Belo Horizonte: Del Rey, 2006, p. 152; SOUZA, Eduardo Nunes de. Perspectivas de aplicação do abuso do direito às relações existenciais. **Revista Eletrônica Direito e Política**, v. 10, n. 4, set./dez. 2015; MIRAGEM, Bruno. Abuso do direito e ilícito civil. *In*: TEIXEIRA, Ana Carolina Brochado; RIBEIRO, Gustavo Pereira Leite (coord.). **Manual de teoria geral do direito civil**. Belo Horizonte: Del Rey, 2011, p. 702-703.

[329] Art. 5º Todos são iguais perante a lei, sem distinção de qualquer natureza, garantindo-se aos brasileiros e aos estrangeiros residentes no País a inviolabilidade do direito à vida, à liberdade, à igualdade, à segurança e à propriedade, nos termos seguintes: [...] XXIII – a propriedade atenderá a sua função social; [...].

Art. 170. A ordem econômica, fundada na valorização do trabalho humano e na livre iniciativa, tem por fim assegurar a todos existência digna, conforme os ditames da justiça social, observados os seguintes princípios: [...] III – função social da propriedade; [...].

contratual (art. 421).[330] O conceito de função social do contrato, no entanto, permanece indefinido na literatura jurídica brasileira e a controvérsia é agravada pela frequente utilização da referida expressão em conjunto com outros institutos autossuficientes. Dentre as diferentes propostas doutrinárias veiculadas no Brasil, adota-se aqui a interpretação da função social do contrato como vetor de flexibilização do princípio da relatividade contratual, que tangencia exclusivamente a chamada eficácia externa ou extrínseca das relações contratuais.[331]

A segunda baliza estabelecida pela cláusula geral do abuso do direito com vistas à demarcação do exercício das posições jurídicas é o limite da boa-fé. Considerando a tripartição funcional comumente difundida no direito brasileiro, pode-se dizer que a redação do art. 187 fornece uma base textual específica para a função corretora da boa-fé objetiva. Esta restrição tem sido interpretada de maneira bastante profícua pelos autores nacionais, que identificam o traço da abusividade em diversos comportamentos violadores das legítimas expectativas dos envolvidos. Como

[330] Art. 421. A liberdade contratual será exercida nos limites da função social do contrato. Parágrafo único. Nas relações contratuais privadas, prevalecerão o princípio da intervenção mínima e a excepcionalidade da revisão contratual. [redação alterada pela Lei da Liberdade Econômica de 2019]

[331] Como explica Humberto Theodoro Júnior, "em linha de maior precisão do conceito de função social do contrato, se postam os que situam esta função apenas no relacionamento externo dos contratantes com terceiros, ou seja, com o meio social. [...] Nesse enfoque, o terreno próprio para cogitar-se da função social do contrato é o da modernização do antigo e inflexível princípio da *relatividade dos contratos*. Os problemas do comportamento ético entre os próprios contratantes são cuidados por outro princípio novo do direito contratual, que vem disposto no art. 422, do novo Código Civil, e não naquele que implanta a função social do contrato (art. 421)." THEODORO JÚNIOR, Humberto. **O contrato e sua função social**: a boa-fé objetiva no ordenamento jurídico e a jurisprudência contemporânea. 4. ed. *E-book*. Rio de Janeiro: Forense, 2014, p. 47. No mesmo sentido, cf. MARTINS-COSTA, Judith. Reflexões sobre o princípio da função social dos contratos. *In*: ESBORRAZ, David Fabio (coord.). **Sistema jurídico latinoamericano y derecho de los contratos**. Ciudad de México: Porrúa, 2006, p. 324; BERALDO, Leonardo de Faria. **Função social do contrato**: contributo para a construção de uma nova teoria. Belo Horizonte: Del Rey, 2011, p. 66-69; ZANETTI, Cristiano de Sousa. A função social do contrato no Superior Tribunal de Justiça: 10 anos depois. *In*: GOMES, Elena de Carvalho; MARX NETO, Edgard Audomar; FÉRES, Marcelo Andrade (org.). **Estudos de direito privado**: *liber amicorum* para João Baptista Villela. Belo Horizonte: D'Plácido, 2017, p. 301-303.

se verá no tópico a seguir, foi com base na limitação imposta pela boa-fé objetiva que se desenvolveram e se consolidaram judicialmente as principais manifestações típicas do abuso do direito no ordenamento nacional.[332] A existência de uma farta produção bibliográfica e a familiaridade do Poder Judiciário com o tema, dentre outros fatores, contribuíram para que a boa-fé objetiva alcançasse um papel de destaque na sistematização do abuso do direito. No atual contexto normativo, não seria exagero afirmar que a boa-fé objetiva corresponde ao critério mais relevante e mais promissor do art. 187.[333]

Já a terceira e última pauta indicada pela cláusula geral do abuso do direito prevista no Código Civil de 2002 diz respeito ao limite dos bons costumes. Este é o parâmetro mais problemático do art. 187, tendo em vista os riscos de insegurança e de arbitrariedade que têm acompanhado a noção de bons costumes ao longo da história do sistema romano-germânico. O enunciado 413, aprovado na V Jornada de Direito Civil do CJF, evidencia a obscuridade da matéria ao prescrever, em termos pouco elucidativos, que "os bons costumes previstos no art. 187 do CC possuem natureza subjetiva, destinada ao controle da moralidade social de determinada época, e objetiva, para permitir a sindicância da violação dos negócios jurídicos em questões não abrangidas pela função social e pela boa-fé objetiva." A ideia de bons costumes, considerada isoladamente, reflete apenas a visão de mundo compartilhada por determinado segmento da população e por isso não pode servir de base autônoma para a tomada de decisões judiciais. Afigura-se questionável, diante desse cenário, a utilidade concreta e até mesmo a própria constitucionalidade da limitação dos bons costumes.[334]

[332] Ilustrativamente, o enunciado 412, aprovado na V Jornada de Direito Civil do CJF, assevera que "as diversas hipóteses de exercício inadmissível de uma situação jurídica subjetiva, tais como *suppressio, tu quoque, surrectio* e *venire contra factum proprium*, são concreções da boa-fé objetiva."

[333] Martins-Costa, Judith. Os avatares do abuso do direito e o rumo indicado pela boa-fé. *In*: Tepedino, Gustavo (org.). **Direito civil contemporâneo**: novos problemas à luz da legalidade constitucional. São Paulo: Atlas, 2008, p. 87.

[334] Anderson Schreiber, com razão, pontua que "[...] a noção de bons costumes afigura-se tão ampla e vaga que pode abarcar qualquer atitude que se desvie um pouco mais do padrão habitual de comportamento. Historicamente, a expressão foi usada para dar

No que concerne às consequências do abuso do direito, o art. 187 estabelece simplesmente que o exercício jurídico contrário aos limites supramencionados acarreta a configuração de um ato ilícito. Ao enquadrar o abuso do direito como uma modalidade de ato ilícito, o Código Civil brasileiro de 2002 divergiu da terminologia adotada pelo Código Civil português de 1966, que retrata o abuso do direito como um ato ilegítimo. O problema, no caso da codificação nacional, é que a previsão do art. 187 vem logo depois de um dispositivo que estabelece outra categoria de ato ilícito com características peculiares e requisitos específicos. De acordo com o art. 186, "aquele que, por ação ou omissão voluntária, negligência ou imprudência, violar direito e causar dano a outrem, ainda que exclusivamente moral, comete ato ilícito." O caminho trilhado pela legislação brasileira é criticável, porque foram reguladas duas situações distintas sob a mesma denominação de ato ilícito, o que gerou uma série de controvérsias e demandou a realização de um esforço de diferenciação.[335]

A solução *de lege lata* encontrada pela doutrina foi reconhecer que a expressão "ato ilícito" constitui um gênero, que contempla diferentes espécies a depender do enunciado legislativo aplicável. Para a maioria dos autores contemporâneos, a distinção entre a ilicitude prevista no art. 186 e a ilicitude prevista no art. 187 decorre da relevância atribuída à apuração da culpa em sentido amplo do sujeito responsável pela conduta sob análise. Afirma-se, nesse sentido, que o art. 186 estabelece os pressupostos do ato ilícito denominado de subjetivo ou puro, cuja caracterização

suporte jurídico ao conservadorismo das classes dominantes e à rígida manutenção do *status quo*, o que levou ao seu progressivo abandono pela produção legislativa e acadêmica mais recente. Seu ressurgimento no Código Civil explica-se menos por uma renovação do conceito de bons costumes que pela já mencionada desatualidade do projeto que deu origem à codificação de 2002." Schreiber, Anderson. **Direitos da personalidade**. 2. ed. São Paulo: Atlas, 2013, p. 35. Na mesma linha, cf. Pereira, Fábio Queiroz; Lara, Mariana Alves; Andrade, Daniel de Pádua. A insustentabilidade da cláusula geral de bons costumes: pluralismo e laicidade na sociedade contemporânea. **Scientia Iuris**, v. 23, n. 3, p. 162-175, nov. 2019.

[335] Ferreira, Henry Gabriel Colombi Barbosa. **O abuso de direito como ato ilícito**: uma análise crítica à opção legislativa do art. 187 do Código Civil de 2002. 2018. Monografia de Conclusão de Curso (Graduação em Direito) – Faculdade de Direito, Universidade Federal de Minas Gerais, 2018.

demanda a comprovação de culpa *stricto sensu* ou de dolo do agente. O art. 187, por sua vez, define os requisitos de ocorrência do ato ilícito chamado de objetivo ou equiparado, que exige tão somente o aproveitamento de uma posição jurídica em desconformidade com as limitações impostas pelo fim socioeconômico, pela boa-fé ou pelos bons costumes.[336] É digno de nota, no entanto, o entendimento minoritário de alguns escritores, que discordam da citada contraposição entre ilicitude subjetiva e ilicitude objetiva.[337]

De todo modo, ao optar por uma definição semanticamente vaga, o Poder Legislativo transferiu para a doutrina e para a jurisprudência a tarefa de identificar as consequências práticas do abuso do direito. O efeito mais lembrado pelos comentadores brasileiros consiste na incidência da responsabilidade civil, justamente porque o *caput* do art. 927 dispõe que "aquele que, por ato ilícito (186 e 187), causar dano a outrem, fica obrigado a repará-lo". As sanções para o exercício inadmissível de

[336] BRAGA NETTO, Felipe Peixoto. **Teoria dos ilícitos civis**. Belo Horizonte: Del Rey, 2003, p. 90; FERREIRA, Keila Pacheco. **Abuso do direito nas relações obrigacionais**. Belo Horizonte: Del Rey, 2006, p. 144; MARTINS-COSTA, Judith. Os avatares do abuso do direito e o rumo indicado pela boa-fé. *In*: TEPEDINO, Gustavo (org.). **Direito civil contemporâneo**: novos problemas à luz da legalidade constitucional. São Paulo: Atlas, 2008, p. 74-75; LOPEZ, Teresa Ancona. Exercício do direito e suas limitações: abuso do direito. **Revista dos Tribunais**, ano 98, v. 885, p. 49-67, jul. 2009, p. 60-62; MIRAGEM, Bruno. Abuso do direito e ilícito civil. *In*: TEIXEIRA, Ana Carolina Brochado; RIBEIRO, Gustavo Pereira Leite (coord.). **Manual de teoria geral do direito civil**. Belo Horizonte: Del Rey, 2011, p. 695-698; RODOVALHO, Thiago. **Abuso de direito e direitos subjetivos**. São Paulo: Revista dos Tribunais, 2011, p. 182; TARTUCE, Flávio. A construção do abuso de direito nos dez anos do Código Civil brasileiro de 2002. **Revista Jurídica Luso-Brasileira**, ano 1, v. 6, p. 447-472, 2015, p. 448; TOMASEVICIUS FILHO, Eduardo. **O princípio da boa-fé no direito civil**. São Paulo: Almedina, 2020, p. 220-221.

[337] Segundo Guilherme Reinig e Daniel Carnaúba, "para alcançar um posicionamento seguro na matéria, é preciso evitar a tendência generalista de meramente apontar o art. 187 como cláusula geral de ilicitude objetiva em oposição ao art. 186 como cláusula geral de ilicitude subjetiva. [...] É necessário compreender o verdadeiro papel do abuso de direito na responsabilidade civil: flexibilizar uma concepção metodológica meramente conceitual e não servir como fundamento para uma nova espécie de responsabilidade objetiva." REINIG, Guilherme Henrique Lima; CARNAÚBA, Daniel Amaral. Abuso de direito e responsabilidade por ato ilícito: críticas ao enunciado 37 da 1.ª Jornada de Direito Civil. **Revista de Direito Civil Contemporâneo**, v. 7, p. 63-94, abr./jun. 2016, p. 79.

posições jurídicas, todavia, não se resumem à reparação dos prejuízos eventualmente causados e variam a depender das circunstâncias que caracterizam cada situação de abusividade.[338] A ocorrência do abuso do direito poderá resultar, por exemplo, na nulidade do negócio jurídico celebrado, na obrigação de desfazer uma obra irregular, na paralisação de uma pretensão deduzida em juízo, dentre muitas outras possibilidades. Assim como acontece no âmbito das demais cláusulas gerais, é fundamental que o julgador responsável pela concretização do art. 187 apresente de maneira transparente e criteriosa as razões que justificam a escolha da solução apresentada na respectiva decisão judicial.[339]

A abertura e a flexibilidade inerentes à cláusula geral do abuso do direito têm viabilizado a aplicação deste instituto em diferentes campos do ordenamento jurídico nacional. Observa-se, atualmente, uma expansão contínua das hipóteses de abusividade reconhecidas pelo Poder Judiciário no julgamento de controvérsias relativas tanto às subdivisões do

[338] Varela, João de Matos Antunes. O abuso do direito no sistema jurídico brasileiro. **Revista de Direito Comparado Luso-Brasileiro**, ano 1, v. 1, p. 37-59, jul. 1982, p. 58-59; Ferreira, Keila Pacheco. **Abuso do direito nas relações obrigacionais**. Belo Horizonte: Del Rey, 2006, p. 147; Martins-Costa, Judith. Os avatares do abuso do direito e o rumo indicado pela boa-fé. *In*: Tepedino, Gustavo (org.). **Direito civil contemporâneo**: novos problemas à luz da legalidade constitucional. São Paulo: Atlas, 2008, p. 74; Miragem, Bruno. Abuso do direito e ilícito civil. *In*: Teixeira, Ana Carolina Brochado; Ribeiro, Gustavo Pereira Leite (coord.). **Manual de teoria geral do direito civil**. Belo Horizonte: Del Rey, 2011, p. 710; Remedio, José Antonio; Oliveira, Gustavo Henrique de. O abuso de direito no sistema jurídico nacional: origens e aplicabilidade. **Revista Jurídica da Presidência**, v. 22, n. 126, p. 113-137, fev./maio 2020, p. 134.

[339] O tema das consequências jurídicas do abuso do direito já foi debatido em pelo menos três oportunidades durante as Jornadas de Direito Civil promovidas pelo CJF. De acordo com o enunciado 37 (I Jornada), "a responsabilidade civil decorrente do abuso do direito independe de culpa e fundamenta-se somente no critério objetivo-finalístico". O enunciado 529 (VI Jornada), a seu turno, preconiza que "o abuso de direito é uma categoria jurídica autônoma em relação à responsabilidade civil. Por isso, o exercício abusivo de posições jurídicas desafia controle independentemente de dano." Finalmente, nos termos do enunciado 617 (VIII Jornada), "o abuso do direito impede a produção de efeitos do ato abusivo de exercício, na extensão necessária a evitar sua manifesta contrariedade à boa-fé, aos bons costumes, à função econômica ou social do direito exercido."

Direito Privado quanto às subdivisões do Direito Público.[340] O enunciado 414, aprovado na V Jornada de Direito Civil do CJF, ilustra essa tendência expansionista por meio da afirmação de que "a cláusula geral do art. 187 do Código Civil tem fundamento constitucional nos princípios da solidariedade, devido processo legal e proteção da confiança, e aplica-se a todos os ramos do direito." Ressalte-se, contudo, que o desenvolvimento jurisprudencial da interpretação do art. 187 só será verdadeiramente produtivo se for acompanhado do devido cuidado de catalogação e de sistematização dos precedentes judiciais. Por meio do exame dos grupos de casos típicos, os juristas brasileiros poderão sedimentar gradativamente as especificações ou tipologias do abuso do direito, oferecendo assim maior segurança e operacionalidade.

4.4 O abuso do direito como desequilíbrio no exercício jurídico

A decomposição do abuso do direito em subcategorias conceituais facilita consideravelmente o processo argumentativo de aplicação da cláusula geral do art. 187. Em outras palavras, o delineamento dos diferentes tipos de exercício jurídico inadmissível fornece pontos de partida mais avançados, evitando que o intérprete tenha que "reinventar a roda" diante de cada novo caso concreto. No âmbito do direito brasileiro, os esforços doutrinários e jurisprudenciais de especificação do abuso do direito têm sido realizados principalmente a partir de reflexões atinentes à função corretora da boa-fé objetiva. Nesse sentido, ao longo dos trabalhos que tangenciam a temática do abuso do direito, são comumente encontradas referências às chamadas especializações funcionais ou figuras parcelares da boa-fé objetiva. Estas expressões dizem respeito às espécies de comportamento abusivo que foram historicamente identificadas na tradição romano-germânica e, depois de um extenso trabalho de apuração dogmática, tornaram-se institutos conceitualmente autônomos.

340 Remedio, José Antonio; Oliveira, Gustavo Henrique de. O abuso de direito no sistema jurídico nacional: origens e aplicabilidade. **Revista Jurídica da Presidência**, v. 22, n. 126, p. 113-137, fev./maio 2020, p. 134; Tartuce, Flávio. A construção do abuso de direito nos dez anos do Código Civil brasileiro de 2002. **Revista Jurídica Luso-Brasileira**, ano 1, v. 6, p. 447-472, 2015, p. 459-469.

De acordo com Carlos Nelson Konder, as figuras parcelares da boa-fé objetiva "configuram determinados modelos ou padrões de conduta abusiva, cada um indicado por caracteres distintivos próprios, indicadores de por que naquela situação o exercício do direito confrontaria com a tutela da confiança e das legítimas expectativas."[341] Nos últimos tempos, os autores nacionais têm problematizado diversas modalidades de abuso do direito por contrariedade ao limite da boa-fé objetiva, como demonstra a profícua literatura a respeito do *venire contra factum proprium*, da *suppressio*, da *surrectio* e do *tu quoque*.[342] Não obstante a relevância dos demais tipos de comportamento abusivo debatidos no Brasil, a argumentação desenvolvida a seguir será baseada exclusivamente na noção de abuso do direito como desequilíbrio no exercício jurídico. Trata-se de subcategoria conceitual que assume especial importância para o presente trabalho justamente porque oferece uma estrutura capaz de acomodar a exceção de desproporcionalidade tematizada nesta investigação.

A concepção de abuso do direito enquanto desequilíbrio no exercício jurídico foi introduzida no ambiente lusófono por meio das reflexões acadêmicas de António Menezes Cordeiro. O objetivo dessa classe de comportamentos abusivos é agrupar aquelas situações em que a atuação jurídica pretendida pelo agente, embora fosse permitida do ponto de vista estritamente formal, acarretaria consequências práticas desproporcionais que devem ser coibidas pelo Poder Judiciário. Nas palavras de Menezes Cordeiro, "a ideia de desequilíbrio no exercício traduz um

[341] Konder, Carlos Nelson. Princípios contratuais e exigência de fundamentação das decisões: boa-fé e função social do contrato à luz do CPC/2015. **Revista Opinião Jurídica**, ano 14, n. 19, p. 33-57, jul./dez. 2016, p. 42.

[342] Schreiber, Anderson. **A proibição de comportamento contraditório**: tutela de confiança e *venire contra factum proprium*. 4. ed. *E-book*. São Paulo: Atlas, 2016; Jobim, Marcio Felix. **Confiança e contradição**: a proibição do comportamento contraditório no direito privado. Porto Alegre: Livraria do Advogado, 2015; Gomes, Elena de Carvalho. **Entre o *actus* e o *factum***: os comportamentos contraditórios no direito privado. Belo Horizonte: Del Rey, 2009; Neves, Julio Gonzaga Andrade. **A *suppressio* (*Verwirkung*) no direito civil**. São Paulo: Almedina, 2016; Dickstein, Marcelo. **A boa-fé objetiva na modificação tácita da relação jurídica**: *surrectio* e *suppressio*. Rio de Janeiro: Lumen Juris, 2010; Pereira, Vítor Pimentel. A fórmula *tu quoque*: origem, conceito, fundamentos e alcance na doutrina e jurisprudência. **Revista Quaestio Iuris**, v. 5, n. 1, p. 360-402, 2012.

tipo extenso de actuações inadmissíveis de direitos. Abrigam-se, a ela, subtipos variados de conjunturas abusivas, próximas por, em todas, haver despropósito entre o exercício do direito e os efeitos dele derivados."[343] Em outra passagem, o referido autor esclarece que nos casos de desequilíbrio no exercício "[...] há uma desconexão – ou, se se quiser, uma desproporção – entre as situações sociais típicas prefiguradas pelas normas jurídicas que atribuíam direitos e o resultado prático do exercício desses direitos."[344]

E qual seria a fundamentação para o reconhecimento da abusividade das atividades que geram prejuízos desproporcionais em relação aos benefícios? Segundo Menezes Cordeiro, o exercício desequilibrado de posições jurídicas deve ser considerado abusivo porque viola os dois vetores de concretização da boa-fé objetiva, quais sejam, o princípio da tutela da confiança e o princípio da materialidade da regulação jurídica. No que tange ao princípio da tutela da confiança, o desequilíbrio no exercício frustra a legítima expectativa de que as faculdades individuais serão aproveitadas de maneira proporcional e razoável pelos seus titulares. Já no que concerne ao princípio da materialidade da regulação jurídica, o desequilíbrio no exercício desrespeita os elementos materiais restritivos que figuram de modo subjacente à mera permissividade formal das condutas. Sendo assim, diante da transgressão do limite boa-fé objetiva, é possível afirmar que o exercício desequilibrado de posições jurídicas preenche os requisitos fáticos estabelecidos pela cláusula geral do abuso do direito.[345]

A partir dos debates portugueses, a compreensão de abuso do direito como desequilíbrio no exercício jurídico foi recepcionada no Brasil e repercutiu em parte significativa da doutrina nacional. Fernando Noronha, por exemplo, reúne sob o título de exercício desequilibrado de direitos os "casos em que há manifesta desproporção entre a vantagem auferida pelo titular do direito e o sacrifício imposto à contraparte, mesmo

343 Cordeiro, António Menezes. **Da boa fé no direito civil**. Coimbra: Almedina, 2015, p. 851.

344 Cordeiro, António Menezes. **Tratado de direito civil**, v. 5: parte geral: exercício jurídico. 3. ed. Coimbra: Almedina, 2017, p. 388.

345 Cordeiro, António Menezes. **Tratado de direito civil**, v. 5: parte geral: exercício jurídico. 3. ed. Coimbra: Almedina, 2017, p. 388.

quando o titular não vise propriamente molestar esta, nem alcançar outra finalidade diversa daquela a que é destinado o seu direito."[346] Logo em seguida, Noronha apresenta três situações concretas que, na sua visão, configuram manifestações típicas de exercício desequilibrado de direitos no contexto do ordenamento brasileiro. São os casos a) da "recusa do credor em receber prestações com falhas desprezíveis, que em nada afetam o seu interesse"; b) do "despedimento de trabalhador prestes a adquirir estabilidade, ou de mulher grávida, antes que adquirisse direito à licença-maternidade"; e c) do "protesto de títulos de crédito, quando desnecessário para assegurar direitos do credor e quando o devedor legitimamente opusesse dúvidas sobre o débito."[347]

A noção de abuso do direito como exercício desequilibrado de posições jurídicas também é reconhecida por outros escritores que se dedicaram ao tema da categorização das condutas abusivas. Eduardo Tomasevicius Filho, nesse sentido, elenca a situação de "desproporção entre prejuízo causado e vantagem alcançada" como uma das hipóteses específicas que provocam a caracterização do abuso do direito.[348] De modo semelhante, Judith Martins-Costa inclui o "exercício *desmesurado* ou desmedido de direito subjetivo, potestativo ou faculdade" na lista de comportamentos considerados ilícitos em virtude da aplicação cláusula geral do art. 187 do Código Civil.[349] Luciano Camargo Penteado, finalmente, defende a identificação de diversas figuras parcelares derivadas da função corretora da boa-fé objetiva, dentre as quais se insere o "desequilíbrio no exercício jurídico" juntamente com outros institutos consagrados pela tradição romano-germânica (*venire contra factum proprium, tu quoque, exceptio doli*, inalegabilidade das nulidades formais, *suppressio* e *surrectio*).[350]

[346] NORONHA, Fernando. **O direito dos contratos e seus princípios fundamentais**: autonomia privada, boa-fé, justiça contratual. São Paulo: Saraiva, 1994, p. 179.

[347] NORONHA, Fernando. **O direito dos contratos e seus princípios fundamentais**: autonomia privada, boa-fé, justiça contratual. São Paulo: Saraiva, 1994, p. 180-181.

[348] TOMASEVICIUS FILHO, Eduardo. **O princípio da boa-fé no direito civil**. São Paulo: Almedina, 2020, p. 212.

[349] MARTINS-COSTA, Judith. **A boa-fé no direito privado**: critérios para a sua aplicação. 2. ed. São Paulo: Saraiva Educação, 2018, 669.

[350] PENTEADO, Luciano de Camargo. Figuras parcelares da boa-fé objetiva e *venire contra factum proprium*. **Thesis**, ano 4, v. 8, p. 39-70, jun./dez. 2007, p. 50.

Na jurisprudência brasileira, a ideia de abuso do direito como desequilíbrio no exercício jurídico foi bem retratada em um caso julgado pelo extinto Tribunal de Alçada do Estado do Paraná.[351] A lide teve início quando três agricultores ajuizaram uma ação revisional em face do Banco do Brasil para questionar os termos de um contrato de mútuo que havia sido formalizado por meio de uma cédula de crédito rural. Além da demanda principal, os autores propuseram uma ação cautelar incidental com o objetivo de substituir a garantia de penhor de safra originalmente prestada por uma nova garantia relativa à hipoteca de um imóvel. Como fundamento, os mutuários argumentaram que o pedido extrajudicial de substituição da caução pignoratícia pela caução hipotecária havia sido recusado de maneira arbitrária e ilegal pelo mutuante. O banco réu, a seu turno, aduziu que a decisão de recusar a troca das garantias não necessitava de justificativa e deveria ser respeitada pelo Poder Judiciário em observância ao princípio da autonomia privada e ao princípio da obrigatoriedade contratual.

A tese de defesa apresentada pelo Banco do Brasil foi acolhida pelo juiz de primeiro grau, que julgou improcedente a ação cautelar incidental ajuizada pelos três agricultores. Insatisfeitos com o desfecho da sentença, os autores interpuseram um recurso de apelação, que recebeu o número 186102-9 e, ao final, foi provido por unanimidade de votos pelos componentes da Segunda Câmara Cível. De início, o acórdão caracterizou a relação existente entre as partes como consumerista e pontuou que essa qualificação justificaria uma incidência especial da função corretora derivada da cláusula geral da boa-fé objetiva. A decisão colegiada asseverou que a substituição do penhor pela hipoteca seria mais benéfica para os autores (que poderiam negociar a safra antes do perecimento) e não traria qualquer prejuízo para o réu (que continuaria com o crédito integralmente protegido). Com efeito, os desembargadores concluíram que a recusa injustificada da alteração configurava abuso de direito, jus-

351 PARANÁ. Tribunal de Alçada do Estado do Paraná (2. Câmara Cível). **Apelação 186102-9**. Relatora: Des. Rosana Amara Girardi Fachin, 30 de outubro de 2002.

tamente porque acarretaria prejuízos desproporcionais aos respectivos benefícios.[352]

O conceito de abuso do direito enquanto desequilíbrio no exercício revela que o ordenamento jurídico não é insensível às consequências que decorrem do aproveitamento de cada faculdade individual. Em regra, os titulares de direitos subjetivos *lato sensu* podem manejar suas prerrogativas de acordo com os seus próprios interesses, mas as atuações que impõem sacrifícios desproporcionais sobre outras pessoas violam o padrão de conduta estabelecido pela boa-fé objetiva e por isso devem ser combatidas pelo Poder Judiciário. Ao que tudo indica, o abuso do direito, em sua vertente de exercício jurídico desequilibrado, pode ser utilizado para fundamentar a rejeição dos pedidos de tutela específica que acarretem custos excessivos para o devedor em comparação com os benefícios pretendidos pelo credor. Como primeiro passo para o exame desta hipótese, no entanto, é importante demonstrar que a noção de abuso do direito aqui examinada já tem sido utilizada na prática judicial brasileira para controlar a implementação de algumas outras posições contratuais relevantes.

4.5 Controle do exercício desequilibrado de posições contratuais

No período que vai do nascimento até a implementação dos contratos, a exigência de lealdade e de cooperação entre as partes assume uma feição especial, que pode ser denominada de boa-fé *in executivis*. Como explica Judith Martins-Costa, "[...] a boa-fé *in executivis* auxilia a indicar o modo correto de executar a prestação [...] e de exigir o seu cumprimento; a preencher [...] lacunas que só se farão sentir no momento executivo; e a estabelecer a fronteira entre o que é lícito ou ilícito dos poderes, direitos

[352] Nos termos da ementa da Apelação 186102-9: "A boa-fé atua como *standard*, como um modelo de comportamento, que impõe deveres acessórios de conduta aos sujeitos da relação contratual, desempenhando a função de limite ao exercício de direitos subjetivos, enquanto exercício desequilibrado de direitos, no qual o titular exerce um direito, dentro do âmbito de permissão conferida pela norma jurídica. Há nisto, o despropósito entre o exercício do direito e os efeitos que dele derivam, gerando um desequilíbrio entre as partes." PARANÁ. Tribunal de Alçada do Estado do Paraná (2. Câmara Cível). **Apelação 186102-9**. Relatora: Des. Rosana Amara Girardi Fachin, 30 de outubro de 2002, p. 1.

e faculdades exsurgentes do vínculo contratual."[353] A violação dos limites estabelecidos pela boa-fé objetiva durante a fase de execução dos contratos configura abuso do direito, sendo que uma das formas de ocorrência dessa transgressão corresponde justamente ao desequilíbrio no exercício de posições contratuais. Nas próximas linhas, serão apresentados, a título ilustrativo, quatro exemplos que evidenciam a preocupação do ordenamento jurídico nacional com o problema do controle do exercício desequilibrado das prerrogativas jurídicas que decorrem da participação em um contrato.

O primeiro exemplo diz respeito à limitação do exercício do direito à resolução naqueles casos em que a parte inadimplente já havia cumprido uma parcela significativa do programa contratual. Trata-se de decorrência da teoria do adimplemento substancial, que surgiu na jurisprudência do *Common Law* durante o século XVIII e foi assimilada no âmbito do *Civil Law* com o apoio da cláusula geral da boa-fé objetiva. No Brasil, a teoria do adimplemento substancial tem sido interpretada como uma mitigação da faculdade que o credor prejudicado pelo inadimplemento possui de optar pelo caminho da resolução contratual.[354] Relembre-se que o Código Civil dispõe, em seu art. 475, que "*a parte lesada pelo inadimplemento pode pedir a resolução do contrato*, se não preferir exigir-lhe o cumprimento, cabendo, em qualquer dos casos, indenização por perdas e danos." Embora o direito à resolução contratual esteja consagrado na legislação vigente, os tribunais brasileiros entendem que essa prerroga-

[353] Martins-Costa, Judith. **A boa-fé no direito privado**: critérios para a sua aplicação. 2. ed. São Paulo: Saraiva Educação, 2018, p. 472.

[354] Nesse sentido, o enunciado 361, aprovado na IV Jornada de Direito Civil do CJF, estabelece que "o adimplemento substancial decorre dos princípios gerais contratuais, de modo a fazer preponderar a função social do contrato e o princípio da boa-fé objetiva, balizando a aplicação do art. 475." Em adição, o enunciado 586, aprovado na VII Jornada de Direito Civil, indica que "para a caracterização do adimplemento substancial (tal qual reconhecido pelo Enunciado 361 da IV Jornada de Direito Civil – CJF), levam-se em conta tanto aspectos quantitativos quanto qualitativos." Na mesma linha, cf. Becker, Anelise. A doutrina do adimplemento substancial no direito brasileiro e em perspectiva comparatista. **Revista da Faculdade de Direito da UFRGS**, v. 9, n. 1, p. 60-77, nov. 1993, p. 60; Ferreira, Antonio Carlos. A interpretação da doutrina do adimplemento substancial. **Revista de Direito Civil Contemporâneo**, v. 18, ano 6, p. 35-60, jan./mar. 2019, p. 45.

tiva não pode ser exercida diante de falhas consideradas objetivamente irrelevantes.[355]

Alguns pontos da teoria do adimplemento substancial permanecem controversos nas discussões que tangenciam a questão dos limites ao exercício do direito à resolução contratual. Ilustrativamente, não existe ainda um consenso a respeito dos parâmetros quantitativos e qualitativos que devem ser utilizados pelo Poder Judiciário como base para a apuração da relevância de cada inadimplemento problematizado. Outro aspecto que continua indefinido é a incidência da teoria do adimplemento substancial em certos contextos específicos, como nos processos que envolvem alienação fiduciária em garantia ou obrigação de pagar alimentos.[356] A despeito das divergências pontuais que ainda marcam o estudo do tema, pode-se dizer que o objetivo dessa construção teórica é evitar uma desproporção entre o exercício da faculdade de resolver o contrato e as consequências práticas daí decorrentes. Nos dizeres de Bárbara Gomes Navas, a teoria do adimplemento substancial resguarda "[...] o equilíbrio entre ação e reação, para que um descumprimento mínimo [...] não acarrete a mais drástica resposta que se tem à inexecução das obrigações, que é o desfazimento do vínculo contratual [...]."[357]

O segundo exemplo relevante para o presente trabalho refere-se à limitação da possibilidade de oposição do contrato não cumprido quando o inadimplemento não prejudica o sinalagma contratual. Com

[355] BRASIL. Superior Tribunal de Justiça (4. Turma). **Recurso Especial 76.362/MT**. Relator: Min. Ruy Rosado de Aguiar, 11 de dezembro de 1995; BRASIL. Superior Tribunal de Justiça (4. Turma). **Recurso Especial 1.581.505/SC**. Relator Min. Antonio Carlos Ferreira, 18 de agosto de 2016.

[356] BRASIL. Superior Tribunal de Justiça (2. Seção). **Recurso Especial 1.622.555/MG**. Relator: Min. Marco Buzzi. Redator para acórdão: Min. Marco Aurélio Bellizze, 22 de fevereiro de 2017; BRASIL. Superior Tribunal de Justiça (4. Turma). **Habeas Corpus 439.973/MG**. Relator: Min. Luis Felipe Salomão. Redator para acórdão: Min. Antonio Carlos Ferreira, 16 de agosto de 2018.

[357] NAVAS, Bárbara Gomes. O abuso do direito de resolver: análise da teoria do adimplemento substancial no direito brasileiro. **Revista de Direito Civil Contemporâneo**, v. 11, p. 79-102, abr./jun. 2017, p. 10. No mesmo sentido, cf. TERRA, Aline de Miranda Valverde; GUEDES, Gisela Sampaio da Cruz. Adimplemento substancial e tutela do interesse do credor: análise da decisão proferida no REsp 1.581.505. **Revista Brasileira de Direito Civil**, v. 11, p. 95-113, jan./mar. 2017, p. 105.

raízes romanas e formulação canonista, a figura da exceção do contrato não cumprido (*exceptio non adimpleti contractus*) foi absorvida pelo Código Civil de 1916 e então reiterada em sua literalidade pelo Código Civil de 2002. Nos termos do art. 476 da codificação em vigor, "nos contratos bilaterais, nenhum dos contratantes, antes de cumprida a sua obrigação, pode exigir o implemento da do outro." Da leitura deste dispositivo, depreende-se que o contratante prejudicado pelo inadimplemento da sua contraparte tem o direito de suspender a execução da prestação correspondente à obrigação previamente descumprida.[358] Nos últimos anos, contudo, os órgãos judiciais brasileiros têm proferido uma série de decisões que limitam a aplicação da exceção do contrato não cumprido, explicitando que esta defesa não tem cabimento em face de descumprimentos contratuais pouco expressivos.[359]

Como se vê, nas hipóteses de insignificância do inadimplemento, a jurisprudência mais recente recusa tanto o exercício do direito à resolução contratual quanto a oposição da exceção do contrato não cumprido. Este posicionamento também encontra respaldo na doutrina, que ressalta a desproporcionalidade da atuação da parte que suspende a execução da integralidade das suas obrigações diante de uma falha pontual da outra parte contratante. De acordo com Caio Mário da Silva Pereira, a exceção do contrato não cumprido não pode "[...] ser levada ao extremo de acobertar o descumprimento sob invocação de haver o outro deixado

[358] Para uma releitura contemporânea dos requisitos da exceção do contrato não cumprido, cf. BIAZI, João Pedro de Oliveira de. **A exceção de contrato não cumprido no direito privado brasileiro**. Rio de Janeiro: LMJ Mundo Jurídico, 2019, p. 248; FREITAS, Rodrigo. Releitura dos requisitos tradicionais da exceção de contrato não cumprido. *In*: TERRA, Aline de Miranda Valverde; GUEDES, Gisela Sampaio da Cruz (coord.). **Inexecução das obrigações**, v. 1: pressupostos, evolução e remédios. Rio de Janeiro: Processo, 2020, p. 294.

[359] BRASIL. Superior Tribunal de Justiça (4. Turma). **Recurso Especial 883.990/RJ**. Relator: Min. Fernando Gonçalves, 1º de abril de 2008; BRASIL. Superior Tribunal de Justiça (3. Turma). **Recurso Especial 981.750/MG**. Relatora: Min. Nancy Andrighi, 13 de abril de 2010; BRASIL. Superior Tribunal de Justiça (3. Turma). **Recurso Especial 1.220.251/MA**. Relator: Min. Ricardo Villas Bôas Cueva, 6 de março de 2012; BRASIL. Superior Tribunal de Justiça (4. Turma). **Recurso Especial 648.780/RS**. Relator: Min. Raul Araújo, 20 de março de 2014.

de executar parte mínima ou irrelevante da que é a seu cargo."[360] Além disso, no que concerne especificamente ao campo empresarial, o enunciado 24, aprovado na I Jornada de Direito Comercial do CJF, aponta que "os contratos empresariais coligados, concretamente formados por unidade de interesses econômicos, permitem a arguição da exceção de contrato não cumprido, salvo quando a obrigação inadimplida for de escassa importância."

Já o terceiro exemplo remonta à limitação do exercício do direito à rescisão contratual naquelas hipóteses em que a evicção atinge apenas uma pequena parcela do objeto transacionado. O instituto da evicção tem lugar quando, em virtude de alguma determinação jurisdicional ou administrativa, o sujeito que recebe uma prestação de dar é privado da totalidade ou de parte da coisa adquirida contratualmente. No caso de uma evicção parcial considerável, o adquirente poderá escolher entre a desconstituição do negócio jurídico (ação redibitória) ou o abatimento do preço (ação estimatória). Perante a ocorrência de uma evicção parcial não considerável, por outro lado, o único remédio disponível para o contratante prejudicado será o requerimento judicial de abatimento do preço. É o que preconiza o art. 455 do Código Civil vigente ao dispor que, "se parcial, mas considerável, for a evicção, poderá o evicto optar entre a rescisão do contrato e a restituição da parte do preço correspondente ao desfalque sofrido. Se não for considerável, caberá somente direito a indenização."

Ausente uma definição legislativa, a diferenciação entre a evicção parcial considerável e a não considerável deverá ser realizada pelo Poder Judiciário à luz das peculiaridades de cada situação concreta. O empreendimento desta análise judicial demandará a articulação de diversos fatores circunstanciais, como a divisibilidade do bem adquirido, a serventia econômica da parcela restante e as práticas costumeiras relativas ao negócio em questão.[361] De todo modo, parece claro que o intuito do comando

[360] PEREIRA, Caio Mário da Silva. **Instituições de direito civil**, v. 3: contratos. 21. ed. Atual. Caitlin Mulholland. Rio de Janeiro: Forense, 2017, p. 65.

[361] COSTA, José Eduardo da. **Evicção nos contratos onerosos**: fundamento, natureza e estrutura. São Paulo: Saraiva, 2004, p. 102-103; MARTINS, Fernando Rodrigues. Evicção: a prestação como dever de resultado na concreção da justiça contratual. *In*: LOTUFO, Renan;

legislativo presente na parte final do art. 455 é impedir que o adquirente evicto exerça o direito à rescisão contratual de maneira desequilibrada em desfavor do alienante responsabilizado. Parte-se da premissa de que, nos cenários em que a constrição estatal afeta apenas uma parte inexpressiva do bem alienado, a desconstituição do negócio jurídico por meio da ação redibitória seria uma medida desproporcional, porque imporia ao alienante um prejuízo muito superior ao benefício visado pelo adquirente.

O quarto e último exemplo, por sua vez, alude à limitação do exercício do direito à resilição unilateral do contrato em virtude da realização de investimentos significativos pela contraparte. No direito brasileiro, a regra é que a declaração de vontade de uma das partes no sentido de extinguir a relação contratual produza os efeitos pretendidos a partir do momento em que a outra parte recebe a respectiva notificação. Trata-se de preceito contido no *caput* do art. 473 do Código Civil, que determina que "a resilição unilateral, nos casos em que a lei expressa ou implicitamente o permita, opera mediante denúncia notificada à outra parte." Excepcionalmente, caso o sujeito notificado tenha realizado dispêndios vultuosos baseados em uma legítima expectativa, a eficácia da resilição unilateral ficará suspensa até o decurso de um período tido como razoável. O art. 473 traz esta ressalva em seu parágrafo único ao prescrever que "se, porém, dada a natureza do contrato, uma das partes houver feito investimentos consideráveis para a sua execução, a denúncia unilateral só produzirá efeito depois de transcorrido prazo compatível com a natureza e o vulto dos investimentos."

Percebe-se, consequentemente, que a legislação não admite que o direito à resilição unilateral seja exercido de maneira abrupta, frustrando a confiança legitimamente depositada na subsistência do contrato. O período de aviso prévio oferecido pela parte interessada na extinção contratual deve ser coerente com as projeções econômicas que embasaram a formação do negócio em questão, sob pena de caracterização de abuso do direito em sua vertente de desequilíbrio no exercício de posições jurídicas. Corroborando esse posicionamento, Humberto João Carneiro Filho e Raul Cézar de Albuquerque afirmam que "não se

NANNI, Giovanni Ettore Nanni (coord.). **Teoria geral dos contratos**. São Paulo: Atlas, 2011, p. 535, nota 99.

concebe ser de boa-fé a denúncia que colhe o denunciado em surpresa, tomando-o de assalto, abruptamente, durante uma relação jurídica duradoura, não lhe dando tempo sequer para evitar ou minimizar os danos que certamente exsurgirão da resilição unilateral."[362] Na jurisprudência, o parágrafo único do art. 473 tem sido utilizado para garantir que os contratantes denunciados obtenham um patamar minimamente aceitável de retorno financeiro antes da extinção contratual.[363]

Os quatro exemplos supramencionados, embora sejam distintos entre si, demonstram uma preocupação comum do direito brasileiro em relação ao controle do exercício desequilibrado de posições contratuais. Atualmente, o ordenamento jurídico nacional contempla diversos mecanismos voltados a impedir que as faculdades derivadas do contrato sejam aproveitadas de maneira desproporcional e consequentemente abusiva. Várias prerrogativas contratuais – como a resolução por inadimplemento, a exceção do contrato não cumprido, a rescisão por evicção parcial e a resilição unilateral – têm sido relativizadas para evitar a imposição de prejuízos desmesurados à outra parte. Nesse contexto, a noção de abuso do direito como desequilíbrio no exercício pode ser usada para sistematizar a percepção geral de que os interesses de um contratante não podem ser

[362] Carneiro Filho, Humberto João; Albuquerque, Raul Cézar de. Do abuso do direito de denúncia contratual e a interpretação do parágrafo único do art. 473 do Código Civil. **Revista de Direito Civil Contemporâneo**, v. 21, ano 6, p. 387-428, out./dez. 2019, p. 399. Na mesma linha, cf. Santolim, Cesar. A proteção dos investimentos específicos na resilição unilateral do contrato e o risco moral: uma análise do artigo 473, parágrafo único, do Código Civil. **Revista do Instituto do Direito Brasileiro**, ano 3, v. 3, n. 1, p. 573-578, 2014, p. 573-575; Leonardo, Rodrigo Xavier. A denúncia e a resilição: críticas e propostas hermenêuticas ao art. 473 do CC/2002 brasileiro. **Revista de Direito Civil Contemporâneo**, v. 7, p. 95-117, abr./jun. 2016, p. 114; Viégas, Francisco de Assis. O art. 473, parágrafo único, do Código Civil e a chamada suspensão da eficácia da denúncia: a perspectiva do *giusto rimedio* e sua importância na concepção da faculdade alternativa de pagamento para o cumprimento do dever de pré-aviso. *In*: Terra, Aline de Miranda Valverde; Guedes, Gisela Sampaio da Cruz (coord.). **Inexecução das obrigações**, v. 2: pressupostos, evolução e remédios. Rio de Janeiro: Processo, 2021, p. 270.

[363] BRASIL. Superior Tribunal de Justiça (4. Turma). **Recurso Especial 1.555.202/SP**. Relator: Min. Luis Felipe Salomão, 13 de dezembro de 2016; Santa Catarina. Tribunal de Justiça do Estado de Santa Catarina (5. Câmara de Direito Comercial). **Agravo de Instrumento 2011.031023-5**. Relator: Des. Volnei Celso Tomazini, 29 de setembro de 2011.

tutelados a todo e qualquer custo para o outro. Cumpre averiguar, portanto, como essa linha de raciocínio poderia ser usada para fundamentar o reconhecimento da exceção de desproporcionalidade enquanto limitação ao direito do credor de requerer a tutela específica das obrigações inadimplidas.

4.6 Fundamentos para a admissão da exceção de desproporcionalidade

Com base na argumentação até aqui desenvolvida, pode-se afirmar que o instituto do abuso do direito, em sua faceta de desequilíbrio no exercício, oferece uma fundamentação satisfatória para a admissão da exceção de desproporcionalidade no contexto brasileiro. A positivação da cláusula geral do abuso do direito no ordenamento nacional, como se viu, simboliza a recepção de uma tradição bicentenária formulada para reprimir a utilização de faculdades jurídicas em circunstâncias inadmissíveis. Nos últimos tempos, sobretudo a partir de reflexões atinentes ao limite da boa-fé objetiva, a previsão do art. 187 tem sido utilizada para coibir diferentes manifestações abusivas e então sistematizá-las em subcategorias conceituais autônomas.[364] A tipologia do exercício jurídico desequilibrado, em especial, reúne os comportamentos considerados abusivos em virtude da existência de uma discrepância entre o proveito pretendido pelo titular e o sacrifício imposto à contraparte. Da combinação de todos esses elementos, depreende-se que o direito à tutela específica também deve passar por um controle de abusividade para evitar a ocorrência de resultados desproporcionais.

A proposta ora defendida, de aplicação da exceção de desproporcionalidade com lastro no instituto do abuso do direito, encontra seu principal amparo na necessidade de coerência interna do sistema jurídico. Por sua própria natureza de cláusula geral, o enunciado normativo do abuso do direito traz consigo uma acentuada vagueza semântica que viabiliza o reenvio do intérprete para racionalidades presentes em outros setores do regramento dos contratos. Nesse sentido, considerando que o Poder Judiciário tem recusado a utilização desequilibrada de diversas

[364] Art. 187. Também comete ato ilícito o titular de um direito que, ao exercê-lo, excede manifestamente os limites impostos pelo seu fim econômico ou social, pela boa-fé ou pelos bons costumes.

prerrogativas contratuais, é imperioso que essa análise custo-benefício alcance inclusive o exercício do direito à tutela específica. A faculdade que o contratante prejudicado pelo inadimplemento possui de exigir o cumprimento coativo da prestação deve passar pelo mesmo crivo de abusividade que incide sobre as outras posições jurídicas derivadas da relação contratual. Assim, da mesma forma que as demais pretensões titularizadas pelos contratantes, o direito à tutela específica deve ser afastado excepcionalmente nos casos de manifesta desproporção entre o interesse da parte requerente e o sacrifício da parte requerida.

O emprego da cláusula geral do abuso do direito como fundamento para o reconhecimento da exceção de desproporcionalidade oferece ainda três vantagens complementares. Em primeiro lugar, o posicionamento supramencionado preserva a primazia da tutela específica na medida em que determina uma motivação especialmente qualificada para o afastamento desse remédio preferencial para o descumprimento do contrato. Por mais paradoxal que possa parecer, a noção de abuso como desequilíbrio no exercício fortalece a regra da tutela específica justamente porque define com clareza o caminho argumentativo para a sua excepcionalização. Apenas nos casos de expressiva desproporção entre o proveito do credor e o custo do devedor é que deverá ser admitida a abusividade e a consequente relativização do direito de requerer a execução *in natura* das obrigações contratuais. Embora seja impossível eliminar de antemão as divergências interpretativas, o recurso ao abuso do direito promove o direcionamento dos debates judiciais, impedindo que os pleitos de tutela específica sejam recusados com base em intuições excessivamente abstratas de justiça contratual.

Em segundo lugar, a proposta de vinculação da exceção de desproporcionalidade à ideia de abuso do direito apresenta a vantagem de respeitar o âmbito de aplicação dos institutos e das teorias limítrofes. O art. 187 do Código Civil, assim como qualquer outra cláusula geral, possui incidência residual e pode ser mobilizado para resolver os problemas que ainda não foram regulados de maneira exaustiva em outros quadrantes do ordenamento brasileiro. Considerando que a concessão da tutela específica pode ser controlada a partir da noção subsidiária de desequilíbrio no exercício jurídico, não há razão para interpretar expansivamente o campo de incidência de outras formulações preestabelecidas e bem definidas. Afigura-se desnecessária, por exemplo, a expansão do conceito de impossibilidade superveniente da prestação, das regras sobre o desequilíbrio superveniente do contrato ou do princípio da menor onerosidade da execução. Ao afastar a necessidade de flexibilização e de desnaturação das outras normas que tangenciam a execução contratual, a utilização do abuso do direito como alicerce para a exceção de desproporcionalidade promove um inegável incremento de segurança jurídica.

Em terceiro lugar, por fim, a linha interpretativa apresentada no presente trabalho possui a vantagem de não depender obrigatoriamente de uma alteração legislativa para a sua implementação. No Brasil, o estado da arte relativo ao abuso do direito já se mostra robusto e maduro o suficiente para embasar, por si só, a avaliação de proporcionalidade dos requerimentos de tutela específica das obrigações contratuais inadimplidas. É verdade que a inclusão de um dispositivo regulando expressamente a exceção de desproporcionalidade poderia trazer uma maior certeza jurídica, mas a falta dessa providência não impede o controle de abusividade dos pedidos de execução *in natura*. Nesse ponto, é interessante traçar um paralelo com a experiência vivenciada em Portugal. Como visto anteriormente, o Código Civil português, diferentemente do alemão[365] e do francês[366], não contém uma vedação abrangente direcionada contra o exercício desequilibrado do direito à tutela específica.

[365] § 275 Exclusão do dever de prestar. [...] (2) O devedor pode recusar a prestação na medida em que ela exija um esforço que, levando em conta o conteúdo da relação obrigacional e os mandamentos da boa-fé, seja grosseiramente desproporcional ao interesse do credor na execução. Na determinação dos esforços exigíveis do devedor, deve-se considerar também se ele é responsável pelo obstáculo à prestação. [...] *§ 275 Ausschluss der Leistungspflicht. [...] (2) Der Schuldner kann die Leistung verweigern, soweit diese einen Aufwand erfordert, der unter Beachtung des Inhalts des Schuldverhältnisses und der Gebote von Treu und Glauben in einem groben Missverhältnis zu dem Leistungsinteresse des Gläubigers steht. Bei der Bestimmung der dem Schuldner zuzumutenden Anstrengungen ist auch zu berücksichtigen, ob der Schuldner das Leistungshindernis zu vertreten hat. [...].*

[366] Art. 1221. O credor de uma obrigação poderá, após notificação formal, demandar a sua execução em espécie, a menos que tal execução seja impossível ou que exista uma desproporção manifesta entre seu custo para o devedor de boa-fé e sua vantagem para o credor. *Art. 1221. Le créancier d'une obligation peut, après mise en demeure, en poursuivre l'exécution en nature sauf si cette exécution est impossible ou s'il existe une disproportion manifeste entre son coût pour le débiteur de bonne foi et son intérêt pour le créancier.*

Apesar dessa omissão legislativa, os portugueses têm aplicado a cláusula geral do abuso do direito como uma baliza para rejeitar os cumprimentos coativos que exigem esforços desarrazoados.[367]

Mas quais seriam, em termos pragmáticos, as implicações da admissão da exceção de desproporcionalidadeno direito brasileiro através do instituto do abuso do direito? Para responder esta pergunta, será preciso revisitar a divisão tripartite dos remédios para o descumprimento do contrato que foi apresentada no final do primeiro capítulo desta investigação. Relembre-se que, nos termos do entendimento aqui endossado, o sistema de respostas judiciais para a inexecução do contrato imputável ao devedor é composto por três diferentes pretensões, que podem ser perseguidas pelo credor de acordo com as peculiaridades de cada situação. Caso a prestação não pecuniária descumprida continue passível de execução e dotada de utilidade (inadimplemento relativo), a única opção disponível para o contratante prejudicado será (1) requerer a tutela específica juntamente com as eventuais perdas e danos. Se, por outro lado, a prestação se tornar impossível ou inútil em virtude da sua não execução (inadimplemento absoluto), a parte lesada poderá escolher entre (2) a tutela pelo equivalente pecuniário mais perdas e danos ou (3) a resolução contratual mais perdas e danos.

Pois bem, a plasticidade inerente à cláusula geral do abuso do direito permite que, diante de situações de exercício desequilibrado de posições jurídicas, o julgador construa fundamentadamente uma solução adequada às circunstâncias. Na hipótese de desequilíbrio no exercício do direito à tutela específica, o expediente adequado consiste justamente na neutralização da pretensão do contratante que busca a execução *in natura* da obrigação contratual descumprida. Com efeito, embora no direito brasileiro a resposta padrão para o inadimplemento relativo seja a concessão da tutela específica, esta providência judicial deverá ser afastada com base no art. 187 se ficar comprovado o risco de resultados desproporcionais. O reconhecimento da exceção de desproporcionalidade por meio do abuso do direito, nesse sentido, clarifica a existência de um

[367] Art. 334º (Abuso do direito) É ilegítimo o exercício de um direito, quando o titular exceda manifestamente os limites impostos pela boa fé, pelos bons costumes ou pelo fim social ou económico desse direito.

limite implícito que condiciona a viabilidade dos pedidos de cumprimento coativo dos contratos. Ainda que a prestação descumprida pelo devedor permaneça possível e útil para o credor, a tutela específica será afastada quando a sua implementação ocasionar sacrifícios exorbitantes em relação ao respectivo proveito.

A privação excepcional do remédio da tutela específica, no entanto, não pode conduzir a uma desconsideração total dos interesses do contratante vitimado pela superveniência do inadimplemento relativo. Por isso, sempre que um requerimento de execução *in natura* for barrado pelo limite da desproporcionalidade, o ordenamento jurídico precisará disponibilizar outros mecanismos capazes de tutelar o direito de crédito violado. O mais razoável, nesse aspecto, parece ser o aproveitamento extensivo e atípico daquelas duas alternativas de atuação que originalmente estariam reservadas apenas para as hipóteses de inadimplemento absoluto. Dessa forma, caso o acesso à tutela específica seja bloqueado para evitar consequências desproporcionais, o credor ainda poderá escolher entre a opção da tutela pelo equivalente pecuniário e a opção da resolução contratual. Percebe-se, portanto, que a admissão da exceção de desproporcionalidade promove uma alteração pontual no sistema de remédios para o descumprimento do contrato, afastando a resposta padrão para o inadimplemento relativo e atraindo, subsidiariamente, as duas respostas atinentes ao inadimplemento absoluto.

O clássico exemplo do anel pode nos ajudar a visualizar melhor os argumentos expostos neste tópico da pesquisa. Suponhamos que o vendedor derrubou no lago o anel infungível negociado por 5.000 reais e que, diante desta falha contratual, o comprador ajuizou uma ação pleiteando uma operação de resgate que custaria no mínimo 100.000 reais. Como a prestação continua tecnicamente possível e objetivamente útil, o caminho usual seria a concessão da tutela específica pretendida, mas tal medida obrigaria o devedor a suportar despesas desproporcionais aos benefícios do credor. Sendo assim, a execução *in natura* requerida configuraria um exercício desequilibrado de posição jurídica, atuação que corresponde a uma das formas de abuso do direito reconhecidas e combatidas pelo ordenamento nacional. Uma vez preenchidos os pressupostos fáticos do art. 187, a abertura referente às consequências jurídicas da cláusula geral do abuso do direito pode ser mobilizada para impedir excepcionalmente o acesso ao remédio da tutela específica. Entretanto, para que o direito de crédito violado não fique desamparado, faz-se necessário facultar ao contratante prejudicado a escolha subsidiária entre o caminho da tutela pelo equivalente pecuniário e o caminho da resolução contratual, ambos acrescidos das perdas e danos cabíveis.

Neste momento, diante de todo o exposto, já é possível apresentar uma resposta convincente para o questionamento destacado no início deste trabalho. O desenvolvimento da presente investigação foi provocado por duas perguntas centrais: o cabimento da tutela específica das obrigações contratuais deve ser limitado por uma análise de proporcionalidade entre os custos do devedor e os benefícios do credor? Em caso positivo, qual seria o fundamento jurídico desta restrição? A revisão da literatura nacional evidenciou que as soluções atualmente apontadas tanto pela jurisprudência quanto pela doutrina brasileiras são insuficientes para enfrentar adequadamente os variados desafios que decorrem desse tema-problema. O exame do Direito Comparado, todavia, demonstrou que a exceção de desproporcionalidade tem sido difundida no âmbito do *Civil Law* a partir de articulações entre a função corretiva da boa-fé objetiva e a ideia de abuso do direito. A pista deixada pelas experiências estrangeiras propiciou a testagem e a confirmação da hipótese de que, no ordenamento brasileiro, os pedidos de cumprimento coativo dos contratos devem sim passar por um filtro de proporcionalidade que, por sua vez, encontra fundamento na cláusula geral do abuso do direito do art. 187.

É preciso reconhecer, entretanto, que a proposição detalhada nos parágrafos anteriores deixa em aberto algumas questões referentes ao funcionamento concreto da exceção de desproporcionalidade. A tese de que a tutela específica deve ser recusada quando acarretar consequências desproporcionais, embora seja coerente com a tendência nacional de repressão ao exercício jurídico desequilibrado, situa-se primariamente no plano teórico. Para que a construção argumentativa elaborada nesta pesquisa saia do papel e alcance efetivamente a realidade judicial brasileira, será necessário um trabalho complementar de colmatação das lacunas práticas. Por isso é importante refletir, ainda que a título experimental, sobre o tema dos critérios que devem ser utilizados pelo intérprete durante a análise de proporcionalidade dos pedidos de execução *in natura* das obrigações contratuais. O tópico a seguir encerra o desenvolvimento do texto trazendo uma primeira tentativa de determinação dos parâmetros condicionantes da concretização procedimental da exceção de desproporcionalidade.

4.7 Parâmetros para a concretização da exceção de desproporcionalidade

O desenvolvimento do presente trabalho culminou na constatação de que a exceção de desproporcionalidade deve ser admitida no direito brasileiro a partir da noção de abuso como desequilíbrio no exercício jurídico. Esta conclusão responde ao questionamento inicial que indagava se a viabilidade da tutela específica das obrigações contratuais deveria ser limitada por uma análise de proporcionalidade, bem como qual seria o fundamento para a realização deste controle. Se é verdade que a tese aqui apresentada oferece uma via de solução para o tema problematizado, também o é que ela provoca o surgimento de novas perguntas relacionadas não mais à fundamentação, mas sim à operacionalização do limite da desproporcionalidade. Nas linhas seguintes serão examinadas quatro destas questões derivadas, a saber: Como apurar os custos do devedor e os benefícios do credor? Qual é a margem tolerável de desproporção entre os sacrifícios e os proveitos? A exceção de desproporcionalidade possui natureza dispositiva? A contribuição do devedor para a criação do desequilíbrio deve ser levada em conta?

A primeira questão, relativa à apuração dos custos para o devedor e dos benefícios para o credor, desagua na análise do conjunto probatório produzido em cada processo à luz do contraditório e da ampla defesa. Para quantificar os valores em jogo nos pedidos de tutela específica das obrigações contratuais, o juiz deve considerar as provas apresentadas pelas partes juntamente com as provas determinadas de ofício (arts. 369 e 370, *caput*, do CPC).[368] Naturalmente, será mais fácil a averiguação das

[368] Art. 369. As partes têm o direito de empregar todos os meios legais, bem como os moralmente legítimos, ainda que não especificados neste Código, para provar a verdade dos fatos em que se funda o pedido ou a defesa e influir eficazmente na convicção do juiz. Art. 370. Caberá ao juiz, de ofício ou a requerimento da parte, determinar as provas necessárias ao julgamento do mérito. [...]

transações corriqueiras e usuais, porque neste caso o estudo dos precedentes oferece uma base confiável para a identificação dos sacrifícios e dos proveitos contrapostos na execução *in natura*. Em se tratando de hipóteses inovadoras ou peculiares, por outro lado, o Poder Judiciário deverá reunir elementos mínimos que permitam uma estimativa de proporcionalidade, ainda que seja inviável a realização de um cálculo exato. A depender do grau de complexidade do debate, poderão ser aplicadas as regras da experiência comum, que decorrem da observação dos acontecimentos ordinários, ou as regras da experiência técnica, que demandam o auxílio técnico pericial (art. 375 do CPC).[369]

Na avaliação dos custos derivados da implementação da tutela específica, é importante lembrar que o valor computado deve dizer respeito à medida executiva menos gravosa para o devedor quando houver mais de uma alternativa. Isso em virtude do princípio da menor onerosidade da execução e da consequente preferência pelo meio judicial que permita a satisfação do crédito do exequente com o mínimo de prejuízo ao executado (art. 805 do CPC).[370] Já na avaliação dos benefícios pretendidos por meio da concessão da tutela específica, não se pode perder de vista que o interesse do credor na prestação abrange tanto aspectos patrimoniais quanto aspectos extrapatrimoniais. Sob uma óptica puramente econômica, a expectativa da parte prejudicada pela mora da sua contraparte pode ser precificada a partir da investigação do valor de mercado da obrigação de dar, fazer ou não fazer inadimplida. Este exame, no entanto, deve ser acompanhado por uma inquirição das especificidades subjetivas que extrapolam o âmbito comercial, como o valor de afeição ou a importância existencial do bem.[371]

[369] Art. 375. O juiz aplicará as regras de experiência comum subministradas pela observação do que ordinariamente acontece e, ainda, as regras de experiência técnica, ressalvado, quanto a estas, o exame pericial.

[370] Art. 805. Quando por vários meios o exequente puder promover a execução, o juiz mandará que se faça pelo modo menos gravoso para o executado. Parágrafo único. Ao executado que alegar ser a medida executiva mais gravosa incumbe indicar outros meios mais eficazes e menos onerosos, sob pena de manutenção dos atos executivos já determinados.

[371] Nas palavras de Teresa Negreiros "a releitura da dogmática civil à luz da Constituição, com base na sua funcionalização à promoção dos valores existenciais, sugere que a utilidade dos bens seja igualmente considerada em função da sua utilidade para a pessoa que

Passando para a questão da margem tolerável de desproporção entre o sacrifício e o proveito, um ponto de partida interessante é a terminologia empregada pelas previsões legislativas do *Civil Law*. O Código Civil brasileiro,[372] de maneira semelhante ao português,[373] caracteriza como abusivo o exercício jurídico que excede "manifestamente" os limites estabelecidos pela função socioeconômica, pela boa-fé objetiva ou pelos bons costumes. A codificação alemã, por sua vez, afasta o cabimento do remédio da tutela específica nas hipóteses em que o esforço do devedor se mostre "grosseiramente" desproporcional ao interesse do credor.[374] Já o *Code Civil* francês impede o acesso à pretensão da execução *in natura* nos casos em que se verifica uma desproporção "manifesta" entre as despesas impostas ao devedor e as vantagens pretendidas pelo credor.[375] As expressões legais adotadas por esses ordenamentos jurídicos denotam que não é toda e qualquer discrepância que justifica a mitigação do

deles necessita." NEGREIROS, Teresa. **Teoria dos contratos**: novos paradigmas. 2. ed. Rio de Janeiro: Renovar, 2006, p. 391.

[372] Art. 187. Também comete ato ilícito o titular de um direito que, ao exercê-lo, excede *manifestamente* os limites impostos pelo seu fim econômico ou social, pela boa-fé ou pelos bons costumes.

[373] Art. 334º (Abuso do direito) É ilegítimo o exercício de um direito, quando o titular exceda *manifestamente* os limites impostos pela boa fé, pelos bons costumes ou pelo fim social ou económico desse direito.

[374] § 275 Exclusão do dever de prestar. [...] (2) O devedor pode recusar a prestação na medida em que ela exija um esforço que, levando em conta o conteúdo da relação obrigacional e os mandamentos da boa-fé, seja grosseiramente desproporcional ao interesse do credor na execução. Na determinação dos esforços exigíveis do devedor, deve-se considerar também se ele é responsável pelo obstáculo à prestação. [...] *§ 275 Ausschluss der Leistungspflicht. [...] (2) Der Schuldner kann die Leistung verweigern, soweit diese einen Aufwand erfordert, der unter Beachtung des Inhalts des Schuldverhältnisses und der Gebote von Treu und Glauben in einem groben Missverhältnis zu dem Leistungsinteresse des Gläubigers steht. Bei der Bestimmung der dem Schuldner zuzumutenden Anstrengungen ist auch zu berücksichtigen, ob der Schuldner das Leistungshindernis zu vertreten hat. [...].*

[375] Art. 1221. O credor de uma obrigação poderá, após notificação formal, demandar a sua execução em espécie, a menos que tal execução seja impossível ou que exista uma desproporção manifesta entre seu custo para o devedor de boa-fé e sua vantagem para o credor. *Art. 1221. Le créancier d'une obligation peut, après mise en demeure, en poursuivre l'exécution en nature sauf si cette exécution est impossible ou s'il existe une disproportion manifeste entre son coût pour le débiteur de bonne foi et son intérêt pour le créancier.*

direito à tutela específica, exigindo-se para tanto um desequilíbrio especialmente qualificado.

A determinação do patamar inadmissível de desproporção entre os ônus e os bônus da tutela específica, contudo, sempre estará sujeita a discussão e só poderá ser realizada diante do caso concreto. O máximo que pode ser feito de maneira prévia e abstrata é a identificação de dois extremos de rigorosidade – um piso e um teto – que devem ser respeitados durante o exame de viabilidade dos pedidos de execução *in natura* das obrigações contratuais. Por um lado, o desequilíbrio inaceitável não deve ser tão baixo a ponto de subverter a primazia da tutela específica, rejeitando o cumprimento coativo do contrato com base na mera constatação de onerosidade para o devedor. Por outro lado, o desequilíbrio inaceitável não deve ser tão alto a ponto de impossibilitar a aplicação prática da exceção de desproporcionalidade, tornando inócua toda a fundamentação teórica que lhe serve de sustentação. Dentro desses dois limites, caberá à jurisprudência e à doutrina o trabalho de identificar e de sedimentar os grupos de casos típicos que servirão como referências mais precisas para as futuras avaliações.

No que concerne à questão da disponibilidade, o desafio é determinar se a exceção de desproporcionalidade pode ser transacionada ou se, pelo contrário, ela é uma imposição de ordem pública. Para enfrentar este tópico, é preciso rememorar a distinção entre as normas contratuais de natureza dispositiva (que são derrogáveis pelas partes) e as normas contratuais de natureza cogente (que são inderrogáveis pelas partes).[376] No domínio do direito privado, a regra é a disponibilidade das posições jurídicas ativas e passivas, que podem ser livremente criadas, modificadas e alienadas, a não ser que exista alguma restrição decorrente da legislação

[376] Como explica Marcelo de Oliveira Milagres, "quanto à imperatividade, as normas jurídicas podem ser cogentes ou dispositivas. As normas cogentes (*jus cogens*) tutelam elevados interesses sociais e não admitem disposição consensual em sentido contrário. São inderrogáveis pelas partes. Já as normas dispositivas (*jus dispositivum*) estabelecem balizas de conduta que podem ser modificadas pelos sujeitos de direito. Ajustam-se ao exercício regular da autonomia privada". MILAGRES, Marcelo de Oliveira. Normas cogentes e dispositivas de direito de família. **Revista de direito privado**, São Paulo, v. 9, n. 35, p. 211-228, jul./set. 2008, p. 219.

(art. 5º, II, da CF).[377] À primeira vista, não parece haver um óbice geral que impeça o devedor de renunciar ao limite da desproporcionalidade, sujeitando-se à eventual execução *in natura* independentemente de qualquer análise de custo-benefício.[378] Sendo assim, o agravamento consubstanciado na sujeição mais rigorosa ao remédio da tutela específica poderá ser usado como um diferencial para a obtenção de termos negociais mais vantajosos no mercado.

A percepção de que a exceção de desproporcionalidade possui natureza dispositiva também encontra respaldo em alguns dispositivos materiais e processuais da legislação brasileira. Nos termos do art. 393 do Código Civil, o devedor não responde pelo inadimplemento decorrente de fatos externos inevitáveis, a não ser que tenha assumido expressamente a responsabilidade pelo caso fortuito ou força maior.[379] Já que o devedor pode agravar o seu próprio risco a ponto de responder inclusive por fatos alheios ao seu controle, parece razoável que ele possa se sujeitar a um regime mais rigoroso de cabimento da tutela específica. Além disso, de acordo com o art. 190 do Código de Processo Civil, as partes são livres para estipular mudanças procedimentais aplicáveis no caso de futura judicialização, desde que se trate de relação envolvendo direitos transacionáveis.[380] Esta liberdade conferida pelos chamados negócios jurídicos processuais pode ser aproveitada pelos contratantes que dese-

[377] Art. 5º [...] II – ninguém será obrigado a fazer ou deixar de fazer alguma coisa senão em virtude de lei; [...].

[378] No âmbito específico dos contratos de adesão, vigora uma regra especial proibitiva. De acordo com o art. 423 do Código Civil, "nos contratos de adesão, são nulas as cláusulas que estipulem a renúncia antecipada do aderente a direito resultante da natureza do negócio."

[379] Art. 393. O devedor não responde pelos prejuízos resultantes de caso fortuito ou força maior, se expressamente não se houver por eles responsabilizado. Parágrafo único. O caso fortuito ou de força maior verifica-se no fato necessário, cujos efeitos não era possível evitar ou impedir.

[380] Art. 190. Versando o processo sobre direitos que admitam autocomposição, é lícito às partes plenamente capazes estipular mudanças no procedimento para ajustá-lo às especificidades da causa e convencionar sobre os seus ônus, poderes, faculdades e deveres processuais, antes ou durante o processo. Parágrafo único. De ofício ou a requerimento, o juiz controlará a validade das convenções previstas neste artigo, recusando-lhes aplicação somente nos casos de nulidade ou de inserção abusiva em contrato de adesão ou em que alguma parte se encontre em manifesta situação de vulnerabilidade.

jam personalizar o sistema de remédios judiciais cabíveis na hipótese de inadimplemento.

Finalmente, cumpre examinar a questão da relevância do comportamento do devedor, um dos aspectos mais polêmicos da admissão da exceção de desproporcionalidade no âmbito do *Civil Law*. A afirmação de que a tutela específica deve ser recusada quando se mostrar desproporcional traz consigo o perigo de atuação ardilosa do devedor, que poderá provocar intencionalmente um desequilíbrio para ficar imune à execução *in natura*. Para mitigar a ocorrência deste risco, alguns ordenamentos jurídicos assimilaram mecanismos que tentam impedir a má-fé na alegação do limite da desproporcionalidade. O Código Civil alemão prescreve que, ao efetivar o controle do exercício do direito à tutela específica, o julgador deverá levar em conta a contribuição do devedor para o surgimento do obstáculo à prestação.[381] A redação atualmente empregada pelo Código Civil francês, por sua vez, esclarece que o afastamento excepcional da tutela específica com base em um juízo de proporcionalidade somente ocorrerá se o contratante responsável pela inexecução tiver agido de boa-fé.[382]

Na realidade brasileira, uma solução possível seria utilizar a noção de que ninguém pode se valer da própria torpeza, que está estampada no antigo brocardo *nemo auditur propriam turpitudinem allegans*. O aproveita-

[381] § 275 Exclusão do dever de prestar. [...] (2) O devedor pode recusar a prestação na medida em que ela exija um esforço que, levando em conta o conteúdo da relação obrigacional e os mandamentos da boa-fé, seja *grosseiramente* desproporcional ao interesse do credor na execução. Na determinação dos esforços exigíveis do devedor, deve-se considerar também se ele é responsável pelo obstáculo à prestação. [...] *§ 275 Ausschluss der Leistungspflicht. [...] (2) Der Schuldner kann die Leistung verweigern, soweit diese einen Aufwand erfordert, der unter Beachtung des Inhalts des Schuldverhältnisses und der Gebote von Treu und Glauben in einem groben Missverhältnis zu dem Leistungsinteresse des Gläubigers steht. Bei der Bestimmung der dem Schuldner zuzumutenden Anstrengungen ist auch zu berücksichtigen, ob der Schuldner das Leistungshindernis zu vertreten hat. [...].*

[382] Art. 1221. O credor de uma obrigação poderá, após notificação formal, demandar a sua execução em espécie, a menos que tal execução seja impossível ou que exista uma desproporção *manifesta* entre seu custo para o devedor de boa-fé e sua vantagem para o credor. *Art. 1221. Le créancier d'une obligation peut, après mise en demeure, en poursuivre l'exécution en nature sauf si cette exécution est impossible ou s'il existe une disproportion manifeste entre son coût pour le débiteur de bonne foi et son intérêt pour le créancier.*

mento da própria torpeza corresponde a um tipo especial de comportamento contraditório caracterizado pela presença de um elemento subjetivo, ou seja, trata-se de conduta desleal perseguida propositalmente pelo agente.[383] Um exemplo desta forma de agir contemplado pelo Código Civil é o caso do adolescente que oculta a sua menoridade para contratar e depois tenta se livrar da obrigação alegando a anulabilidade do negócio realizado.[384] Infere-se, nessa linha, que o devedor que age dolosamente, contribuindo para o surgimento de um desequilíbrio entre os prováveis resultados da tutela específica, não deveria ser beneficiado pela incidência da exceção de desproporcionalidade. Com efeito, o pedido de tutela específica formulado pelo contratante prejudicado deverá ser provido, a despeito da desproporção eventualmente verificada, quando ficar comprovado que a parte inadimplente criou intencionalmente os empecilhos que dificultam o cumprimento da prestação.

O enfrentamento das quatro questões supramencionadas representa um esforço inaugural de densificação da tese apresentada e defendida no presente trabalho. Sugeriu-se, em síntese, que a exceção de desproporcionalidade pode ser aplicada para barrar a concessão da tutela específica quando houver um desequilíbrio expressivo entre os custos da medida executiva menos onerosa para o devedor, de um lado, e os benefícios patrimoniais e extrapatrimoniais almejados pelo credor, do outro lado. Também foi apontado que o afastamento excepcional da execução *in natura* não deve ocorrer nos casos em que o contratante inadimplente renunciou livremente ao limite da proporcionalidade ou contribuiu propositalmente para a sua superação. Apesar da inegável relevância prática, todos estes parâmetros fornecem apenas uma estrutura básica de argu-

[383] Segundo Judith Martins-Costa, "nem sempre a conduta deslealmente contraditória importará no chamamento ao *venire contra factum proprium non potest*. Quando a ênfase residir não propriamente na confiança despertada legitimamente no *alter*, mas no elemento subjetivo da conduta do agente (malícia, torpeza, dolo) estará configurada situação ensejadora do brocardo *nemo auditur propriam turpitudinem allegans*." MARTINS-COSTA, Judith. **A boa-fé no direito privado**: critérios para a sua aplicação. 2. ed. São Paulo: Saraiva Educação, 2018, p. 689.

[384] Art. 180. O menor, entre dezesseis e dezoito anos, não pode, para eximir-se de uma obrigação, invocar a sua idade se dolosamente a ocultou quando inquirido pela outra parte, ou se, no ato de obrigar-se, declarou-se maior.

mentação, que deverá ser adaptada para atender às especificidades de cada nicho contratual. Espera-se, no entanto, que os critérios aqui indicados possam servir como um direcionamento inicial para a concretização do controle do exercício desequilibrado do direito à tutela específica das obrigações contratuais.

CONCLUSÕES

Este trabalho foi motivado pela identificação de uma tensão no regramento relativo às consequências do inadimplemento das obrigações contratuais não pecuniárias. Por um lado, a resposta padrão para o descumprimento do contrato é a concessão da tutela específica, que mobiliza o aparato estatal com vistas à concretização da prestação esperada pelo contratante prejudicado. Por outro lado, a implementação da execução *in natura* pode acarretar resultados desproporcionais naqueles casos em que as despesas exigidas do devedor superam as vantagens pretendidas pelo credor. Diante desse cenário, a pesquisa buscou apurar se existem, no contexto do direito brasileiro, fundamentos que justificam a rejeição dos pedidos de tutela específica marcados por uma desproporção entre os custos e os benefícios. A averiguação da aplicabilidade da exceção de desproporcionalidade, nos moldes aqui propostos, mostrou-se pertinente em face da incipiência das reflexões brasileiras, da necessidade de segurança jurídica e da possibilidade de interface com as experiências vivenciadas internacionalmente.

O caminho percorrido teve início com o contraste entre a tutela específica e a tutela genérica, que representam duas maneiras distintas de proteção judicial dos direitos subjetivos. A tutela específica ou *in natura* tem o propósito de fornecer ao sujeito lesado que procura o Poder Judiciário, na medida do possível, exatamente o conteúdo do bem jurídico que lhe era devido. A tutela genérica, substitutiva ou pelo equivalente pecuniário, diferentemente, tenta compensar a vítima de um ato ilícito por meio da entrega de uma quantidade de dinheiro correspondente à violação sofrida. Desde o final do século XX, a legislação nacional passou a demonstrar uma nítida preferência pela tutela jurisdicional na forma específica, aumentando as suas hipóteses de cabimento e fortalecendo os mecanismos para a sua efetivação. No direito brasileiro, portanto, vigora hoje o princípio da primazia da tutela específica, também chamado de princípio da maior coincidência possível ou simplesmente princípio do resultado, que privilegia a aplicação da execução *in natura* nos diversos ramos públicos e privados.

As características da tutela específica variam de acordo com o interesse que se pretende proteger e, por isso, é importante atentar para as suas diferentes manifestações concretas. A tutela específica pode ser classificada em inibitória (se busca evitar a prática de um ilícito), reintegratória (se busca remover um ilícito já praticado) ou ressarcitória (se busca reparar *in natura* certo dano). Dentro desta classificação, a tutela específica das obrigações contratuais se insere na categoria reintegratória, justamente porque pretende afastar o estado antijurídico peculiar ocasionado pelo inadimplemento relativo. Ao promover o cumprimento coativo da prestação não executada pela parte devedora, a tutela específica das obrigações contratuais interrompe a violação continuada do direito de crédito titularizado pela parte credora. O requerimento de tutela específica das obrigações contratuais, com efeito, independe da prévia comprovação de dano ou de culpa em sentido amplo, sendo suficiente a demonstração de que o comportamento contratualmente prometido não foi adequadamente desempenhado.

Para compreender a tutela específica das obrigações contratuais, é preciso revisitar o próprio conceito de obrigação contratual e as consequências da sua inexecução. A visão clássica ou tradicional, que descrevia a relação obrigacional como o vínculo jurídico capaz de sujeitar o devedor a realizar uma prestação em favor do credor sob pena de responsabilização, tem sofrido uma releitura nos últimos tempos. Segundo a concepção contemporânea, a obrigação deve ser entendida como um complexo de posições jurídicas que estabelece um programa de condutas cooperativas com vistas à obtenção do adimplemento. Sendo assim, haverá inadimplemento imputável quando o legítimo interesse do credor não for satisfeito em virtude de uma causa atribuível subjetivamente ou objetivamente ao âmbito de responsabilidade do devedor. Quanto aos seus efeitos, o inadimplemento imputável subdivide-se em inadimplemento absoluto (quando desaparece a possibilidade ou a utilidade da prestação) e em inadimplemento relativo (quando permanece a possibilidade e a utilidade da prestação).

O arcabouço conceitual supramencionado viabiliza o empreendimento de uma sistematização dos principais remédios para o descumprimento do contrato. Nos termos da proposta tripartite aqui adotada, verifica-se que o contratante prejudicado possui três possibilidades básicas de atuação judicial perante a contraparte responsável pela inexecução. Diante das situações de inadimplemento absoluto, o credor preterido pode escolher entre duas alternativas, que são: requerer a tutela genérica mais perdas e danos ou então requerer a resolução mais perdas e danos. Caso estejam presentes os pressupostos caracterizadores do inadimplemento relativo, diversamente, a parte lesada possui uma única opção, que é o requerimento da tutela específica da obrigação não pecuniária somado às perdas e danos. No âmbito do ordenamento nacional, portanto, o direito de pleitear a execução *in natura* somente deve ser descartado preliminarmente quando a ocorrência da violação contratual vier acompanhada da constatação de que a prestação devida se tornou impossível ou inútil.

Ocorre que, ainda que a prestação permaneça passível de execução e dotada de utilidade, existem limites implícitos que podem inviabilizar a concessão da tutela específica. Destaca-se, nesse ponto, o problema do reconhecimento da exceção de desproporcionalidade, que neutraliza os pedidos de tutela específica marcados pelo descompasso entre os respectivos custos e benefícios. O Superior Tribunal de Justiça já rejeitou, em pelo menos três oportunidades, o cabimento de requerimentos de tutela específica reputados excessivamente onerosos, mas os acórdãos não chegaram a aprofundar os fundamentos utilizados. Os estudos brasileiros, a seu turno, tratam da questão apenas superficialmente e há controvérsias a respeito da necessidade de sujeitar a viabilidade do remédio da tutela específica a um controle de proporcionalidade. As poucas obras nacionais que tangenciam a exceção de desproporcionalidade costumam associá-la a institutos mais familiares, como a impossibilidade superveniente da prestação, o regramento do reequilíbrio contratual e o princípio da menor onerosidade da execução.

Os institutos comumente mencionados pela doutrina, no entanto, não são capazes de fundamentar adequadamente a admissão da exceção de desproporcionalidade no direito brasileiro. Em primeiro lugar, revela-se temerária a aplicação da ideia de impossibilidade superveniente da prestação para regular os casos em que a prestação continua tecnicamente possível, como ocorre nas hipóteses de inadimplemento relativo das obrigações contratuais. Em segundo lugar, a preservação da segurança jurídica exige que as regras atinentes ao reequilíbrio do contrato sejam interpretadas restritivamente, de modo a respeitar os requisitos autorizadores cautelosamente estabelecidos pelo Poder Legislativo. E, em terceiro lugar, o princípio da menor onerosidade da execução incide exclusivamente no momento de escolha entre os variados meios coercitivos e sub-rogatórios que podem ser mobilizados para obter a tutela específica. Tendo em vista exatamente a ausência de respostas satisfatórias na literatura nacional, optou-se no presente trabalho pela busca de subsídios através de um estudo de Direito Comparado.

De modo geral, pode-se dizer que existe atualmente uma divergência significativa entre os sistemas de *Civil Law* e os sistemas de *Common Law* no que diz respeito ao remédio preferencial para o descumprimento do contrato. Os países que integram a família romano-germânica, como é o caso do Brasil, costumam adotar a tutela específica como resposta padrão para o inadimplemento das obrigações contratuais não pecuniárias. Já os países filiados à tradição anglo-saxã compartilham uma orientação diferente e sustentam que a resposta padrão para a violação contratual é o pagamento de uma reparação em dinheiro. Apesar dos pontos de partida contrapostos, os dois grandes modelos jurídicos internacionais têm se aproximado nos últimos tempos em virtude da gradativa admissão de exceções que flexibilizam as respectivas regras gerais. Um dos sintomas desta tendência de aproximação é precisamente a difusão da exceção de desproporcionalidade dentro da circunscrição territorial do *Civil Law*, seja por meio de modificações legislativas, de reflexões doutrinárias ou de iniciativas internacionais.

A análise comparatista desenvolvida ao longo da pesquisa enfocou três ordenamentos jurídicos em especial, quais sejam, o alemão, o francês e o português. Todos eles reconhecem tradicionalmente o princípio da primazia da tutela específica, mas admitem hoje algumas hipóteses de recusa dos pedidos de execução *in natura* que trariam resultados desproporcionais. A reforma de 2002 do Código Civil alemão reformulou o § 275, que agora impede o cumprimento coativo quando o esforço do devedor se mostrar grosseiramente desequilibrado em relação ao interesse do credor. De modo semelhante, a reforma de 2016 do Código Civil francês modificou a redação do art. 1.221, estabelecendo a inviabilidade das demandas de tutela específica que envolvam uma desproporção manifesta entre os próprios custos e benefícios. Em Portugal, embora a exceção de desproporcionalidade esteja consagrada apenas pontualmente na legislação, uma grande parte da doutrina propõe a realização de uma interpretação extensiva lastreada na cláusula geral do abuso do direito prevista no art. 334º do Código Civil.

Para além dos regramentos internos, a exceção de desproporcionalidade também tem ganhado espaço nas iniciativas internacionais de harmonização do Direito Contratual que abrangem os países de *Civil Law*. Este é o caso, por exemplo, dos *Principles of International Commercial Contracts* (art. 7.2.2, b), dos *Principles of European Contract Law* (art. 9:102, 1 e 2, b), do *Draft Common Frame of Reference* (III. – 3:302, 1 e 3, b), dos *Principios Latinoamericanos de Derecho de los Contratos* (art. 94, 2, b) e das Diretivas (UE) 2019/770 (art. 14º, 2) e 2019/771 (art. 13º, 2) do Parlamento Europeu e do Conselho. Não há consenso sobre as razões políticas que motivaram a disseminação da exceção de desproporcionalidade no sistema romano-germânico, porém uma das explicações mais promissoras é a da escola da Análise Econômica do Direito. De acordo com esta leitura, o controle de proporcionalidade da tutela específica das obrigações contratuais se justifica porque promove eficiência ao impedir o desperdício de recursos e ao desestimular a prática de comportamentos oportunistas.

No que tange à fundamentação jurídica, percebe-se que o reconhecimento da exceção de desproporcionalidade no espaço do *Civil Law* tem sido atrelado à função corretora da boa-fé objetiva e à noção de abuso do direito. A partir desta pista deixada pelo exame do Direito Comparado, é possível formular a hipótese de que, no contexto do direito brasileiro, a aplicação da exceção de desproporcionalidade pode ser lastreada na cláusula geral do abuso do direito prevista no art. 187 do Código Civil. Para testar tal suposição, faz-se necessário retomar o próprio conceito de cláusula geral, expressão que designa uma técnica legislativa concebida no início do século XX com o intuito de viabilizar a constante atualização dos ordenamentos jurídicos de raiz romano-germânica. As cláusulas gerais, nesse sentido, podem ser entendidas como enunciados normativos dotados de uma dupla abertura semântica, isto é, tanto os requisitos da hipótese fática quanto os detalhes da consequência jurídica são definidos concretamente pelo julgador por meio de uma argumentação especialmente qualificada.

A recepção brasileira da cláusula geral do abuso do direito é fruto de uma interessante evolução histórica que atravessou diferentes coordenadas geográficas. Nascida da reação jurisprudencial francesa contra o exercício inadmissível do direito à propriedade, a ideia de abuso do direito foi apurada cientificamente pelo trabalho da doutrina alemã. O desenvolvimento germânico foi assimilado pelo Código Civil grego de 1940 que, por sua vez, influenciou diretamente o Código Civil português de 1966 e indiretamente o Código Civil brasileiro de 2002. No Brasil, o art. 187 da codificação vigente tem sido utilizado de maneira profícua pela jurisprudência como um instrumento para reprimir os aproveitamentos inaceitáveis de posições jurídicas verificados nos diferentes ramos do ordenamento nacional. Conquanto o dispositivo também faça menção aos limites da função socioeconômica e dos bons costumes, o parâmetro da boa-fé objetiva é o que tem recebido a maior atenção dos operadores do direito, que identificam atualmente uma série de comportamentos abusivos típicos.

Nesse contexto, sem prejuízo das demais subcategorias de conduta abusiva, assume especial relevo a noção de abuso do direito como desequilíbrio no exercício jurídico. Trata-se de modalidade peculiar de abuso do direito que ocorre naquelas situações em que uma atuação jurídica formalmente lícita traz consigo custos desproporcionais aos respectivos benefícios. O exercício desequilibrado viola o limite da boa-fé objetiva porque frustra a expectativa de aproveitamento razoável das faculdades e porque desconsidera a materialidade subjacente à mera permissividade formal. Na realidade brasileira, a concepção de abuso do direito como desequilíbrio no exercício pode ser identificada em algumas normas que impedem o manejo de certas prerrogativas em circunstâncias reputadas desproporcionais. Diversas pretensões contratuais – como a resolução por inadimplemento, a exceção do contrato não cumprido, a rescisão por evicção parcial e a resilição unilateral, por exemplo – têm sido flexibilizadas pela legislação e pela jurisprudência a fim de evitar a imposição de prejuízos exorbitantes.

Por uma questão de coerência, deve-se admitir que o direito à tutela específica, assim como as demais faculdades contratuais, também está sujeito a um crivo de proporcionalidade no exercício. O instituto do abuso do direito, compreendido em sua vertente de vedação ao desequilíbrio no exercício jurídico, oferece uma base adequada e suficiente para a aplicação da exceção de desproporcionalidade no direito brasileiro. Esta proposta apresenta as vantagens de preservar a primazia da tutela específica, de respeitar o alcance das figuras jurídicas limítrofes e de não depender de alteração legislativa para a sua implementação. Sendo assim, nas hipóteses de inadimplemento relativo, os pedidos de tutela específica deverão ser recusados quando for verificado que a execução *in natura* exigiria dispêndios manifestamente superiores aos proveitos pretendidos. É importante ressaltar que o contratante prejudicado não ficará desprotegido, pois ele ainda terá à sua disposição os dois caminhos originalmente reservados para o inadimplemento absoluto, que são a tutela pelo equivalente pecuniário cumulada com perdas e danos ou a resolução contratual cumulada com perdas e danos.

A proposta de aplicar a exceção de desproporcionalidade no ordenamento nacional com fundamento no abuso do direito, contudo, precisa ser complementada por alguns parâmetros de concretização. No que diz respeito à apuração dos valores em jogo, o juiz deverá coordenar um diálogo probatório que subsidie o sopesamento dos custos (da medida menos onerosa) para o devedor diante dos benefícios (patrimoniais e extrapatrimoniais) pretendidos pelo credor. Já no que concerne à margem tolerável de desproporção entre os sacrifícios e os proveitos da tutela específica, esta medida deverá ser estabelecida rigorosamente e gradativamente pela doutrina e pela jurisprudência. Outro aspecto digno de nota é a natureza dispositiva da exceção de desproporcionalidade, que dependerá de alegação do executado para ser reconhecida e poderá, inclusive, ser abandonada, desde que a renúncia seja livre e desembaraçada. Cumpre atentar, igualmente, para a contribuição do devedor em relação à criação do risco de desequilíbrio na execução *in natura*, pois não seria aceitável que ele se beneficiasse da própria torpeza.

Por derradeiro, convém indicar alguns apontamentos para o empreendimento de futuras investigações. As reflexões sobre a exceção de desproporcionalidade serão certamente beneficiadas por novos estudos de Direito Comparado que acompanhem a evolução do controle de abusividade da tutela específica nos ordenamentos jurídicos estrangeiros. Além disso, o desenvolvimento de reflexões sob a perspectiva filosófica contribuirá para o aprofundamento das razões extrajurídicas que justificam a recusa do exercício desequilibrado do direito à tutela específica. Franz Wieacker, valendo-se de uma metáfora bastante apropriada ao trabalho aqui desenvolvido, afirma que "*[...] la aplicación de una cláusula general [...] contribuye a la creación del Derecho futuro, de la misma manera que cada golpe de aguja a la formación del tejido: traza una línea cuya dirección no puede establecerse previamente.*"[385] No contexto do ordenamento brasileiro, embora a limitação da tutela específica das obrigações contratuais com base na ideia de abuso do direito ainda esteja longe de atingir a sua tecitura final, acredita-se que a presente pesquisa tenha contribuído para a costura de alguns pontos iniciais.

[385] WIEACKER, Franz. **El principio general de la buena fe**. Trad. Luis Díez-Picazo. Santiago: Ediciones Olejnik, 2019, p. 29.

REFERÊNCIAS

ADAME-MARTÍNEZ, Miguel Ángel. **Specific performance as the preferred remedy in comparative law and CISG**. Cizur Menor: Aranzadi, 2013.

AGUIAR JÚNIOR, Ruy Rosado de. Da extinção do contrato. *In*: TEIXEIRA, Sálvio de Figueiredo (coord.). **Comentários ao novo Código Civil**, v. 6, t. 2. Rio de Janeiro: Forense, 2011.

AGUIAR JÚNIOR, Ruy Rosado de. O Poder Judiciário e a concretização das cláusulas gerais: limites e responsabilidade. **Revista da Faculdade de Direito da UFRGS**, v. 18, p. 221-228, 2000.

ALEMANHA. **Bürgerliches Gesetzbuch, vom 18. August 1896**. Disponível em: <https://www.gesetze-im-internet.de/bgb/>. Acesso em: 9 nov. 2021.

ALEMANHA. **Gesetz zur Modernisierung des Schuldrechts, vom 26. November 2001**. Disponível em: <https://dip.bundestag.de/vorgang/gesetz-zur-modernisierung-des-schuldrechts-g-sig-14019646/114903>. Acesso em: 9 nov. 2021.

ALVIM, Agostinho. **Da inexecução das obrigações e suas conseqüências**. 5. ed. São Paulo: Saraiva, 1980.

AMERICAN LAW INSTITUTE. **Restatement of the law**: second: contracts, v. 3. St. Paul: American Law Institute Publishers, 1981.

ARAÚJO, Fernando. **Teoria económica do contrato**. Coimbra: Almedina, 2007.

ARAUJO, Yuri Maciel. Tutela específica da obrigação de fazer infungível: interfaces entre o CPC/15 e o Direito Civil-Constitucional. *In*: TERRA, Aline de Miranda Valverde; GUEDES, Gisela Sampaio da Cruz (coord.). **Inexecução das obrigações**, v. 1: pressupostos, evolução e remédios. Rio de Janeiro: Processo, 2020.

ARENHART, Fernando Santos. **A boa-fé na relação contratual**: uma abordagem de direito e economia. 2014. Dissertação (Mestrado em Direito) – Programa de Pós-Graduação em Direito, Universidade Federal do Rio Grande do Sul, Porto Alegre, 2014.

ASCENSÃO, José de Oliveira. Um direito de cláusulas gerais? sentido e limites. **Revista do Programa de Pós-Graduação em Direito da UFC**, v. 33, n. 2, p. 299-309, jul./dez. 2013.

ASSIS, Araken de. **Manual da execução**. 18 ed. São Paulo: Revista dos Tribunais, 2016.

ASSIS, Araken de. **Resolução do contrato por inadimplemento**. 6. ed. São Paulo: Thomson Reuters Brasil, 2019.

ÁVILA, Humberto. **Teoria dos princípios**: da definição à aplicação dos princípios jurídicos. 4. ed. São Paulo: Malheiros, 2005.

AZEVEDO, Antonio Junqueira. Insuficiências, deficiências e desatualização do projeto de Código Civil na questão da boa-fé objetiva nos contratos. **Revista dos Tribunais**, v. 89, n. 775, p. 11-17, maio 2000.

AZEVEDO, Antonio Junqueira de. Relatório brasileiro sobre revisão contratual apresentado para as Jornadas Brasileiras da Associação Henri Capitant. *In*: **Novos estudos e pareceres de direito privado**. São Paulo: Saraiva, 2009.

BAR; Christian von; CLIVE, Eric; SCHULTE-NÖLKE, Hans (ed.) **Principles, definitions and model rules of European private law**: Draft Common Frame of Reference (DCFR). Outline edition. Munich: Sellier, 2009.

BARRETO, Gabriel de Almeida. **Tutela específica e meios coercitivos para o cumprimento das obrigações contratuais**: um estudo da jurisprudência do Superior Tribunal de Justiça à luz da literatura de direito e economia. 2019. Dissertação (Mestrado em Direito) – Escola de Direito de São Paulo, Fundação Getúlio Vargas, São Paulo, 2019.

BECKER, Anelise. A doutrina do adimplemento substancial no direito brasileiro e em perspectiva comparatista. **Revista da Faculdade de Direito da UFRGS**, v. 9, n. 1, p. 60-77, nov. 1993.

BERALDO, Leonardo de Faria. **Função social do contrato**: contributo para a construção de uma nova teoria. Belo Horizonte: Del Rey, 2011.

BEVILÁQUA, Clóvis. **Codigo Civil dos Estados Unidos do Brasil commentado**, v. 1. 3. ed. São Paulo: Livraria Francisco Alves, 1927.

BEVILÁQUA, Clóvis. **Direito das obrigações**. 5. ed. Rio de Janeiro; São Paulo: Freitas Bastos, 1940.

BIAZI, João Pedro de Oliveira de. **A exceção de contrato não cumprido no direito privado brasileiro**. Rio de Janeiro: LMJ Mundo Jurídico, 2019.

BICHARA, Maria Carolina. O interesse do credor na prestação como critério de distinção entre as hipóteses de execução específica e execução pelo equivalente.

In: TERRA, Aline de Miranda Valverde; GUEDES, Gisela Sampaio da Cruz (coord.). **Inexecução das obrigações**, v. 1: pressupostos, evolução e remédios. Rio de Janeiro: Processo, 2020.

BIRMINGHAM, Robert L. Breach of contract, damage measures and economic efficiency. **Rutgers Law Review**, v. 24, p. 273-292, 1970.

BOBBIO, Norberto. **Da estrutura à função**: novos estudos de teoria do direito. Trad. Daniela Beccaccia Versiani. Barueri: Manole, 2007.

BOCHENEK, Antonio César; DALAZOANA, Vinicius. A técnica legislativa das cláusulas gerais e o novo papel dos juízes. **Revista do Instituto do Direito Brasileiro**, ano 2, v. 2, n. 12, p. 13553-13587, 2013.

BRAGA NETTO, Felipe Peixoto. **Teoria dos ilícitos civis.** Belo Horizonte: Del Rey, 2003.

BRASIL. **Constituição da República Federativa do Brasil de 1988**. Disponível em: <http://www.planalto.gov.br/ccivil_03/constituicao/constituicao.htm>. Acesso em: 8 nov. 2021.

BRASIL. **Decreto-Lei nº 1.608, de 18 de setembro de 1939**. Código de Processo Civil. Disponível em: <http://www.planalto.gov.br/ccivil_03/decreto-lei/1937-1946/del1608.htm>. Acesso em: 8 nov. 2021.

BRASIL. **Lei nº 10.406, de 10 de janeiro de 2002**. Institui o Código Civil. Disponível em: <http://www.planalto.gov.br/ccivil_03/leis/2002/l10406compilada.htm>. Acesso em: 8 nov. 2021.

BRASIL. **Lei nº 10.444, de 7 de maio de 2002**. Altera a Lei no 5.869, de 11 de janeiro de 1973 – Código de Processo Civil. Disponível em: <http://www.planalto.gov.br/ccivil_03/leis/2002/l10444.htm>. Acesso em: 8 nov. 2021.

BRASIL. **Lei nº 13.105, de 16 de março de 2015**. Código de Processo Civil. Disponível em: <http://www.planalto.gov.br/ccivil_03/_ato2015-2018/2015/lei/l13105.htm>. Acesso em: 8 nov. 2021.

BRASIL. **Lei nº 13.874, de 20 de setembro de 2019**. Institui a Declaração de Direitos de Liberdade Econômica; estabelece garantias de livre mercado; altera as Leis nºs 10.406, de 10 de janeiro de 2002 [...]. Disponível em: <http://www.planalto.gov.br/ccivil_03/_ato2019-2022/2019/lei/L13874.htm>. Acesso em: 8 nov. 2021.

BRASIL. **Lei nº 14.133, de 1º de abril de 2021**. Lei de Licitações e Contratos Administrativos. Disponível em: <http://www.planalto.gov.br/ccivil_03/_ato2019-2022/2021/lei/L14133.htm>. Acesso em: 8 nov. 2021.

BRASIL. **Lei nº 3.071, de 1ª de janeiro de 1916**. Código Civil dos Estados Unidos do Brasil. Disponível em: <http://www.planalto.gov.br/ccivil_03/leis/l3071.htm>. Acesso em: 8 nov. 2021.

BRASIL. **Lei nº 556, de 25 de junho de 1850**. Código Comercial. Disponível em: <http://www.planalto.gov.br/ccivil_03/leis/lim/lim556.htm>. Acesso em: 8 nov. 2021.

BRASIL. **Lei nº 5.869, de 11 de janeiro de 1973**. Institui o Código de Processo Civil. Disponível em: <http://www.planalto.gov.br/ccivil_03/leis/l5869impressao.htm>. Acesso em: 8 nov. 2021.

BRASIL. **Lei nº 7.347, de 24 de julho de 1985**. Disciplina a ação civil pública de responsabilidade por danos causados ao meio-ambiente, ao consumidor, a bens e direitos de valor artístico, estético, histórico, turístico e paisagístico [...]. Disponível em: <http://www.planalto.gov.br/ccivil_03/leis/l7347orig.htm>. Acesso em: 8 nov. 2021.

BRASIL. **Lei nº 8.069, de 13 de julho de 1990**. Dispõe sobre o Estatuto da Criança e do Adolescente e dá outras providências. Disponível em: <http://www.planalto.gov.br/ccivil_03/leis/l8069.htm>. Acesso em: 8 nov. 2021.

BRASIL. **Lei nº 8.078, de 11 de setembro de 1990**. Dispõe sobre a proteção do consumidor e dá outras providências. Disponível em: <http://www.planalto.gov.br/ccivil_03/leis/l8078compilado.htm>. Acesso em: 8 nov. 2021.

BRASIL. **Lei nº 8.245, de 18 de outubro de 1991**. Dispõe sobre as locações dos imóveis urbanos e os procedimentos a elas pertinentes. Disponível em: <http://www.planalto.gov.br/ccivil_03/leis/l8245.htm>. Acesso em: 8 nov. 2021.

BRASIL. **Lei nº 8.666, de 21 de junho de 1993**. Regulamenta o art. 37, inciso XXI, da Constituição Federal, institui normas para licitações e contratos da Administração Pública e dá outras providências. Disponível em: <http://www.planalto.gov.br/ccivil_03/leis/l8666cons.htm>. Acesso em: 8 nov. 2021.

BRASIL. **Lei nº 8.952, de 13 de dezembro de 1994**. Altera dispositivos do Código de Processo Civil sobre o processo de conhecimento e o processo cautelar. Disponível em: <http://www.planalto.gov.br/ccivil_03/leis/l8952.htm>. Acesso em: 8 nov. 2021.

BRASIL. Superior Tribunal de Justiça (1. Seção). **Agravo Interno no Recurso Especial 1.396.393/SP**. Relator: Min. Napoleão Nunes Maia Filho, 14 de agosto de 2018.

BRASIL. Superior Tribunal de Justiça (2. Seção). **Embargos de Divergência em Recurso Especial 1.280.825/RJ**. Relatora: Min. Nancy Andrighi, 27 de julho de 2018.

BRASIL. Superior Tribunal de Justiça (2. Seção). **Recurso Especial 1.303.374/ES**. Relator: Min. Luis Felipe Salomão, 30 de novembro de 2021.

BRASIL. Superior Tribunal de Justiça (2. Seção). **Recurso Especial 1.622.555/MG**. Relator: Min. Marco Buzzi. Redator para acórdão: Min. Marco Aurélio Bellizze, 22 de fevereiro de 2017.

BRASIL. Superior Tribunal de Justiça (2. Turma). **Agravo Interno no Recurso Especial 1.302.363/PE**. Relatora: Min. Assusete Magalhães, 25 de maio de 2020.

BRASIL. Superior Tribunal de Justiça (2. Turma). **Recurso Especial 1.221.861/BA**. Relator: Min. Herman Benjamin, 3 de maio de 2012.

BRASIL. Superior Tribunal de Justiça (3. Turma). **Recurso Especial 1.055.822/RJ**. Relator: Min. Massami Uyeda, 24 de maio de 2011.

BRASIL. Superior Tribunal de Justiça (3. Turma). **Recurso Especial 1.220.251/MA**. Relator: Min. Ricardo Villas Bôas Cueva, 6 de março de 2012.

BRASIL. Superior Tribunal de Justiça (3. Turma). **Recurso Especial 1.250.596/SP**. Relatora: Min. Nancy Andrighi, 3 de novembro de 2011.

BRASIL. Superior Tribunal de Justiça (3. Turma). **Recurso Especial 1.760.195/DF**. Relator: Min. Paulo de Tarso Sanseverino. Redator para o acórdão: Min. Ricardo Villas Bôas Cueva, 27 de novembro de 2018.

BRASIL. Superior Tribunal de Justiça (3. Turma). **Recurso Especial 1.782.418/RJ**. Relatora: Min. Nancy Andrighi, 23 de abril de 2019.

BRASIL. Superior Tribunal de Justiça (3. Turma). **Recurso Especial 977.007/GO**. Relatora: Min. Nancy Andrighi, 24 de novembro de 2009.

BRASIL. Superior Tribunal de Justiça (3. Turma). **Recurso Especial 981.750/MG**. Relatora: Min. Nancy Andrighi, 13 de abril de 2010.

BRASIL. Superior Tribunal de Justiça (4. Turma). **Agravo Regimental no Agravo Regimental no Recurso Especial 1.108.445/MS**. Relatora: Min. Maria Isabel Gallotti, 4 de agosto de 2015.

BRASIL. Superior Tribunal de Justiça (4. Turma). **Habeas Corpus 439.973/MG**. Relator: Min. Luis Felipe Salomão. Redator para acórdão: Min. Antonio Carlos Ferreira, 16 de agosto de 2018.

BRASIL. Superior Tribunal de Justiça (4. Turma). **Recurso em Habeas Corpus 97.876/SP**. Relator: Min. Luis Felipe Salomão, 5 de junho de 2018.

BRASIL. Superior Tribunal de Justiça (4. Turma). **Recurso Especial 1.034.702/ES**. Relator: Min. João Otávio de Noronha, 15 de abril de 2008.

BRASIL. Superior Tribunal de Justiça (4. Turma). **Recurso Especial 1.555.202/SP**. Relator: Min. Luis Felipe Salomão, 13 de dezembro de 2016.

BRASIL. Superior Tribunal de Justiça (4. Turma). **Recurso Especial 1.581.505/SC**. Relator: Min. Antonio Carlos Ferreira, 18 de agosto de 2016.

BRASIL. Superior Tribunal de Justiça (4. Turma). **Recurso Especial 648.780/RS**. Relator: Min. Raul Araújo, 20 de março de 2014.

BRASIL. Superior Tribunal de Justiça (4. Turma). **Recurso Especial 76.362/MT**. Relator: Min. Ruy Rosado de Aguiar, 11 de dezembro de 1995.

BRASIL. Superior Tribunal de Justiça (4. Turma). **Recurso Especial 883.990/RJ**. Relator: Min. Fernando Gonçalves, 1º de abril de 2008.

BRASIL. Superior Tribunal de Justiça (6. Turma). **Recurso Especial 898.184/RJ**. Relatora: Min. Maria Thereza de Assis Moura, 4 de agosto de 2008.

BRASIL. Superior Tribunal de Justiça (Corte Especial). **Embargos de Divergência no Recurso Especial 1.281.594/SP**. Relator: Min. Benedito Gonçalves. Redator para acórdão: Min. Felix Fischer, 15 de maio de 2019.

BRASIL. Supremo Tribunal Federal (Plenário). **Ação Direta de Inconstitucionalidade 5.941/DF**. Relator: Min. Luiz Fux, pendente de julgamento.

CANARIS, Claus-Wilhelm. Die Reform des Rechts der Leistungsstörungen. **JuristenZeitung**, n. 10, ano 56, p. 499-524, März 2001.

CANARIS, Claus-Wilhelm. O novo direito das obrigações na Alemanha. **Revista Brasileira de Direito Comparado**, v. 25, p. 3-26, jul./dez. 2003.

CANARIS, Claus-Wilhelm. **Pensamento sistemático e conceito de sistema na ciência do direito**. Trad. A. Menezes Cordeiro. Lisboa: Fundação Calouste Gulbenkian, 2002.

CARNEIRO FILHO, Humberto João; ALBUQUERQUE, Raul Cézar de. Do abuso do direito de denúncia contratual e a interpretação do parágrafo único do art. 473 do Código Civil. **Revista de Direito Civil Contemporâneo**, v. 21, ano 6, p. 387-428, out./dez. 2019.

CARPENA, Heloísa. O abuso do direito no Código de 2002: relativização de direitos na ótica civil-constitucional. *In*: TEPEDINO, Gustavo (coord.). **A parte geral do novo Código Civil**: estudos na perspectiva civil-constitucional. 2. ed. Rio de Janeiro: Renovar, 2003.

CARVALHO, Jorge Morais. Venda de bens de consumo e fornecimento de conteúdos e serviços digitais: as Diretivas 2019/771 e 2019/770 e o seu impacto no direito português. **Revista Eletrônica de Direito**, v. 20, n. 3, p. 64-87, out. 2019.

CARVALHO, Jorge Morais; FARINHA, Martim. Goods with digital elements, digital content and digital services in Directives 2019/770 and 2019/771. **Revista de Direito e Tecnologia**, v. 2, n. 2, p. 257-270, 2020.

CHIOVENDA, Giuseppe. Dell'azione nascente dal contratto preliminare. *In*: **Saggi de diritto processuale civile**, v. 1. Milão: Giuffrè, 1993.

CHIRICO, Filomena. The economic function of good faith in European contract law. *In*: LARROUCHE, Pierre; CHIRICO, Filomena (ed.). **Economia analysis of the DCFR**: the work of the Economic Impact Group within CoPECL. Munich: Sellier, 2010.

COHEN, George M. The negligence-opportunism tradeoff in contract law. **Hofstra Law Review**, v. 20, n. 4, p. 941-1016, 1992.

CONSELHO DA JUSTIÇA FEDERAL. **Consulta de enunciados**. Disponível em: <https://www.cjf.jus.br/enunciados/>. Acesso em: 8 nov. 2021.

CORDEIRO, António Menezes. **Da boa fé no direito civil**. Coimbra: Almedina, 2015.

CORDEIRO, António Menezes. **Tratado de direito civil**, v. 5: parte geral: exercício jurídico. 3. ed. Coimbra: Almedina, 2017.

CORDEIRO, António Menezes. **Tratado de direito civil**, v. 9: direito das obrigações: cumprimento e não-cumprimento, transmissão, modificação e extinção. 3. ed. Coimbra: Almedina, 2017.

CORDEIRO, António Menezes. **Tratado de direito civil**, v. 12: contratos em especial: parceria pecuária, comodato, mútuo, prestação de serviço, mandato, depósito, empreitada, rendas, jogo e aposta e transação. Coimbra: Almedina, 2018.

COSTA, José Eduardo da. **Evicção nos contratos onerosos**: fundamento, natureza e estrutura. São Paulo: Saraiva, 2004.

COSTA, Mário Júlio de Almeida. **Direito das obrigações**. 12. ed. Coimbra: Almedina, 2016.

COSTA FILHO, Venceslau Tavares; ALBUQUERQUE JÚNIOR, Roberto Paulino de. Notas sobre as ações relativas às prestações de fazer, de não fazer e de entregar coisa no Código de Processo Civil de 2015. **Revista Jurídica Luso-Brasileira**, ano 5, n. 4, p. 1613-1643, 2019.

CUNHA, Everardo da. **Abuso de direito**. 2. ed. Rio de Janeiro: Forense, 1988.

DAGAN, Hanoch; HELLER, Michael A. Specific performance. **Columbia Law & Economics Working Paper**, n. 631, p. 1-57, 2020.

DEIAB, Felipe Rocha. O alargamento do conceito de impossibilidade no direito das obrigações: a inexigibilidade e a frustração do fim do contrato. **Quaestio Iuris**, v. 5, n. 2, p. 137-177, 2012.

DIAS, Diego Corrêa Lima de Aguiar; REGIS, Erick da Silva. Comentários ao ERESP nº 1.280.825/RJ: a execução pelo equivalente e os termos do art. 475 do Código Civil. **Revista Brasileira de Direito Civil**, v. 25, p. 181-210, jul./set. 2020.

DICKSTEIN, Marcelo. **A boa-fé objetiva na modificação tácita da relação jurídica**: *surrectio* e *suppressio*. Rio de Janeiro: Lumen Juris, 2010.

DIDIER JR., Fredie *et al.* **Curso de direito processual civil**, v. 5: execução. 7. ed. Salvador: JusPodivm, 2017.

DOHRMANN, Klaus Jochen Albiez. Un nuevo derecho de obligaciones: la reforma 2002 del BGB. **Anuario de Derecho Civil**, v. 55, n. 3, p. 1133-1228, 2002.

DONDORP, Harry. Specific performance: a historical perspective. *In*: SMITS, Jan; HAAS, Daniel; HESEN, Geerte. **Specific performance in contract law**: national and other perspectives. Antwerp: Intersentia, 2008.

DOUVILLE, Thibault (dir.). **La réforme du droit des contrats, du régime général et de la preuve des obligations**. 2. ed. Issy-les-Moulineaux: Gualino, 2018.

DOWNE, Alexis. The reform of French contract law: a critical overview. **Revista da Faculdade de Direito – UFPR**, v. 61, n. 1, p. 43-68, jan./abr. 2016.

DUGUIT, Léon. **Traité de Droit Constitutionnel**, t. 1. 2. ed. Paris: Ancienne Librairie Fontemoing & Cie, 1921.

EISENBERG, Melvin A. Actual and virtual specific performance, the theory of efficient breach, and the indifference principle in contract law. **California Law Review**, v. 93, n. 4, p. 975-1050, Jul. 2005.

EISENBERG, Melvin A. **Foundational principles of contract law**. Oxford: Oxford University Press, 2018.

ENGISCH, Karl. **Introdução ao pensamento jurídico**. 10. ed. Trad. J. Baptista Machado. Lisboa: Fundação Calouste Gulbenkian, 2008.

ENNECCERUS, Ludwig. **Derecho de obligaciones**, v. 1: doctrina general. Rev. Henrich Lehmann. Trad. GONZÁLEZ, Blas Pérez; ALGUER, José. 2. ed. Barcelona: Bosch, 1954.

ESPANHA. Ministerio de Justicia. Comisión general de codificación. Sección de Derecho Civil. Propuesta de Anteproyecto de Ley de Modernización del Derecho de Obligaciones y Contratos. **Boletín de Información**, año 63, enero 2009.

FARNSWORTH, Edward Allan. Comparative contract law. *In*: REIMANN, Mathias; ZIMMERMANN, Reinhard (ed.). **The Oxford handbook of comparative law**. 1. ed. Oxford: University Press, 2006.

FAUST, Florian. Comparative law and economic analysis of law. *In*: REINMANN, Mathias; ZIMMERMANN, Reinhard (ed.). **The Oxford handbook of comparative law**. 2. ed. Oxford: University Press, 2019.

FAUST, Florian; WIESE, Volker. Specific performance: a German perspective. *In*: SMITS, Jan; HAAS, Daniel; HESEN, Geerte. **Specific performance in contract law**: national and other perspectives. Antwerp: Intersentia, 2008.

FAUVARQUE-COSSON, Bénédicte. The French contract law reform and the political process. **European Review of Contract Law**, v. 13, n. 4, p. 337-354, Dec. 2017.

FERREIRA, Antonio Carlos. A interpretação da doutrina do adimplemento substancial. **Revista de Direito Civil Contemporâneo**, v. 18, ano 6, p. 35-60, jan./mar. 2019.

FERREIRA, Henry Gabriel Colombi Barbosa. **O abuso de direito como ato ilícito**: uma análise crítica à opção legislativa do art. 187 do Código Civil de 2002. 2018. Monografia de Conclusão de Curso (Graduação em Direito) – Faculdade de Direito, Universidade Federal de Minas Gerais, 2018.

FERREIRA, Keila Pacheco. **Abuso do direito nas relações obrigacionais**. Belo Horizonte: Del Rey, 2006.

FORGIONI, Paula A. **Contratos empresariais**: teoria geral e aplicação. São Paulo: Revista dos Tribunais, 2015.

FORGIONI, Paula A. **Contratos empresariais**: teoria geral e aplicação. 5. ed. São Paulo: Revista dos Tribunais, 2020.

FÓRUM PERMAMENTE DE PROCESSUALISTAS CIVIS. **Carta de Curitiba**. Disponível em: <http://fpprocessualistascivis.blogspot.com>. Acesso em: 8 nov. 2021.

FRANÇA. **Code Civil, du 21 mars 1804**. Disponível em: <https://www.legifrance.gouv.fr/codes/id/LEGITEXT000006070721/>. Acesso em: 9 nov. 2021.

FRANÇA. **Loi n° 2018-287, du 20 avril 2018**. Disponível em: <https://www.legifrance.gouv.fr/jorf/id/JORFTEXT000036825602/>. Acesso em: 9 nov. 2021.

FRANÇA. Ministère de la Justice. Rapport au Président de la République relatif à l'ordonnance nº 2016-131 du 10 février 2016 portant réforme du droit des contrats, du régime général et de la preuve des obligations. **Journal Officiel de la**

République Française, Décrets, arrêtés, circulaires, Textes Généraux, texto 25, 11 févr. 2016.

FRANÇA. **Ordonnance nº 2016-131, du 10 février 2016.** Disponível em: <https://www.legifrance.gouv.fr/loda/id/JORFTEXT000032004939/>. Acesso em: 9 nov. 2021.

FREIRE, Paula Vaz. Good faith in contractual law: a "law and economics" perspective. **Revista Jurídica Luso-Brasileira**, ano 2, n. 4, p. 1381-1393, 2016.

FREITAS, Rodrigo. Releitura dos requisitos tradicionais da exceção de contrato não cumprido. *In*: TERRA, Aline de Miranda Valverde; GUEDES, Gisela Sampaio da Cruz (coord.). **Inexecução das obrigações**, v. 1: pressupostos, evolução e remédios. Rio de Janeiro: Processo, 2020.

FRIEDMANN, Daniel. Economic aspects of damages and specific performance compared. *In*: SAIDOV, Djakhongir; CUNNINGTON, Ralph (ed.). **Contract damages**: domestic and international perspectives. Oxford: Hart Publishing, 2008.

FRIEDMANN, Daniel. Good faith and remedies for breach of contract. *In:* BEATSON, Jack; FRIEDMANN, Daniel (ed.). **Good faith and fault in contract law**. Oxford: Clarendon Press, 2002.

FRIEDMANN, Daniel. The efficient breach fallacy. **The Journal of Legal Studies**, v. 18, Jan. 1989.

FUX, Luiz. Tutela jurisdicional: finalidade e espécies. **Informativo Jurídico da Biblioteca Ministro Oscar Saraiva**, v. 14, n. 2, p. 153-168, jul./dez. 2002.

GAIO JÚNIOR, Antônio Pereira. **Tutela específica das obrigações de fazer**. 8. ed. Curitiba: Juruá, 2020.

GARRO, Alejandro M. Contract law in Latin America: building of a 'Latin American' *ius commune* on contract law. *In*: SCHWENZER, Ingeborg (ed.). **35 years CISG and beyond**. Eleven: Hague, 2016.

GAZMURI, Íñigo de la Maza; OLIVARES, Álvaro Vidal. El contenido: una primera aproximación. *In*: GAZMURI, Íñigo de la Maza; WILSON, Carlos Pizarro; OLIVARES, Álvaro Vidal (coord.). **Los Principios Latinoamericanos de Derecho de los Contratos**. Boletín Oficial del Estado: Madrid, 2017.

GOMES, Elena de Carvalho. **Entre o *actus* e o *factum***: os comportamentos contraditórios no direito privado. Belo Horizonte: Del Rey, 2009.

GOMES, Orlando. **Obrigações**. 19. ed. Atual. Edvaldo Brito. Rio de Janeiro: Forense, 2019.

GORDLEY, James; JIANG, Hao; MEHREN, Arthur Taylor von. **An introduction to the comparative study of private law**: reading, cases, materials. 2. ed. Cambridge: Cambridge University Press, 2021.

GRUNDMANN, Stefan. Germany and the Schuldrechtsmodernisierung 2002. **European Review of Contract Law**, v. 1, p. 129-148, 2005.

GUIMARÃES, Paulo Jorge Scartezzini. Responsabilidade civil e interesse contratual positivo e negativo (em caso de descumprimento contratual). *In*: GUERRA, Alexandre Dartanhan de Mello; BENACCHIO, Marcelo (coord.). **Responsabilidade civil**. São Paulo: Escola Paulista da Magistratura, 2015.

GUSTIN, Miracy Barbosa de Sousa; DIAS, Maria Tereza Fonseca; NICÁCIO, Camila Silva. **(Re)pensando a pesquisa jurídica**: teoria e prática. 5. ed. São Paulo: Almedina, 2020.

HAEBERLIN, Mártin. Revisitando a proporcionalidade: da análise dos seus possíveis usos à crítica de seu abuso no direito brasileiro. **Revista da AJURIS**, v. 45, n. 145, p. 165-199, dez. 2018.

HALLEBEEK, Jan; DONDORP, Harry (edit.). **The right to specific performance**: the historical development. Antwerp: Intersentia, 2010.

HECK, Philipp. **Grundriss des Schuldrechts**. Tübingen: Mohr, 1929.

HELLERINGER, Genevieve. The anatomy of the new French law of contract. **European Review of Contract Law**, v. 13, n. 4, p. 355-375, Dec. 2017.

HOFFMANN, Thomas. The Weber/Putz 'proportionality principle': determining subsequent performance anew? **Croatian Yearbook of European Law & Policy**, v. 10, p. 383-394, 2014.

HOLMES JR., Oliver Wendel. **The Common Law**. Cambridge, MA: Harvard University Press, 2009.

HOLMES JR., Oliver Wendel. The path of the law. **Harvard Law Review**, v. 10, p. 457-478, Mar. 1897.

HUSA, Jaakko. Farewell to functionalism or methodological tolerance? **Rabels Zeitschrift für ausländisches und internationales Privatrecht**, v. 67, p. 419-447, jul. 2003.

INTERNATIONAL INSTITUTE FOR THE UNIFICATION OF PRIVATE LAW. **UNIDROIT Principles of International Commercial Contracts**. 4. ed. Rome: UNIDROIT, 2016.

IRTI, Natalino. **L'Etá della decodificazione**. 4. ed. Milano: Giuffrè, 1999.

ITÁLIA. **Regio Decreto nº 262, del 16 marzo 1942**. Codice Civile. Disponível em: <https://www.gazzettaufficiale.it/anteprima/codici/codiceCivile>. Acesso em: 9 nov. 2021.

JOBIM, Marcio Felix. **Confiança e contradição**: a proibição do comportamento contraditório no direito privado. Porto Alegre: Livraria do Advogado, 2015.

JOSSERAND, Louis. **De l'esprit des droits et de leur relativité**: théorie dite de l'abus des droits. 2. ed. Paris: Librairie Dalloz, 1939.

KLASS, Gregory. Efficient breach. *In:* KLASS, Gregory; LETSAS, George; SAPRAI, Prince (ed.). **Philosophical foundations of contract law**. Oxford: Oxford University Press, 2015.

KLEINSCHMIDT, Jens. Art. 9:102: Non-monetary obligations. *In*: JANSEN, Nils; ZIMMERMANN, Reinhard (ed.). **Commentaries on European contract laws**. Oxford: Oxford University Press, 2018.

KLEINSCHMIDT, Jens; GROßE, Dominik. La réforme du droit des contrats: perspective allemande sur la balance délicate entre liberté contractuelle et pouvoirs du juge. **Revue des Contrats**, n. 3, sept. 2015.

KONDER, Carlos Nelson. Princípios contratuais e exigência de fundamentação das decisões: boa-fé e função social do contrato à luz do CPC/2015. **Revista Opinião Jurídica**, ano 14, n. 19, p. 33-57, jul./dez. 2016.

KÖTZ, Hein. Comparative contract Law. *In:* REINMANN, Mathias; ZIMMERMANN, Reinhard (ed.). **The Oxford handbook of comparative law**. 2. ed. Oxford: University Press, 2019.

LANDO, Ole. Principles of European Contract Law and UNIDROIT Principles: moving from harmonisation to unification? **Uniform Law Review**, v. 8, n. 1-2, p. 135-140, Jan. 2003.

LANDO, Ole; BEALE, Hugh (edit.). **Principles of European Contract Law**: parts I and II. Hague: Kluwer Law International, 2000.

LARENZ, Karl. **Derecho de obligaciones**, t. 1. Trad. Jaime Santos Briz. Madrid: Revista de Derecho Privado, 1958.

LAURENT, François. **Principles de Droit Civil Français**, t. 20. Paris: BC & Cie, 1876.

LEITÃO, Luís Manuel Teles de Menezes. **Direito das obrigações**, v. 1: introdução, da constituição das obrigações. 9. ed. Coimbra: Almedina, 2010.

LEONARDO, Rodrigo Xavier. A denúncia e a resilição: críticas e propostas hermenêuticas ao art. 473 do CC/2002 brasileiro. **Revista de Direito Civil Contemporâneo**, v. 7, p. 95-117, abr./jun. 2016.

LEVY, José Luiz. **A vedação ao abuso de direito como princípio jurídico**. São Paulo: Quartier Latin, 2015.

LOPEZ, Teresa Ancona. Exercício do direito e suas limitações: abuso do direito. **Revista dos Tribunais**, ano 98, v. 885, p. 49-67, jul. 2009.

LORENZETTI, Ricardo Luis. A descodificação e a possibilidade de ressistematização do direito civil. *In*: FIUZA, César; SÁ, Maria de Fátima Freire de; NAVES, Bruno Torquato de Oliveira (coord.). **Direito civil**: atualidades. Belo Horizonte: Del Rey, 2003.

MACKAAY, Ejan. Good faith in Civil Law systems: a legal-economic analysis. **Revista Chilena de Derecho Privado**, v. 18, p. 149-177, jul. 2012.

MACKAAY, Ejan; ROUSSEAU, Stéphane. **Análise econômica do direito**. 2. ed. Trad. Rachel Sztajn. São Paulo: Atlas, 2020.

MAK, Vanessa. **Performance-oriented remedies in European Sale of Goods Law**. Oxford: Hart Publishing, 2009.

MARINO, Francisco Paulo De Crescenzo. Responsabilidade contratual: efeitos. *In*: LOTUFO, Renan; NANNI, Giovanni Ettore Nanni (coord.). **Teoria geral dos contratos**. São Paulo: Atlas, 2011.

MARINO, Francisco de Paulo De Crescenzo. **Revisão contratual**: onerosidade excessiva e modificação equitativa. São Paulo: Almedina, 2020.

MARINONI, Luiz Guilherme. A tutela específica do consumidor. **Revista de Direito do Consumidor**, v. 50, p. 71-116, abr./jun. 2004.

MARINONI, Luiz Guilherme. **Técnica processual e tutela dos direitos**. 6. ed. São Paulo: Thomson Reuters Brasil, 2019.

MARINONI, Luiz Guilherme. **Tutela específica**: arts. 461, CPC e 84, CDC. 2. ed. São Paulo: Revista dos Tribunais, 2001.

MARINONI, Luiz Guilherme. Tutela ressarcitória na forma específica. **Revista de Processo**, v. 300, p. 223-249, fev. 2020.

MARINONI, Luiz Guilherme; ARENHART, Sérgio Cruz; MITIDIERO, Daniel. **Novo Código de Processo Civil comentado**. 3. ed. São Paulo: Revista dos Tribunais, 2017.

MARKESINIS, Basil; UNBERATH, Hannes; JOHNSTON, Angus. **The German law of contract**: a comparative treatise. 2. ed. Oxford; Portland: Hart Publishing, 2006.

MARTINS, Fernando Rodrigues. Evicção: a prestação como dever de resultado na concreção da justiça contratual. *In*: LOTUFO, Renan; NANNI, Giovanni Ettore Nanni (coord.). **Teoria geral dos contratos**. São Paulo: Atlas, 2011.

MARTINS, Pedro Baptista. **O abuso do direito e o ato ilícito**. 3. ed. Atual. José da Silva Pacheco. Rio de Janeiro: Forense, 2002.

MARTINS-COSTA, Judith. **A boa-fé no direito privado**: critérios para a sua aplicação. 2. ed. São Paulo: Saraiva Educação, 2018.

MARTINS-COSTA, Judith. Como harmonizar os modelos jurídicos abertos com a segurança jurídica dos contratos? **Revista Brasileira de Direito Civil**, v. 5, jul./set. 2015.

MARTINS-COSTA, Judith. Do direito das obrigações, do adimplemento e da extinção das obrigações: arts. 304 a 388. 2. ed. *In*: TEIXEIRA, Sálvio de Figueiredo (coord.). **Comentários ao novo Código Civil**, v. 5, t. 1. Rio de Janeiro: Forense, 2006.

MARTINS-COSTA, Judith. Do inadimplemento das obrigações: arts. 389 a 420. *In*: TEIXEIRA, Sálvio de Figueiredo (coord.). **Comentários ao novo Código Civil**, v. 5, t. 2. Rio de Janeiro: Forense, 2003.

MARTINS-COSTA. Judith. O direito privado como um "sistema em construção": as cláusulas gerais no Projeto de Código Civil brasileiro. **Revista de Informação Legislativa**, ano 35, n. 139, p. 5-22, jul./set. 1998.

MARTINS-COSTA, Judith. Os avatares do abuso do direito e o rumo indicado pela boa-fé. *In*: TEPEDINO, Gustavo (org.). **Direito civil contemporâneo**: novos problemas à luz da legalidade constitucional. São Paulo: Atlas, 2008.

MARTINS-COSTA, Judith. Reflexões sobre o princípio da função social dos contratos. *In*: ESBORRAZ, David Fabio (coord.). **Sistema jurídico latinoamericano y derecho de los contratos**. Ciudad de México: Porrúa, 2006.

MARTINS-COSTA, Judith. Responsabilidade civil contratual. Lucros cessantes. Resolução. Interesse positivo e interesse negativo. Distinção entre lucros cessantes e lucros hipotéticos. Dever de mitigar o próprio dano. Dano moral e pessoa jurídica. *In*: LOTUFO, Renan; NANNI, Giovanni Ettore; MARTINS, Fernando Rodrigues (coord.). **Temas relevantes do direito civil contemporâneo**: reflexões sobre os 10 anos do Código Civil. São Paulo: Atlas, 2012.

MARTINS-COSTA, Judith; SILVA, Paula Costa e. **Crise e perturbações no cumprimento da prestação**: estudos de direito comparado luso-brasileiro. São Paulo: Quartier Latin, 2020.

MARTINS-COSTA, Judith; ZANETTI, Cristiano de Sousa. **Responsabilidade contratual**: prazo prescricional de dez anos. Revista dos Tribunais, v. 979, p. 215-241, maio 2017.

MAZEUD, Denis. Algumas considerações sobre a reforma do direito dos contratos. Trad. Victor Willcox. **Revista Brasileira de Direito Civil**, v. 28, p. 175-189, abr./jun. 2021.

MEKKI, Mustapha. The French reform of contract law: the art of redoing without undoing. **Journal of Civil Law Studies**, v. 10, n. 1, p. 223-259, 2017.

MICHAELS, Ralf. The functional method of comparative law. *In*: REINMANN, Mathias; ZIMMERMANN, Reinhard (ed.). **The Oxford handbook of comparative law**. 2. ed. Oxford: University Press, 2019.

MILAGRES, Marcelo de Oliveira. Normas cogentes e dispositivas de direito de família. **Revista de direito privado**, São Paulo, v. 9, n. 35, p. 211-228, jul./set. 2008.

MIRAGEM, Bruno. Abuso do direito e ilícito civil. *In*: TEIXEIRA, Ana Carolina Brochado; RIBEIRO, Gustavo Pereira Leite (coord.). **Manual de teoria geral do direito civil**. Belo Horizonte: Del Rey, 2011.

MOMBERG, Rodrigo. Los Principios Latinoamericanos de Derecho de los Contratos: naturaleza, fines y proyecciones. **Latin American Legal Studies**, v. 2, p. 51-66, 2018.

MOMBERG, Rodrigo; VOGENAUER, Stefan (ed.). **The future of contract law in Latin America**: the Principles of Latina American Contract Law. Oxford: Hart, 2017.

MOREIRA ALVES, José Carlos. **A Parte Geral do Projeto de Código Civil Brasileiro**. São Paulo: Saraiva, 1986.

MOTA PINTO, Paulo. **Interesse contratual negativo e interesse contratual positivo**, v. 2. Coimbra: Coimbra, 2008.

MURIS, Timothy J. Opportunistic behavior and the law of contract. **Minnesota Law Review**, v. 65, p. 521-590, Jan. 1981.

NANNI, Giovanni Ettore. **Inadimplemento absoluto e resolução contratual**: requisitos e efeitos. São Paulo: Thomson Reuters Brasil, 2021.

NATIONAL CONFERENCE OF COMMISSIONERS ON UNIFORM STATE LAWS; AMERICAN LAW INSTITUTE. **Uniform Commercial Code**. Disponível em: <https://www.law.cornell.edu/ucc>. Acesso em: 28 nov. 2021.

NAVAS, Bárbara Gomes. O abuso do direito de resolver: análise da teoria do adimplemento substancial no direito brasileiro. **Revista de Direito Civil Contemporâneo**, v. 11, p. 79-102, abr./jun. 2017.

NEGREIROS, Teresa. **Teoria do contrato**: novos paradigmas. 2. ed. Rio de Janeiro: Renovar, 2006.

NEVES, Daniel Amorim Assumpção. **Manual de direito processual civil**. 9. ed. Salvador: JusPodivm, 2017.

NEVES, Julio Gonzaga Andrade. **A *suppressio* (*Verwirkung*) no direito civil**. São Paulo: Almedina, 2016.

NORDMEIER, Carl Friedrich. O novo direito das obrigações no Código Civil alemão: a reforma de 2002. **Cadernos do Programa de Pós-Graduação Direito/ UFRGS**, n. 1, p. 203-236, mar. 2004.

NORONHA, Fernando. **Direito das obrigações**. 4. ed. *E-book*. São Paulo: Saraiva, 2013.

NORONHA, Fernando. **O direito dos contratos e seus princípios fundamentais**: autonomia privada, boa-fé, justiça contratual. São Paulo: Saraiva, 1994.

OLIVEIRA, Nuno Manuel Pinto. **Estudos sobre o não cumprimento das obrigações**. 2. ed. Coimbra: Almedina, 2009.

OLIVEIRA, Nuno Manuel Pinto. The German Act to Modernize the Law of Obligations as a model for the europeanization of contract law? The new rules regarding impossibility of performance from the perspective of a portuguese lawyer. **Electronic Journal of Comparative Law**, v. 11, n. 4, p. 1-11, Dec. 2007.

OOSTERHUIS, Janwillem. **Specific performance in German, French and Dutch law in the nineteenth century**: remedies in an age of fundamental rights and industrialisation. Leiden: Martinus Nijhoff Publishers, 2011.

PARANÁ. Tribunal de Alçada do Estado do Paraná (2. Câmara Cível). **Apelação 186102-9**. Relatora: Des. Rosana Amara Girardi Fachin, 30 de outubro de 2002.

PARGENDLER, Mariana. O direito contratual comparado em nova perspectiva: revisitando as diferenças entre os sistemas romano-germânico e de *common law*. **Revista Direito GV**, v. 13, n. 3, p. 796-826, set./dez. 2017.

PÉDAMON, Catherine. The new French contract law and its impact on commercial law: good faith, unfair contract terms and hardship. *In*: HEIDEMANN, Maren; LEE, Joseph (ed.). **The future of the commercial contract in scholarship and law reform**: European and comparative perspectives. London: Springer, 2018.

PENTEADO, Luciano de Camargo. Figuras parcelares da boa-fé objetiva e *venire contra factum proprium*. **Thesis**, ano 4, v. 8, p. 39-70, jun./dez. 2007.

PEREIRA, Caio Mário da Silva. **Instituições de direito civil**, v. 2: teoria geral das obrigações. 24. ed. Atual. Guilherme Calmon Nogueira da Gama. Rio de Janeiro: Forense, 2011.

PEREIRA, Caio Mário da Silva. **Instituições de direito civil**, v. 3: contratos. 21. ed. Atual. Caitlin Mulholland. Rio de Janeiro: Forense, 2017.

PEREIRA, Fabio Queiroz. **O ressarcimento do dano pré-contratual**: interesse negativo e interesse positivo. São Paulo: Almedina, 2017.

PEREIRA, Fabio Queiroz. Os instrumentos de revisão contratual do Código Civil brasileiro e seu uso no contexto da pandemia de coronavírus. **Revista Brasileira de Direito Civil**, v. 25, p. 381-398, jul./set. 2020.

PEREIRA, Fabio Queiroz; ANDRADE, Daniel de Pádua. Revisitando o papel da violação positiva do contato na teoria do inadimplemento. **Scientia Iuris**, Londrina, v. 22, n. 1, p. 258-282, mar. 2018.

PEREIRA, Fabio Queiroz; COLOMBI, Henry. O método funcional e sua utilização no direito civil comparado. *In:* MENEZES, Wagner (org.). **Anais do XVII Congresso de Direito Internacional**. Belo Horizonte: Arraes, 2019.

PEREIRA, Fábio Queiroz; LARA, Mariana Alves; ANDRADE, Daniel de Pádua. A insustentabilidade da cláusula geral de bons costumes: pluralismo e laicidade na sociedade contemporânea. **Scientia Iuris**, v. 23, n. 3, p. 162-175, nov. 2019.

PEREIRA, Vítor Pimentel. A fórmula *tu quoque*: origem, conceito, fundamentos e alcance na doutrina e jurisprudência. **Revista Quaestio Iuris**, v. 5, n. 1, p. 360-402, 2012.

PERILLO, Joseph M. UNIDROIT Principles of International Commercial Contracts: the black letter text and a review. **Fordham Law Review**, v. 63, p. 281-344, 1994.

PIRES, Catarina Monteiro. **Contratos**, v. 1: perturbações na execução. Coimbra: Almedina, 2020.

PIRES, Catarina Monteiro. **Impossibilidade da prestação**. Coimbra: Almedina, 2017.

PIRES, Catarina Monteiro. Limites dos esforços e dispêndios exigíveis ao devedor para cumprir. **Revista da Ordem dos Advogados**, Lisboa, ano 76, p. 105-136, 2016.

PLANIOL, Marcel. **Traité Élémentaire de Droit Civil**, t. 2. 9. ed. Paris: Librairie Génerale de Droit & de Jurisprudence, 1923.

PONTES DE MIRANDA, Francisco Cavalcanti. **Comentários ao Código de Processo Civil**, t. 10. Rio de Janeiro: Forense, 1976.

PONTES DE MIRANDA, Francisco Cavalcanti. **Tratado de direito privado**, t. 22. 3. ed. São Paulo: Revista dos Tribunais, 1984.

PONTES DE MIRANDA, Francisco Cavalcanti. **Tratado de direito privado**, t. 4. Rio de Janeiro: Borsoi, 1954.

PORTUGAL. **Decreto-Lei nº 47.344, de 25 de novembro de 1966**. Código Civil. Disponível em: <https://dre.pt/dre/legislacao-consolidada/decreto-lei/1966-34509075>. Acesso em: 29 nov. 2021.

POSNER, Eric A. Economic analysis of contract law after three decades: success or failure? **The Yale Law Journal**, v. 112, p. 829-880, 2003.

POSNER, Richard Allen. **Economic analysis of law**. 3. ed. New York: Wolters Kluwer Law & Business, 1986.

POSNER, Richard Allen. Let us never blame a contract breaker. **Michigan Law Review**, v. 107, p. 1349-1363, June 2009.

REALE, Miguel. Visão geral do novo Código Civil. **Revista da EMERJ**, Anais dos Seminários EMERJ Debate o Novo Código Civil, parte 1, p. 38-44, fev./jun. 2002.

REINIG, Guilherme Henrique Lima; CARNAÚBA, Daniel Amaral. Abuso de direito e responsabilidade por ato ilícito: críticas ao enunciado 37 da 1.ª Jornada de Direito Civil. **Revista de Direito Civil Contemporâneo**, v. 7, p. 63-94, abr./jun. 2016.

REINO UNIDO. House of Lords. **Co-operative Insurance Society Limited v. Argyll Stores (Holdings) Limited**. Relator: Lord Hoffmann, 21 de maio de 1997.

REMEDIO, José Antonio; OLIVEIRA, Gustavo Henrique de. O abuso de direito no sistema jurídico nacional: origens e aplicabilidade. **Revista Jurídica da Presidência**, v. 22, n. 126, p. 113-137, fev./maio 2020.

ROBERTO, Giordano Bruno Soares. **Introdução à história do direito privado e da codificação**. 3. ed. Belo Horizonte: Initia Via, 2011.

RODOVALHO, Thiago. **Abuso de direito e direitos subjetivos**. São Paulo: Revista dos Tribunais, 2011.

RODRIGUES, Silvio. **Direito civil**, v. 2: parte geral das obrigações. 30. ed. São Paulo: Saraiva, 2008.

RODRIGUEZ, José Rodrigo. **Como decidem as cortes?** para uma crítica do direito (brasileiro). Rio de Janeiro: FGV, 2013.

ROSENVALD, Nelson. Arts. 421 a 480: Contratos (geral). *In*: PELUSO, Cezar. (coord.). **Código Civil comentado**: doutrina e jurisprudência. 4. ed. Barueri: Manole, 2010.

RÖSLER, Hannes. Hardship in German codified private law: in comparative perspective to English, French and international contract law. **European Review of Private Law**, v. 15, n. 4, p. 483-513, 2007.

ROWAN, Solène. **Remedies for breach of contract**: a comparative analysis of the protection of performance. Oxford: Oxford University Press, 2012.

ROWAN, Solène. The new French law of contract. **International and Comparative Law Quarterly**, v. 66, p. 805-831, Oct. 2017.

SÁ, Fernando Augusto Cunha de. **Abuso do direito**. Coimbra: Almedina, 1973.

SANTA CATARINA. Tribunal de Justiça do Estado de Santa Catarina (5. Câmara de Direito Comercial). **Agravo de Instrumento 2011.031023-5**. Relator: Des. Volnei Celso Tomazini, 29 de setembro de 2011.

SANTOLIM, Cesar. A proteção dos investimentos específicos na resilição unilateral do contrato e o risco moral: uma análise do artigo 473, parágrafo único, do Código Civil. **Revista do Instituto do Direito Brasileiro**, ano 3, v. 3, n. 1, p. 573-578, 2014.

SÃO PAULO (Estado). Tribunal de Justiça de São Paulo (10. Câmara de Direito Privado). **Agravo de Instrumento 363.021.4/9-00**. Relator: Des. João Carlos Saletti, 2 de agosto de 2005.

SAVAUX, Eric. El nuevo derecho francés de obligaciones y contratos. **Anuario de Derecho Civil**, v. 69, n. 3, p. 715-741, jul./sept. 2016.

SCHREIBER, Anderson. **A proibição de comportamento contraditório**: tutela de confiança e *venire contra factum proprium*. 4. ed. *E-book*. São Paulo: Atlas, 2016.

SCHREIBER, Anderson. A tríplice transformação do adimplemento: adimplemento substancial, inadimplemento antecipado e outras figuras. **Revista trimestral de direito civil**, Rio de Janeiro, v. 32, p. 3-27, out./dez. 2007.

SCHREIBER, Anderson. **Direitos da personalidade**. 2. ed. São Paulo: Atlas, 2013.

SCHREIBER, Anderson. **Equilíbrio contratual e dever de renegociar**. 2. ed. São Paulo: Saraiva Educação, 2020.

SCHREIBER, Anderson. Revisitando a tríplice transformação do adimplemento. *In*: TERRA, Aline de Miranda Valverde; GUEDES, Gisela Sampaio da Cruz (coord.). **Inexecução das obrigações**, v. 2: pressupostos, evolução e remédios. Rio de Janeiro: Processo, 2021.

SCHWENZER, Ingeborg. Specific performance and damages according to the 1994 UNIDROIT Principles of International Commercial Contracts. **European Journal of Law Reform**, v. 1, n. 3, p. 289-303, 1999.

SÊCO, Thaís Fernanda Tenório. Sobre as doutrinas jurídicas da era fascista e sua continuidade até os nossos dias. **Civilistica.com**, ano 10, n. 2, p. 1-39, 2021.

SHELTON, Dinah. Soft law. *In*: ARMSTRONG, David (ed.). **Routledge Handbook of international law**. London: Routledge, 2009.

SHIFFRIN, Seana Valentine. Could breach of contract be immoral? **Michigan Law Review**, v. 107, p. 1551-1568, June 2009.

SHIFFRIN, Seana Valentine. The divergence of contract and promise. **Harvard Law Review**, v. 120, p. 708-753, 2007.

SILVA, Clóvis V. do Couto e. **A obrigação como processo**. Rio de Janeiro: FGV, 2006.

SILVA, João Calvão da. **Cumprimento e sanção pecuniária compulsória**. 2. ed. Coimbra: Coimbra Editora, 1995.

SILVA, Jorge Cesa Ferreira da. **A boa-fé e a violação positiva do contrato**. Rio de Janeiro: Renovar, 2002.

SILVA, Rodrigo da Guia. Interesse contratual positivo e interesse contratual negativo: influxos da distinção no âmbito da resolução do contrato por inadimplemento. *In*: TERRA, Aline de Miranda Valverde; GUEDES, Gisela Sampaio da Cruz (coord.). **Inexecução das obrigações**, v. 2: pressupostos, evolução e remédios. Rio de Janeiro: Processo, 2021.

SILVA, Rodrigo da Guia. Remédios no direito privado: tutela das situações jurídicas subjetivas em perspectiva civil-constitucional. **Revista de Direito Privado**, v. 98, p. 255-303, mar./abr. 2019.

SILVEIRA, Priscila Borges da; CACHAPUZ Maria Cláudia. Reflexões contemporâneas sobre a doutrina da impossibilidade superveniente das prestações. **Revista Jurídica Luso-Brasileira**, ano 5, n. 4, p. 1421-1455, 2019.

SMITS, Jan M. **Contract law**: a comparative introduction. 2. ed. *E-book*. Cheltenham: Edward Elgar Publishing Limited, 2017.

SMITS, Jan M.; CALOMME, Caroline. The reform of the French law of obligations: le jeux sont faits. **Maastricht Journal of European and Comparative Law**, v. 23, n. 6, p. 1040-1050, 2016.

SOUSA, Gabriela Mesquita. Impossibilidade de cumprimento da obrigação: as alterações do regime alemão e as normas do Código Civil português. *In*: GARCIA, Maria Olinda (coord.). **Estudos sobre incumprimento do contrato**. Coimbra: Coimbra Editora, 2011.

SOUZA, Eduardo Nunes de. Perspectivas de aplicação do abuso do direito às relações existenciais. **Revista Eletrônica Direito e Política**, v. 10, n. 4, set./dez. 2015.

STAUB, Hermann. **Die positiven Vertragsverletzungen**. Berlin: Guttentag, 1913.

STEINER, Renata C. **Descumprimento contratual**: boa-fé e violação positiva do contrato. São Paulo: Quartier Latin, 2014.

STEINER, Renata C. Impossibilidade do objeto, invalidade e falta de cumprimento no direito das obrigações: diálogos com a solução adotada no Código Civil alemão. *In*: TEPEDINO, Gustavo; FACHIN, Luiz Edson. **Diálogos sobre direito civil**, v. 3. Rio de Janeiro: Renovar, 2012.

STEINER, Renata C. Descumprimento contratual: remédios à disposição do credor lesado. *In*: TERRA, Aline de Miranda Valverde; GUEDES, Gisela Sampaio da Cruz (coord.). **Inexecução das obrigações**, v. 2: pressupostos, evolução e remédios. Rio de Janeiro: Processo, 2021.

STEINER, Renata C. **Reparação de danos**: interesse positivo e interesse negativo. São Paulo: Quartier Latin, 2018.

STÜRNER, Michael. Die Grenzen der Primärleistungspflicht im Europäischen Vertragsrecht. **European Review of Private Law**, v. 19, n. 2, p. 167-185, Apr. 2011.

TARTUCE, Flávio. A construção do abuso de direito nos dez anos do Código Civil brasileiro de 2002. **Revista Jurídica Luso-Brasileira**, ano 1, v. 6, p. 447-472, 2015.

TEIXEIRA, Guilherme Puchalski. **Tutela específica dos direitos:** obrigações de fazer, não fazer e entregar coisa. Porto Alegre: Livraria do Advogado, 2011.

TEPEDINO, Gustavo. Inadimplemento contratual e tutela específica das obrigações. *In*: **Soluções práticas de direito**: pareceres, v. 2. São Paulo: Revista dos Tribunais, 2012.

TEPEDINO, Gustavo (org.). **Direito civil contemporâneo**: novos problemas à luz da legalidade constitucional. São Paulo: Atlas, 2008.

TEPEDINO, Gustavo; KONDER, Carlos Nelson; BANDEIRA, Paula Greco. **Fundamentos do direito civil**, v. 3: contratos. Rio de Janeiro: Forense, 2020

TEPEDINO, Gustavo; SCHREIBER, Anderson. **Fundamentos do direito civil**, v. 2: obrigações. Rio de Janeiro: Forense, 2020.

TERRA, Aline de Miranda Valverde. A questionável utilidade da violação positiva do contrato no direito brasileiro. **Revista de Direito Consumidor**, v. 101, set./out. 2015.

TERRA, Aline de Miranda Valverde. **Cláusula resolutiva expressa**. Belo Horizonte: Fórum, 2017.

TERRA, Aline de Miranda Valverde. Execução pelo equivalente como alternativa à resolução: repercussões sobre a responsabilidade civil. **Revista Brasileira de Direito Civil**, v. 18, p. 49-73, out./dez; 2018.

TERRA, Aline de Miranda Valverde; GUEDES, Gisela Sampaio da Cruz. Adimplemento substancial e tutela do interesse do credor: análise da decisão proferida no REsp 1.581.505. **Revista Brasileira de Direito Civil**, v. 11, p. 95-113, jan./mar. 2017.

TERRA, Aline de Miranda Valverde; GUEDES, Gisela Sampaio da Cruz. Efeito indenizatório da resolução por inadimplemento. *In*: TERRA, Aline de Miranda Valverde; GUEDES, Gisela Sampaio da Cruz (coord.). **Inexecução das obrigações**, v. 1: pressupostos, evolução e remédios. Rio de Janeiro: Processo, 2020.

TERRÉ, François. **La réforme du droit des obligations**. Paris: Dalloz, 2016.

THEODORO JÚNIOR, Humberto. **Curso de direito processual civil**, v. 3: execução forçada, processos nos tribunais, recursos, direito intertemporal. 47. ed. Rio de Janeiro: Forense, 2016.

THEODORO JÚNIOR, Humberto. **O contrato e sua função social**: a boa-fé objetiva no ordenamento jurídico e a jurisprudência contemporânea. 4. ed. *E-book*. Rio de Janeiro: Forense, 2014.

THEODORO JÚNIOR, Humberto. Tutela específica das obrigações de fazer e não fazer. **Revista Brasileira de Direito Comparado**, v. 20, p. 89-129, 2001.

TIMM, Luciano Benetti. *Common Law* e *contract law*: uma introdução ao direito contratual norte-americano. **Revista do Instituto do Direito Brasileiro**, ano 1, v. 1, n. 1, p. 525-572, 2012.

TIMM, Luciano Benetti. **Direito contratual brasileiro**: críticas e alternativas ao solidarismo jurídico. 2. ed. São Paulo: Atlas, 2015.

TOMASEVICIUS FILHO, Eduardo. **O princípio da boa-fé no direito civil**. São Paulo: Almedina, 2020.

TOSCAN, Anissara. Tutelas contra o inadimplemento contratual: a primazia das tutelas específicas sobre a tutela pelo equivalente monetário. **Civilistica.com**, ano 8, n. 3, p. 1-16, 2019.

TREITEL, Guenter Heinz. **Remedies for breach of contract**: a comparative account. Oxford: Clarendon Press, 1988.

ULEN, Thomas Stahan. The efficiency of specific performance: toward a unified theory of contract remedies. **Michigan Law Review**, v. 83, p. 341-403, Nov. 1984.

UNBERATH, Hannes. **Die Vertragsverletzung**. Tübingen: Mohr Siebeck, 2007.

UNBERATH, Hannes; MCKENDRICK, Ewan. Supervening events. *In:* DANNEMANN, Gerhard; VOGENAUER, Stefan (edit.). **The Common European Sales Law in context:** interactions with English and German law. Oxford: Oxford University Press, 2013.

UNIÃO EUROPEIA. Tribunal de Justiça da União Europeia (1. Secção). **Processos apensos C-65/09 e C-87/09**. Relator: Juiz M. Ilešič, 16 de junho de 2011.

UNIÃO EUROPEIA. **Directiva 1999/44/CE do Parlamento Europeu e do Conselho, de 25 de maio de 1999**. Disponível em: <https://eur-lex.europa.eu/legal-content/PT/TXT/?uri=celex%3A31999L0044>. Acesso em: 9 nov. 2021.

UNIÃO EUROPEIA. **Diretiva (UE) 2019/770 do Parlamento Europeu e do Conselho, de 20 de maio de 2019**. Disponível em: <https://eur-lex.europa.eu/legal-content/PT/TXT/?uri=CELEX%3A32019L0770>. Acesso em: 9 nov. 2021.

UNIÃO EUROPEIA. **Diretiva (UE) 2019/771 do Parlamento Europeu e do Conselho, de 20 de maio de 2019**. Disponível em: <https://eur-lex.europa.eu/legal-content/PT/TXT/?uri=CELEX%3A32019L0771>. Acesso em: 9 nov. 2021.

UNIÃO EUROPEIA. Comissão Europeia. **Proposta de Regulamento do Parlamento Europeu e do Conselho Relativo a um Direito Europeu Comum da Compra e Venda**. Disponível em: <https://eur-lex.europa.eu/legal-content/PT/TXT/?uri=CELEX%3A52011PC0635>. Acesso em: 9 nov. 2021.

UNIÃO IBÉRICA. **Ordenações Filipinas**. Disponível em: <http://www1.ci.uc.pt/ihti/proj/filipinas/ordenacoes.htm>. Acesso em: 30 nov. 2021.

UNIVERSIDAD EXTERNADO DE COLOMBIA. **Principios Latinoamericanos de Derecho de los Contratos**. Disponível em: <https://pldc.uexternado.edu.co/el-proyecto-2/>. Acesso em: 8 nov. 2021.

VALIM, Thalles Ricardo Alciati. La réforme du droit des obligations: commentaire théorique et pratique dans l'ordre du Code Civil, by Gaël Chantepie e Mathias Latina. **Revista de Direito Civil Contemporâneo**, v. 19, ano 6, p. 395-409, abr./jun. 2019.

VARELA, João de Matos Antunes. **Das obrigações em geral**, v. 1. 10. ed. Coimbra: Almedina, 2010.

VARELA, João de Matos Antunes. **Das obrigações em geral**, v. 2. 7. ed. Coimbra: Almedina, 2009.

VARELA, João de Matos Antunes. O abuso do direito no sistema jurídico brasileiro. **Revista de Direito Comparado Luso-Brasileiro**, ano 1, v. 1, p. 37-59, jul. 1982.

VILLELA, João Baptista. Por uma nova teoria dos contratos. **Revista de Direito e de Estudos Sociais**, n. 2-4, ano XX, p. 313-338, abr./dez. 1975.

VICENTE, Dário Moura. **Direito comparado**, v. 2: obrigações. Coimbra: Almedina, 2017.

VIÉGAS, Francisco de Assis. O art. 473, parágrafo único, do Código Civil e a chamada suspensão da eficácia da denúncia: a perspectiva do *giusto rimedio* e sua importância na concepção da faculdade alternativa de pagamento para o cumprimento do dever de pré-aviso. *In*: TERRA, Aline de Miranda Valverde; GUEDES, Gisela Sampaio da Cruz (coord.). **Inexecução das obrigações**, v. 2: pressupostos, evolução e remédios. Rio de Janeiro: Processo, 2021.

VRIES, Gerard de. Right to specific performance: is there a divergence between civil- and common law systems and, if so, how has it been bridged in the DCFR? **European Review of Private Law**, v. 17, n. 4, p. 581-597, 2009.

WATT, Horatia Muir. The reform of the French civil code at a distance: an international and comparative perspective. **European Review of Contract Law**, v. 13, n. 4, p. 445-458, Dec. 2017.

WIEACKER, Franz. **El principio general de la buena fe**. Trad. Luis Díez-Picazo. Santiago: Ediciones Olejnik, 2019.

WIEACKER, Franz. **História do direito privado moderno**. 3. ed. Trad. A. M. Botelho Hespanha. Lisboa: Fundação Calouste Gulbenkian, 2004.

WILSON, Carlos Pizarro (coord.). **El derecho de los contratos en Latinoamérica**: bases para unos principios de derecho de los contratos. Bogotá: Universidad Externado de Colombia, 2012.

ZAGNI, João Pedro Fontes. O inadimplemento pela perda do interesse útil do credor: notas sobre a conversão da mora em inadimplemento absoluto. *In*: TERRA, Aline de Miranda Valverde; GUEDES, Gisela Sampaio da Cruz (coord.). **Inexecução das obrigações**, v. 2: pressupostos, evolução e remédios. Rio de Janeiro: Processo, 2021.

ZANETTI, Cristiano de Sousa. A função social do contrato no Superior Tribunal de Justiça: 10 anos depois. *In*: GOMES, Elena de Carvalho; MARX NETO, Edgard Audomar; FÉRES, Marcelo Andrade (org.). **Estudos de direito privado**: *liber amicorum* para João Baptista Villela. Belo Horizonte: D'Plácido, 2017.

ZANETTI, Cristiano de Souza. A transformação da mora em inadimplemento absoluto. **Revista dos Tribunais**, v. 942, p. 117-139, abr. 2014.

ZANETTI, Cristiano de Sousa. Cumplimiento forzado de las obligaciones contractuales de carácter no pecuniario: la experiencia brasileña. *In*: OLIVARES, Alvaro Vidal; URIBE, Rodrigo Momberg (edit.). **Cumplimiento específico y ejecución forzada del contrato**: de lo sustantivo a lo procesal. Valparaíso: Ediciones Universitarias de Valparaíso, 2018.

ZERRES, Thomas. **Bürgerliches Recht**: eine Einführung in das Zivilrecht und die Grundzüge des Zivilprozessrechts. 6. ed. Heidelberg: Springer, 2009.

ZIMMERMANN, Reinhard. Contract law reform: the German experience. *In*: VOGENAUER, Stegan; WEATHERILL, Stephen. **The harmonisation of European contract law**: implications for European private laws, business and legal practice. Oxford: Hart Publishing, 2006.

ZIMMERMANN, Reinhard. O Código Civil alemão e o desenvolvimento do direito privado na Alemanha. Trad. Arthur Maximus Monteiro. **Revista de Direito Civil Contemporâneo**, v. 12, ano 4, p. 317-358, jul./set. 2017.

ZIMMERMANN, Reinhard. **The law of obligations**: roman foundations of the civilian tradition. Cape Town: Juta & Co, 1990.

ZIMMERMANN, Reinhard. **The new German law of obligations**: historical and comparative perspectives. Oxford: Oxford University Press, 2005.

ZIMMERMANN, Reinhard. The significance of the Principles of European Contract Law. **European Review of Private Law**, v. 28, n. 3, p. 487-496, 2020.

ZWEIGERT, Konrad; KÖTZ, Hein. **An introduction to comparative law**. 3. ed. Trad. Tony Weir. Oxford: Clarendon Press, 1998.

APÊNDICE

Compilação de previsões da exceção de desproporcionalidade[386]

Ano	Âmbito	Fonte	Dispositivo
1994	Global	*UNIDROIT Principles of International Commercial Contracts*	Art. 7.2.2 (Cumprimento de obrigação não pecuniária) Se uma parte que tem uma obrigação diferente de pagar dinheiro não cumpre, a outra parte pode exigir o cumprimento, a menos que [...] (b) o cumprimento ou, sendo o caso, a execução, sejam desarrazoadamente onerosos ou custosos; [...].[387]
1999	União Europeia	Diretiva 1999/44/CE do Parlamento Europeu e do Conselho relativa a certos aspectos da venda de bens de consumo e das garantias a elas relativas	Art. 3º Direitos do consumidor. [...] 3. Em primeiro lugar, o consumidor pode exigir do vendedor a reparação ou a substituição do bem, em qualquer dos casos sem encargos, a menos que isso seja impossível ou desproporcionado. Presume-se que uma solução é desproporcionada se implicar para o vendedor custos que, em comparação com a outra solução, não sejam razoáveis, tendo em conta: – o valor que o bem teria se não existisse falta de conformidade, – a importância da falta de conformidade, – a possibilidade de a solução alternativa ser concretizada sem grave inconveniente para o consumidor.

[386] Este apêndice tem por objetivo facilitar a visualização do desenvolvimento da exceção de desproporcionalidade no contexto do sistema romano-germânico desde o final do século XX. Nele foram incluídas algumas referências complementares, que não constam dos capítulos do texto em virtude do recorte comparatista adotado.

[387] *Art. 7.2.2 (Performance of non-monetary obligation) Where a party who owes an obligation*

Ano	Âmbito	Fonte	Dispositivo
2002	Alemanha	*Bürgerliches Gesetzbuch* (redação dada pela *Gesetz zur Modernisierung des Schuldrechts vom 26. November 2001*)	§ 275 Exclusão do dever de prestar. [...] (2) O devedor pode recusar a prestação na medida em que ela exija um esforço que, levando em conta o conteúdo da relação obrigacional e os mandamentos da boa-fé, seja grosseiramente desproporcional ao interesse do credor na execução. Na determinação dos esforços exigíveis do devedor, deve-se considerar também se ele é responsável pelo obstáculo à prestação. [...].[388]
2002	União Europeia	*Principles of European Contract Law*	Art. 9:102: Obrigações não pecuniárias. (1) A parte prejudicada tem direito à tutela específica de uma obrigação diferente de pagar dinheiro, incluindo a correção do cumprimento defeituoso. (2) A tutela específica não pode, todavia, ser obtida se: [...] (b) o cumprimento causar ao devedor esforço ou despesa desarrazoados; [...].[389]
2009	Espanha	*Propuesta de anteproyecto de ley de modernización del derecho de obligaciones y contratos*	*Art. 1192. [...] En las obligaciones distintas de las de pagar dinero, el acreedor podrá exigir el cumplimiento de la prestación debida a menos que: [...] 2º El cumplimiento o, en su caso, la ejecución forzosa, resulten excesivamente onerosos para el deudor. 3º La pretensión de cumplimiento sea contraria a la buena fe. [...].*

other than one to pay money does not perform, the other party may require performance, unless: [...] (b) performance or, where relevant, enforcement is unreasonably burdensome or expensive; [...].

[388] *§ 275 Ausschluss der Leistungspflicht. [...] (2) Der Schuldner kann die Leistung verweigern, soweit diese einen Aufwand erfordert, der unter Beachtung des Inhalts des Schuldverhältnisses und der Gebote von Treu und Glauben in einem groben Missverhältnis zu dem Leistungsinteresse des Gläubigers steht. Bei der Bestimmung der dem Schuldner zuzumutenden Anstrengungen ist auch zu berücksichtigen, ob der Schuldner das Leistungshindernis zu vertreten hat. [...].*

[389] *Art. 9:102: Non-monetary Obligations. [...] (1) The aggrieved party is entitled to specific performance of an obligation other than one to pay money, including the remedying of a defective performance. (2) Specific performance cannot, however, be obtained where: [...] (b) performance would cause the obligor unreasonable effort or expense; [...].*

Ano	Âmbito	Fonte	Dispositivo
2009	União Europeia	*Draft Common Frame of Reference*	III. – 3:302: Execução de obrigações não pecuniárias. (1) O credor tem direito à tutela específica de uma obrigação diferente de pagar dinheiro. [...] (3) A tutela específica não pode, todavia, ser executada se: [...] (b) o cumprimento for desarrazoadamente oneroso ou custoso; [...].[390]
2011	União Europeia	Proposta de Regulamento do Parlamento Europeu e do Conselho relativa a um direito europeu comum da compra e venda	Art. 110º Exigência de cumprimento das obrigações do vendedor. 1. O comprador tem direito a exigir o cumprimento das obrigações do vendedor. [...] 3. O cumprimento não pode ser exigido: [...] (b) se os encargos ou custos daí resultantes forem desproporcionados em relação ao benefício que o comprador obteria.
2016	América Latina	*Principios Latinoamericanos de Derecho de los Contratos*	*Art. 94. Cumplimiento específico. [...] (2) Si se trata de obligaciones no dinerarias, el cumplimiento específico se sujeta a las limitaciones siguientes: [...] (b) Aun siendo posible el cumplimiento específico, éste no procede cuando resultare extremadamente gravoso para el deudor, teniendo en cuenta que el acreedor puede satisfacer su interés con otro medio de tutela. [...].*
2016	França	*Code Civil* (redação dada pela *Ordonnance n° 2016-131 du 10 février 2016*)	Art. 1221. O credor de uma obrigação poderá, após notificação formal, demandar a sua execução em espécie, a menos que tal execução seja impossível ou que exista uma desproporção manifesta entre seu custo para o devedor e sua vantagem para o credor.[391]

390 *III. – 3:302: Enforcement of non-monetary obligations. (1) The creditor is entitled to enforce specific performance of an obligation other than one to pay money. [...] (3) Specific performance cannot, however, be enforced where: [...] (b) performance would be unreasonably burdensome or expensive; [...].*

391 *Art. 1221. Le créancier d'une obligation peut, après mise en demeure, en poursuivre l'exécution en nature sauf si cette exécution est impossible ou s'il existe une disproportion manifeste entre son coût pour le débiteur et son intérêt pour le créancier.*

Ano	Âmbito	Fonte	Dispositivo
2018	França	*Code Civil* (redação dada pela *Loi n° 2018-287 du 20 avril 2018*)	Art. 1221. O credor de uma obrigação poderá, após notificação formal, demandar a sua execução em espécie, a menos que tal execução seja impossível ou que exista uma desproporção manifesta entre seu custo para o devedor de boa-fé e sua vantagem para o credor.[392]
2019	União Europeia	Diretiva (UE) 2019/770 do Parlamento e do Conselho sobre certos aspectos relativos aos contratos de fornecimento de conteúdos e serviços digitais	Art. 14º Meios de ressarcimento em caso de falta de conformidade. [...] 2. O consumidor tem direito a que os conteúdos ou serviços digitais sejam repostos em conformidade, salvo se tal for impossível ou impuser ao profissional custos que sejam desproporcionados, tendo em conta todas as circunstâncias do caso, incluindo: a) O valor que os conteúdos ou serviços digitais teriam se não se verificasse a falta de conformidade; e b) A importância da falta de conformidade. [...].
2019	União Europeia	Diretiva (UE) 2019/771 do Parlamento Europeu e do Conselho relativa a certos aspectos dos contratos de compra e venda de bens	Art. 13º Meios de ressarcimento em caso de falta de conformidade. [...]. 2. Para obter a reposição dos bens em conformidade, o consumidor pode escolher entre a sua reparação e a sua substituição, a menos que o meio de ressarcimento escolhido seja impossível, ou, em comparação com outro meio de ressarcimento, imponha ao vendedor custos que sejam desproporcionados, tendo em conta todas as circunstâncias, incluindo: a) O valor que os bens teriam se não se verificasse a falta de conformidade; b) A importância da falta de conformidade; e c) A possibilidade de recorrer ao meio de ressarcimento alter-

392 *Art. 1221. Le créancier d'une obligation peut, après mise en demeure, en poursuivre l'exécution en nature sauf si cette exécution est impossible ou s'il existe une disproportion manifeste entre son coût pour le débiteur de bonne foi et son intérêt pour le créancier.*

Ano	Âmbito	Fonte	Dispositivo
2019	União Europeia	Diretiva (UE) 2019/771 do Parlamento Europeu e do Conselho relativa a certos aspectos dos contratos de compra e venda de bens	nativo sem inconvenientes significativos para o consumidor. [...].
2020	China	Código Civil da República Popular da China	Art. 580. Se uma parte não executar a obrigação não pecuniária ou se a sua execução não for conforme o acordo, a outra parte pode exigir a execução, exceto em uma das seguintes situações: [...] (2). o objeto da obrigação é incompatível com a tutela específica ou o custo da execução é excessivamente alto; [...].[393]

[393] *Art. 580. Where a party failed to perform a non-monetary obligation or if his performance was not in conformity with the agreement, the other party may demand performance, except in one of the following situations: [...] (2). the subject matter of the obligation is unsuitable for enforced performance or the cost of performance would be excessively high; [...].* A tradução para o inglês foi realizada por James Gordley, Hao Jiang e Arthur Taylor von Mehren. Gordley, James; Jiang, Hao; Mehren, Arthur Taylor von. **An introduction to the comparative study of private law**: reading, cases, materials. 2. ed. Cambridge: Cambridge University Press, 2021, p. 281.